중등 문해력
한 권

중등 문해력 한 권

신정아, 엄예정, 윤주형, 정주안, 황선정 지음

동양북스

개념은 달라지지 않는다.
올바른 방법은 흔들리지 않는다.

국영수사과 각 교과의 우수 교사가
중, 고등 교육과정의 연계를 바탕으로 써낸 공부의 정석

지금 중학생들이 해야 할 건 '무조건 공부'가 아닌

고등학교, 수능까지 관통하는 '실전 공부'입니다.

중학교는 성취평가제가 적용됩니다. 교육과정에서 배우는 내용을 얼마나 성취했는지를 절대적인 기준에 따라 평가하는 방식(절대평가)이지요. 10명이든 100명이든 기준만 충족하면 A를 받을 수 있습니다. 게다가 중학교 내신으로 고등학교에 진학하다 보니 평가 난도를 조절하며 점수를 후하게 주는 학교들도 있습니다. 그런데 변별력 확보가 어렵고 성적을 부풀리는 환경에서 A를 받는 아이의 실력을 진짜 실력이라고 할 수 있을까요?

많은 아이가 일정 점수만 넘기면 된다는 생각에 그 이상의 깊이 있는 공부를 하지 않습니다. 당장 눈앞에 시험만을 대비하려고 무조건 학원에서 하라는 대로, 떠먹여주는 대로 공부하거나 단순 암기와 문제 풀이 양치기 공부를 택하는 아이도 많고요. 이런 방식으로 3년 내내 A를 받다 고등학교에 올라가면 2등급은커녕 3등급도 못 받는 자신의 실력을 깨닫고 좌절합니다.

고등학교 평가는 다릅니다. 대부분 교과서 위주로 평가 문항이 출제되던 중학교와 달리 모의고사, 외부 지문들이 가득합니다. 지문의 개수, 길이가 압도적으로 많아집니다. 유형 또한 단답형이 아닌 서술형과 논술형의 비중이 훨씬 많지요. 평가 범위, 횟수도 말도 못하게 늘어납니다. 첫 시험부터 내신에 포함되는 데다 평가가 휘몰아치니 부족한 실력을 쌓을 겨를이 없습니다.

중학교 3년은 고등학교의 압축판이자 수능으로 가는 징검다리입니다. 이 시기에는 '무조건 공부'가 아니라 고등학교에서도 무너지지 않는, 수능까지 통하는 '실전 공부'를 해야 합니다. 《중등 문해력 한 권》은 단순히 중학교 성적을 올리는 비법서가 아닙니다. 십수 년 경력의 교사들이 교육 현장에서 분석한 공부 실패 원인과 고등 내신과 수능을 관통하는 해결책을 함께 제시합니다. 지금 공부를 바로잡지 않으면 중학교 3년, 고등학교 3년간 아이가 쏟은 노력은 그저 허무한 시간 낭비가 될 수 있습니다.

지금 중학생들에게 필요한 건 '단순한 독해력'이 아닌

낯선 지문을 해석하고 킬러 문항까지 풀어낼 '교과 문해력'입니다.

아이에게 정말 필요한 문해력은 바로 '교과 문해력'입니다. 중학교부터는 초등 과정에서 배운 기본 개념이 심화·확장되고, 고등학교에 이르면 추상적인 개념 간의 융합이 시작됩니다. 이 시기에 개념 이해가 부족하면 상위 단계 학습에서 치명적인 결손이 발생할 수밖에 없습니다. 교과 문해력이 뒷받침되어야만 교과서의 개념을 제대로 소화하고, 교과서를 중심으로 한 학교 수업을 온전히 자기 것으로 만들 수 있습니다.

내신을 좌우하는 지필평가와 수행평가는 모두 교과서를 기반으로 출제됩니다. 즉, 교과 문해력이 있어야 어떤 문제든 정확히 이해하고 풀어낼 수 있다는 뜻입니다. 나아가 초중고 12년간 교과서에서 배운 것, 지필평가와 수행평가의 경험이 수능으로 이어집니다. 현재 입시가 요구하는 역량 역시, 문제를 읽음과 동시에 관련 개념을 떠올리고 지문을 읽음과 동시에 이해하는 교과 문해력입니다. 이 역량을 갖춘 아이만이 변별력 있는 새로운 지문과 선택지 앞에서도 흔들림 없이 정답을 찾을 수 있습니다. 교과 문해력이 곧 공부의 성패를 가르는 열쇠이자 수능의 핵심입니다.

교과 문해력을 기르는 가장 확실한 방법은 교과 핵심 개념을 완벽히 익히는 것입니다. 《중등 문해력 한 권》은 전, 현직 교사들이 2022 개정 교육과정과 중학교 교과 성취기준을 바탕으로 꼭 필요한 개념만을 엄선해 소개합니다. 국어, 영어, 수학, 사회, 과학 교과 핵심 개념으로 공부할 때 무조건 써먹는 문해력, 진짜 성적이 되는 문해력을 키울 수 있습니다.

중, 고등 내신은 물론

수능까지 성공으로 이끄는 강력한 공부 로드맵

전, 현직 교사들이 제대로 알려줍니다.

공부는 교과 특성에 따라 달리해야 합니다. 국어, 영어, 수학은 어떤 내용을 학습하기 위한 능력을 길러주는 '도구 교과'입니다. 국어와 영어는 각각 언어라는 도구를 이용해 읽고 쓰고 듣고 말하는 방법을 배웁니다. 수학은 숫자라는 도구를 이용해 논리적으로 사고하는 방법을 배웁니다. 도구 교과인 국어, 영어, 수학은 단기간에 성적을 올리기가 쉽지 않습니다. 오랜 시간 꾸준한 인풋이 필요합니다. 사교육으로도 벼락치기가 어려운 이유가 여기에 있습니다.

사회와 과학은 지식의 내용을 다루는 '내용 교과'입니다. 도구 교과로 학습하는 방법을 배우고 지식의 틀을 만들었다면, 그 안에 다양한 재료를 집어넣는 게 바로 내용 교과입니다. 사회와 과학은 명확한 범위가 정해져 있습니다. 공부 방법만 제대로 익힌다면 성적이 크게 오를 수 있습니다. 특히 중학교 때 배운 개념을 고등학교 때 심화, 확장해 배우는 교과인 만큼 중학교 시기에 교과 핵심 개념과 함께 올바른 방법으로 공부한다면 입시까지 대비할 수 있습니다.

《중등 문해력 한 권》은 국어, 영어, 수학, 사회, 과학 각 교과별 특성에 맞춰 정확한 공부 방법을 알려줍니다. 그 시작인 국어 편에서는 학습의 절대량이 요구되는 중학교 시기에 놓쳐서는 안 될 공부를 지필평가, 수행평가, 나아가 수능 측면에서 상세히 소개합니다. 특히 아이들의 발목을 잡는 문법에 대한 해결책은 고등 내신과 수능 국어 성적을 좌우하는 결정적인 토대가 될 것입니다.

영어 편에서는 고난도 지문도 막힘없이 읽어내는 문장 구조의 원리를 체계적으로 다룹니다. 또한, 필수 어휘부터 실전 시험의 변별력을 가르는 전치사와 동사구까지 엄선하여 수록했습니다. 이는 중학교 3년의 내신을 다지는 것은 물론, 고등학교와 수능 영어에서 상위권 도약을 꿈꾸는 아이들에게 강력한 힘이 됩니다.

수학 편에서는 수학적 문해력(수해력)을 기르기 위한 체계적인 문제 풀이와 정리 방법을 알려줍니다. 이를 통해 지필평가와 수행평가 모두에서 최상의 효율을 낼 수 있습니다. 방학을 활용한 심화 학습부터 예습, 나아가 고등학교 수학 대비까지 단계별 가이드를 따라가다 보면, 어렵고 낯선 수학 문제를 정면으로 돌파할 수 있는 실력을 갖추게 됩니다.

사회 편에서는 공부가 막막한 아이들을 위해 중학교 사회, 고등학교 통합사회에서 흔들림 없는 실력을 쌓는 방법을 제시합니다. 특히 교과서 단계별 읽기는 개념 이해와 시험 대비를 동시에 잡는 핵심 방법입니다. 방대한 사회 교과의 내용을 체계적으로 구조화하고 핵심을 명료하게 정리하는 노하우도 함께 담았습니다.

개념의 적용과 응용, 실험 설계부터 자료 해석까지, 복합적 사고를 요구하는 과학은 각 영역의 개념을 유기적으로 융합하는 과정이 필수적입니다. 과학 편에서는 핵심 개념의 체득을 넘어 확장으로 나아가는 노트 필기법을 제시합니다. 선행과 후속 학습을 완벽히 매듭짓는 단권화 전략, 그리고 통합과학과 과학탐구를 아우르는 모의고사 활용법까지 상세히 담았습니다.

이 책에서 소개하는 모든 내용은 아이들이 공부의 시작부터 끝까지 성공적으로 해낼 수 있는 현실적이고 효율적인 방법입니다. 누구나 인정하는 각 교과의 우수 교수자가 교육의 최전선에서 수많은 아이를 가르친 경험과 노하우를 이 한 권에 꽉꽉 눌러 담았습니다.

chapter5. 과학

chapter 1

국어

중학교 국어 공부가
입시 결과로 직결될 수밖에 없는 이유

'중학교 성적 의미 없다'는 말은 사실일까?

중학교에서 성적이 좋던 아이가 고등학교에서 생각지도 못한 낮은 성적을 받았더라는 이야기, 중학생 자녀 또는 고등학교에 입학한 자녀를 둔 부모라면 한 번쯤 들어봤을 겁니다. 특히 중학교까지 A를 유지하던 아이가 고등학교에서 급격히 성적이 떨어졌다는 사례가 정말 많습니다. 그러다 보니 '중학교 성적은 의미 없다'라는 말까지 생겨난 것이겠지요.

하지만 성적이 하락하는 데는 반드시 이유가 있습니다. 그 이유를 알기 위해서 먼저 살펴야 할 것이 바로 중학교와 고등학교의 성적 산출 방식의 차이입니다. 중학교는 5등급에 절대평가, 고등학교는 2024학년도까지는 9등급 상대평가였으나 2025학년도부터는 5등급 상대평가입니다.

[고등학교 성적 산출(2025학년도부터 적용]

구분	절대평가		상대평가	통계 정보		
	원점수	성취도	석차등급	성취도별 분포 비율	과목 평균	수강자 수
보통교과 (공통, 선택과목)	○	A, B, C, D, E	5등급	○	○	○
전문교과	○	A, B, C, D, E	5등급	○	○	○

1등급	2등급	3등급	4등급	5등급
10%	24%	32%	24%	10%

여기에 중학교 내신으로 고등학교에 진학하다 보니 '내 새끼 퍼주기'의 일환으로 한 학년에 70% 가까이 A를 받도록 난도를 낮추는 학교도 있습니다. 그런 환경에서 중학교 3년 내내 A를 받던 아이가 고등학교에 올라가면 상대평가에서 1등급을 받을 수 있을까요? 심할 경우 4등급까지도 떨어질 수 있겠지요. 70%에 속하지 못해 A를 줄곧 못 받던 아이라면 더더욱 1등급을 받기란 어렵겠고요. 이 지점에서 생각해야 할 것은 중학교에서 받는 A가 불변의 상위권을 의미하지 않는다는 사실입니다.

그러나 중학교 때도 A, 고등학교에서도 1등급(10%)을 받는 아이들은 존재합니다. 이 아이들은 왜 성적이 떨어지지 않은 걸까요? 여기서 우리가 두 번째로 생각해볼 것은 중학교 성적에도 유의미한 성적과 무의미한 성적이 있다는 사실입니다. 중학교까지는 학원이나 부모 도움 또는 선행의 힘으로 어느 정도 따라갈 수는 있습니다. 그러나 같은 A라도 타율적이거나 수동적으로 혹은 시험 기간에 벼락치기로 공부한 아이의 A는 '무의미한 성적'이 될 테고요. 꾸준하게 예·복습을 챙겨가며 매 순간 주체적으로 공부한 아이의 A는 '유의미한 성적'이 되겠지요. 고등학교에 가서도 1등급을 받는 A, 즉 유의미한 성적을 얻으려면 중학교 때 어떻게 공부해야 할지를 고민해야 합니다.

아이들이 밟고 올라가야 하는 계단은
매년 점점 더 높아진다

｜읽기조차 어려운 교과서

한 학년이 마무리되면 아이들은 새 학년에 공부할 교과서를 미리 받습니다. 책을 나눠주는 그 정신없는 와중에도 호기심에 가득 찬 아이들은 책을 들추며 가지각색의 감탄사를 연발합니다. 과연 자신이 그것들을 잘 배울 수 있을지에 대한 의구심의 표현입니다. 언뜻 보기에도 새 학년의 교과 내용이 쉽지 않아 보이는 거지요. 학년이 오를 때마다 국어 교과서는 글 유형의 다양성, 비문학의 비중, 비판적 사고 중심의 지문이 증가하며 읽기 난도가 높아집니다.

[비문학 지문 예시]

교육과정	교과서 내용
중 1학년	종자 보관소는 미래의 재앙을 대비하는 중요한 시설이다. 그런데 전 세계 약 1,700여 개가 존재하는 종자은행과 달리, 종자 보관소는 전 세계에 단 두 곳만이 운영된다. 그중 하나는 노르웨이에 있는 스발바르 국제 종자 보관소이며, 다른 하나는 우리나라 경상북도에 위치한 국립백두대간수목원의 종자 보관소이다.
중 2학년	정전기가 발생하는 주된 이유는 마찰에 있다. 물질을 구성하는 기본 단위인 원자는 원자핵과 전자로 이루어져 있는데, 전자는 매우 작고 가벼워 마찰 등의 영향으로 쉽게 다른 물체로 이동할 수 있다. 일상생활에서 다양한 물체와 접촉하면 마찰이 발생하고, 그 과정에서 전자가 이동하여 우리 몸과 물체에 조금씩 전기가 저장된다. 이 저장된 전기가 일정 한도를 넘어서 전기가 잘 통하는 물체에 닿게 되면 순간적으로 전하가 이동하면서 불꽃이 발생하며 정전기가 일어난다.
중 3학년	사회 심리학자 벤 보벤은 20대에서 60대까지 성인 약 1,200명을 대상으로 한 전화 설문 조사에서, 개인의 삶과 가정 경제에 관한 의견을 물었다. 그리고 마지막 질문으로 지금까지 살아오면서 스스로의 행복을 위해 소유 자체를 목적으로 구매한 물건과 경험을 목적으로 구매한 물건을 각각 하나씩 떠올리도록 한 후, 두 가지 중 어떤 것이 자신에게 더 큰 행복을 주었는지를 선택하게 했다. 그 결과, 응답자의 57%가 경험을 목적으로 한 구매에서 더 큰 행복을 느꼈다고 답한 반면, 소유를 목적으로 한 구매가 더 큰 행복을 주었다고 답한 비율은 34%에 불과했다. 나머지 9%는 선택하기 어렵다고 응답하거나 응답하지 않았다. 이는 많은 사람이 소유보다 새로운 경험을 위한 소비에서 더 큰 행복감을 느낀다는 사실을 말해준다.

교과서 지문의 난도 차이가 한눈에 보일 겁니다. 첫 번째 지문은 종자 보관소의 수와 위치를 비교하는 단순 정보 중심으로 구조가 비교적 명확해서 쉬워요. 두 번째 지문은 정전기가 발생하는 원리를 원자 구조와 전자 이동의 인과관계로 설명해 조금 어렵지요. 기본적인 과학 개념의 이해까지 필요합니다. 세 번째 지문은 연구 대상, 방법, 결과와 해석을 함께 제시하는 복합적인 구조를 보이고, 철학적인 내용까지 더해져 까다롭습니다. 학년이 올라갈수록 이런 비문학 지문이 많아지는데, 비문학 중에서도 정보 전달을 목적으로 하는 설명문보다 설득을 목적으로 타당성을 판단해야 하는 논설문의 비중이 커집니다. 설명이나 논증의 방식도 조금씩 더 복잡해집니다.

고등학교 국어 교과서의 난도는 더욱더 높아집니다. 글의 수준과 범위가 더욱 확장되고 비판적 사고 중심의 지문이 두드러지게 증가합니다. 비문학 지문의 비중이 커지고, 정보 전달·논증·비평 중심의 글이 많아지면서 논리 구조 파악과 비판적 사고 능력이 중요한 학습 요소로 자리 잡습니다. 특히 비문학 지문은 아이들이 현실과 사회에 대한 통찰을 키우고, 글에 담긴 주장과 근거를 분석하는 능력을 강화하는 데 초점을 맞추고 있습니다. 이러한 구성은 이후 수능이나 대학교 학습으로 이어지는 심화된 독해 경험을 준비시키는 역할도 합니다.

문학 지문에서도 단순 줄거리 이해를 넘어 작품의 주제, 표현 기법, 문화적·역사적 맥락을 파악하는 학습이 강조됩니다. 다음은 중 3학년과 고등 1학년 국어 교과서 단원을 비교해놓은 표입니다. 단순히 다루는 작품 수가 많아지는 것을 넘어 갈래가 확장됩니다. 중학교 때까지는 서정 중에 시, 서사 중에 소설, 교술 중에 수필, 극 중에 희곡이라는 좁은 개념으로 주로 갈래를 익혔다면, 고등학교는 서정 전체, 서사 전체, 교술 전체, 극 전체를 배우는 것이지요. 더불어 심화된 의미·주제 분석 능력과 비평적 시각이 필요해집니다.

교육과정	단원명	소단원명	갈래
중 3학년	문학과 만나는 시간	문학의 아름다움	현대 시
			현대 수필
		고전 소설 감상하기	고전 소설(판소리계 소설)

교육과정	단원명	소단원명	갈래
고등 1학년	문학의 향기	서정 갈래와의 만남	현대 시
		서사 갈래와의 만남	현대 소설
		극 갈래와의 만남	시나리오
		교술 갈래와의 만남	현대 수필
	한국문학의 길	옛 노래 감상하기	향가(고전 시가)
			시조(고전 시가)
			가사(고전 시가)
		고전 소설 감상하기	고전 소설(판소리계 소설)
		현대 시 감상하기	현대 시(1930)
		현대 소설 감상하기	현대 소설(1970, 산업화)

그러므로 매 학년 교과서를 정확하게 분석하고 이해하며 공부하는 것이 중요합니다. 수업 시간마다 예·복습을 하는 것이 가장 이상적이지만, 바쁜 아이들에게는 현실적으로 쉽지 않을 수 있습니다. 그렇다면 최소한 소단원 하나가 끝날 때마다 복습하는 습관을 들이는 것이 좋습니다.

지필 평가 대비를 위해 핵심을 정리해두는 것도 도움이 됩니다. 정리는 단순 암기가 아니라 학습 목표에 답하는 방식으로, 특히 갈래별 특성이나 개념어, 교과 교사의 판서(유인물) 내용은 빠뜨리지 않아야 평가 및 다음 학년에 대비할 수 있습니다. 교과서 글은 수업 내용과 자습서 등을 활용해 스스로 분석하고 이해하는 연습을 하는 것이 중요합니다. 결론은 공부가 쌓여야 다음 계단을 오를 수 있는 힘이 생긴다는 것입니다.

▎너무 많은 수행평가

앞서 중학교와 고등학교의 성적 산출 방식을 살펴봤습니다. 중학교 성적이 절대 평가로 산출되고 학교에 따라 높은 성적을 받는 아이들이 많을 수도 있다는 말에 혹시 안심하셨을까요?

중학교 평가는 크게 지필평가와 수행평가로 나뉩니다. 즉, 두 평가의 점수가 합산되어 성적이 산출된다는 말입니다. 산출 비율은 학교, 학년, 교과마다 다르지만 대체로 교육청의 지침에 따라 지필평가와 수행평가의 점수 비율이 30~60% 범위 안에서 조정됩니다.

지필평가는 우리가 흔히 말하는 중간고사, 기말고사입니다. 객관식, 단답형, 서술형 문제들을 정해진 시간 내에 풀어내는 시험이지요. 수행평가는 시험만으로는 파악할 수 없는 교과 성취기준을 과제 수행 과정을 통해 평가하기 위한 것으로, 서·논술, 구술·발표, 토의·토론, 프로젝트, 실험·실습, 포트폴리오 등 다양한 방식이 있습니다.

이중 국어 교과에서 주로 이루어지는 방식은 서·논술형이며 다음과 같은 주제가 많이 활용됩니다.

학년	수행평가 주제
1	모방 시 쓰기, 시 창작하기, 경험을 담은 글쓰기, 요약하며 읽기, 정보 전달하는 글쓰기, 주장하는 글쓰기, 갈등 상황에서 존중하며 말하기, 문법 논술하기 등
2	문학 작품 창작하기, 문학적 표현 방법을 활용하여 글쓰기, 설명하는 글쓰기, 홍보하는 글쓰기, 다양한 표현을 활용한 수필 쓰기, 기사문 분석하기, 문학 작품 재구성하기 등
3	서평 쓰기, 경험을 바탕으로 한 글쓰기, 사회 문화적 배경을 고려하여 시조 해석하기, 설득 전략을 활용하여 연설하기, 소개하는 말하기, 홍보하는 글쓰기, 묘사하는 글쓰기, 논증 방법을 활용하여 논설문 쓰기, 생각을 표현하는 말하기 등

여기에 한 학기 한 권 읽기와 관련한 독서 노트 작성 등 포트폴리오 활동이 학년 구분 없이 추가될 수 있습니다. 종합해보면 중학교 수행평가에서 문학은 시, 소설, 수필 갈래, 비문학은 설명문과 논설문에 대한 이해와 쓰기가 기본입니다. 그리고 기본적인 문장 및 문단을 구성하는 능력, 1000자 안팎의 글쓰기 역량이 갖춰져 있어야 하고요.

그런데 학교에서 수행평가에 대해 강조하고 또 강조해도 준비하지 않는 아이들이 허다합니다. 그 가장 큰 이유는, 너무 많기 때문이지요. 거의 전 교과에 수행평가가 있습니다. 한 학기, 한 교과당 두세 번만 수행평가를 봐도 배우는 교과가 10개면 수행평가도 20~30번을 봐야 하는 겁니다. 너무 많아서 챙기기도 어렵지만, 주 중에 학원을 다니는 아이들은 시간이 부족하니 손을 놓아버립니다.

지필평가처럼 공식적이지 않은 것도 맹점입니다. 학교알리미(schoolinfo.go.kr)를 통해 공시 정보를 확인한다고 해도 지필평가처럼 일시에 보는 것이 아니라 반별 스케줄이 천차만별입니다. 초등학교 때처럼 알림장을 써오는 것도 아니어서 부모도 챙겨주기 어렵습니다. 그러니 1차적으로는 아이 스스로 수행평가를 챙겨야 합니다. 그럴 수 있을 만큼 아이가 성장하기도 했지만 중학교 3년, 고등학교 3년 동안 넘어야만 하는 산 중 하나이기에 아이 스스로 해낼 줄 알아야 합니다.

수행평가는 교과 교사가 평가 일주일 전 수업 시간에 안내하고, 안내문을 학급에 게시합니다. 학기 초에 평가계획서를 전달하지만 수행평가 일정이 다가오면 다시 안내를 해주는 것이지요. 안내문에는 수행평가의 일정, 방법, 평가 요소 등이 적혀 있습니다. 수행평가는 오랜 시간 준비할 필요가 없지만 벼락치기하듯 수업 시간에 해치워서도 안 됩니다. 적어도 평가를 한 주 앞둔 주말부터 준비해주세요. 그다음 평일에 완성도를 높여나갑니다. 예를 들어 서·논술의 경우는 주말에 글을 쓰고 평일에 그 글을 다시 살펴보며 평가기준에 적합하게 다듬는 겁니다. 발표의 경우는 미리 자료를 정리한 다음 주중에 발표를 연습하고 실전에 응해야 합니다.

| 발목을 잡는 문법

초등학교 때는 주어, 서술어, 목적어 정도만 문장 구성을 위해 조심스럽게 제시해 놓고, 정작 본격적인 문법 학습은 중 1학년부터 쏟아집니다. 아이들 입장에서는 갑자기 어려운 내용들이 나오니 왜 배우는지에 대한 타당성을 찾기 전에 볼멘소리를 낼 수밖에 없습니다.

품사를 배우는 것은 우리말을 더 정확하게 이해하고 활용하기 위한 기초 작업입니다. 교과서에 따라 차이는 있지만, 중학교에 입학하고 5월 즈음부터 품사를 배우기 시작합니다. 그리고 2학기에는 <단어의 짜임> 단원에서 어근, 접사, 어미, 파생어, 합성어 같은 문법 용어들이 한꺼번에 등장합니다. 중학교 적응만 해도 벅찬데, 만만히 생각했던 국어가 어느 순간 수학처럼 느껴지는 순간이 찾아오는 것이지요. 일부 학교에서는 1학기를 자유학기제로 운영하다 보니, 1학기 품사 부분을 2학기로 끌어와서 지필평가에 포함시키는 경우도 종종 있습니다. 이런 경우 중학교 다닐 만하다, 국어 해볼만 하다고 생각할 때쯤 첫 국어 지필평가에서 문법 때문에 단단히 쓴맛을 보게 될 수도 있습니다.

그런데 왜 아이들은 문법을 어려워할까요? 가장 큰 이유는 바로 문법 용어가 낯설기 때문입니다. 문법에는 일상에서 자연스럽게 쓰는 어휘가 아니라 추상적인 개념어가 많습니다. 게다가 개념을 이해했다고 해서 바로 문제에 적용이 되지 않는 현실도 아이들의 혼란을 가중시킵니다. 그래서 의미만으로는 변별이 어려운 경우에 한해, 구분을 위한 문법적 약속까지 가르치기도 합니다.

그렇지만 지문을 분석하며 추론해야 하는 문학이나 비문학보다, 개념을 이해하고 적용만 잘하면 성적을 올리기 쉬운 효자 영역이 바로 문법입니다. 잘만 준비하면 국어 시험에서 큰 도움이 되거든요. 다만 많은 아이가 난도가 높다고 느껴 접근 자체를 거부해 결국 국어 시험에서 발목을 잡히는 요인이 되는 경우가 많습니다.

그런 일을 방지하려면 겨울방학 때 다음 학년도 문법을 미리 준비해두는 것을 권합니다. 주의할 점은 중학교 문법 전체를 2개월 남짓한 겨울방학에 모두 끝내겠다는 목표를 세워서는 안 된다는 것입니다. 문법 특성상 충분히 이해하고 적용하는 수준에 도달하지 않으면 미리 공부한다고 해도 금방 휘발되기 쉽습니다. 더구나 중학교에서 배우는 문법 개념들은 고등 문법으로 이어집니다. 중 1학년의 '품사' '어휘의 짜임', 2학년의 '음운 체계' 그리고 3학년의 '문장 성분'은 고등 1학년 '음운 변동'에서 다시 활용됩니다. 문법 개념을 충분히 이해하고 적용해보는 연습을 통해 체화해야 이후 문법 때문에 고생하지 않습니다. 문법 공부에 대한 내용은 뒤에서 자세히 소개하겠습니다.

중학교 국어 성적이
불변의 A가 되기 위한 기초 작업

● ● ● ● ● ●

| 시작은 공부의 가지치기

내신 준비 기간을 제외하면 많은 아이가 각종 독해집을 풀고 있습니다. 국어가 중요하다는 사실은 알고 있지만 평소 어떤 공부를 해야 할지 모르기에 고민 없이 독해집을 선택하는 경우가 많아 보입니다. 당연히 수능 국어를 염두에 둔 선택이기도 할 테고요. 하루 10~20분 지속적으로 하면 되니 쉽고 편하다고 생각했을 수도 있습니다.

그러나 저는 교사로서 학생들에게 독해집을 권하지 않습니다. 부모로서 제 자녀에게도 권하지 않습니다. 비문학 독해집의 글은 구조와 논리가 너무 친절히 간략하게 정리되어 있거든요. 교과서 지문보다도 호흡이 짧습니다. 그런데 고등학교 모의고사나 수능에 나오는 지문은 평가 목적을 가진 글이라 훨씬 길고 복잡한 구조를 띠고 있습니다. 실제 수능 지문을 보세요. 단순히 핵심 문장만 나열되어 있지 않고 다양한 전개 방식과 논리 관계를 포함하기 때문에 처음부터 쉽게 눈에 들어오지 않습니다.

학교 지필평가 기간에는 아이들이 교과서에 맞춰 내신 대비용으로 나온 평가 문제집을 풉니다. 배운 내용을 제대로 습득했는지를 확인하기 위한 평가 문제집의 활용은 필수적입니다. 그런데 교과서를 들여다볼 생각 없이 문제집만 붙들고 있는 아이가 많습니다. 문제집의 문제만 보느라 문제집 속 지문조차 읽지 않는 아이들도 있습니다. 하지만 학교 수업의 내용과 교과서 기반 학습이 충분하지 않은 아이는 평가 문제집만으로는 대비가 되지 않습니다.

국어 공부=문제 풀기=독해 문제집 풀기. 이런 공부는 결코 바람직하지 않습니다. 아무리 한들 노력 대비 좋은 결과가 나오지 않는, 비효율적인 공부이지요. 점수가 오르지 않으니 아이들은 점점 문제를 더 빨리, 문제집을 더 많이 푸는 데 빠져들게 됩니다. 그러나 국어 공부는 '교과서가 기본'입니다.

문제집뿐만이 아닙니다. 사교육도 가지치기가 필요합니다. 중학생이 되면 아이들의 시계가 더 빠르게 돌아갑니다. 앞서 이야기한 수행평가를 예로 들어보겠습니다. 한 학년에 10개 교과를 배우고 교과당 수행평가를 세 번 본다면, 수행평가만 30개를 준비해야 합니다. 예체능 교과의 경우 지필평가를 안 보는 대신 수행평가 횟수를 늘리는 일이 일반적이기에 실제로 이보다 더 늘어날 수밖에 없습니다. 수행평가와 지필평가에 휘둘리다 보면 한 학년이 끝난다고 해도 과언이 아닙니다.

게다가 중학교 아이들은 4시 전후로 하교합니다. 학교에서 나오면 대다수가 학원으로 가고 빨라야 9시 전후에 집에 들어옵니다. 씻고 그날 학교에서 배운 내용 복습하고 학원 숙제까지 해야 하는데, 현실은 잠잘 시간도 빠듯하지요. 내 아이에게만 24시간 외에 더 많은 시간이 주어질 수는 없습니다. 시간을 늘릴 수 없다면 해야 할 일은 효율적인 공부를 위한 가지치기입니다. 이때 중심은 '학교에서 배운 내용을 복습'하는 데 두어야 합니다. 즉, 무의미한 성적을 만드는 학원을 끊어내야 합니다.

저는 특히 아이들에게 문제 풀이 숙제를 많이 내는 학원, 그로 인해 아이들이 개념에 머무르지 못하게 하는 학원은 정리해야 한다고 봅니다. 국어 교과의 핵심 역량인 비판적, 창의적 사고는 선택형 문제 풀이로 기르기 어렵습니다. 또한 현 교육과정에서 점점 비중이 커지는 서·논술형 평가는 개념을 이해하지 못하는 단순 암기 공부로는 대비할 수 없습니다. 개념을 이해하고, 그 개념을 다양한 사례에 적용할 수 있는 힘을 기르려면 시간이 필요합니다. 그리고 그 과정을 차근히 쌓아야만 개념이 내면화됩니다.

| 수업에 집중하기

학교에서 아이들이 가장 많이 듣는 말을 꼽는다면 "집중해라"일 겁니다. 아이들이 수없이 듣는데도 여전히 소홀이 여기는 것이 '수업에 집중하기'입니다.

교과서에는 두 가지가 있습니다. 학생용 교과서와 교사용 교과서. 학생용 교과서가 배워야 할 기본 내용을 담고 있다면 거기에 더해 수업 내용이 모두 담겨 있는 것이 교사용 교과서입니다. 그래서 같은 교과서를 쓰더라도 어느 수준까지 수업할지는 교사의 재량에 달려 있습니다. 학습 목표에만 초점을 맞추고 수업하는 교사, 학습 목표와 심화된 내용까지 수업하는 교사, 학습 목표에 외부 지문을 추가해 수업하는 교사 등 정말로 다양합니다.

 중등 문해력 한 권

예를 들어 중 1학년 교과서 <단어의 갈래> 단원을 살펴보겠습니다. 이 단원의 성취기준은 '품사의 종류와 특성을 이해하고 다양한 국어 자료를 분석한다'입니다. 학생용 교과서에는 명사의 개념, 직접 보거나 만질 수 있는 대상의 이름을 나타내는 명사(구체 명사), 눈에 보이는 형태가 없어 머릿속으로만 떠올릴 수 있는 추상적 대상의 이름을 나타내는 명사(추상 명사)까지 설명이 되어 있습니다. 그런데 교사용 교과서에는 명사의 종류가 구체 명사와 추상 명사, 고유 명사와 보통 명사, 자립 명사와 의존 명사, 유정 명사와 무정 명사까지 판서의 예시로 제시되어 있습니다.

[학생용 교과서]

품사	형태	기능	의미	종류
품사	불변어	체언	명사	구체 명사
				추상 명사

[교사용 교과서]

품사	형태	기능	의미	종류	
품사	불변어	체언	명사	구체성에 따른 구분	구체 명사
					추상 명사
				사용 범위에 다른 구분	고유 명사
					보통 명사
				자립성에 따른 구분	자립 명사
					의존 명사
				감정 표현 가능성에 따른 구분	유정 명사
					무정 명사

여기서 어떤 교사는 딱 학생용 교과서 수준에서만 수업할 수 있고, 또 어떤 교사는 교사용 교과서 수준까지 수업할 수 있는 것이지요. 혹은 학생용 교과서에 버젓이 적혀 있는데도 학생 수준을 고려하여 내용을 아예 생략해버릴 수도 있습니다. 실제로

동사나 형용사 부분에서 '기본형'의 개념을 설명하기 위해 '어간'이나 '어미' 같은 용어가 제시되는데, 아이들이 이 부분을 어려워한다고 판단해 설명을 배제하는 경우가 있습니다.

<상징> 단원도 똑같아요. '상징의 특성과 효과에 유의하며 작품을 감상할 수 있다'라는 성취기준이 제시되고, 황순원의 『소나기』가 수록되어 있습니다. 그런데 어떤 교사는 작품에 쓰인 상징을 파악하고 특성과 효과를 이해하는 학습 목표 수준에서 수업하고요. 또 어떤 교사는 학습 목표에 더해 소설이라는 갈래의 특징, 시점, 소재, 등장인물의 성격 제시 방법, 표현 기법까지 세세하게 가르치기도 합니다.

교사의 재량이기에 어떤 내용이 덜하고 더할지는 가늠할 수 없습니다. 아는 방법은 딱 하나 수업에 집중하는 것이지요. 그리고 교사가 수업에서 가르치는 내용들이 지필평가, 수행평가의 문제로 출제됩니다. 더욱이 학생용 교과서에 없는 내용이 더해진다면 내신을 준비하기 위해서라도 수업 내용, 수업에서 제공하는 자료에 충실해야 합니다. 만약 내용이 덜어진다면 고등학교 국어 또는 수능을 위해서 학기가 끝난 후 방학을 이용해 결손 부분을 보충 공부해야 합니다.

| 교육과정의 빈틈은 자기주도로 메우기

매년 수능이 끝나고 나면 만점자들의 인터뷰가 기사로 올라오는데, 2026학년도 수능 만점자들의 인터뷰는 특히 인상적이었습니다. 5명의 만점자에게서 가장 많이 나온 이야기가 '학교 교육과정을 충실히 따라가다 보니 내신과 수능을 모두 준비할 수 있었다'는 이야기였습니다. 이는 교과서, 수업 중심의 학습이 얼마나 효율적인지를 말해주기도 하지만, 그 이면에는 학교마다 교육 환경이 다르다는 씁쓸한 현실을 보여주기도 합니다.

우리 아이가 학군지에 있는 학교를 다닌다면 교육 환경에 대한 걱정은 덜할 겁니다. 하지만 비학군지에 다니고 있다면 아이가 다니는 학교의 교육 환경은 고민이 될 수밖에 없지요. 학교의 교육 환경은 다양하며, 수업의 수준과 방향은 교실의 현실에 따라 결정될 수밖에 없다는 이야기입니다.

생활지도가 필요한 아이가 다수 포진한 교실을 상상해보세요. 수업 종이 울려도 교실 밖을 헤매는 아이, 수업 중 자주 교사에게 버릇없이 행동하는 아이, 자거나 핸드폰을 보며 딴짓하는 아이. 아이들을 지도하기 위해 수업을 잠시 중단해야 하는 일이 비일비재합니다. 이러한 교실에서는 애초에 목표한 수업을 시간 내에 끝내지 못할 확률도 높습니다. 그 결과 교과서에 제시된 활동들이 생략되거나, 단원 전체를 가르치지 못하는 상황도 발생할 수 있습니다. 물론 교과서는 수업의 재료일 뿐이고, 성취기준 달성을 위해 다른 방법으로 수업을 진행하는 경우도 분명 있습니다. 하지만 그렇지 않은 경우에는 성취기준 자체가 누락될 위험이 생깁니다.

특히 국어는 단순히 지식을 전달하는 교과가 아닙니다. 국어 역량을 키우기 위한 다양한 학습 활동이 생략되고 지식 전달 중심의 수업만 이루어진다면 교육과정에서 요구하는 비판적·창의적 사고 역량을 기르기 어렵습니다. 이러한 현실에서 발생하는 교육과정의 빈틈을 어떻게 메워야 할까요? 답은 자기주도에 있습니다.

자기주도 학습의 기본은 '교과서 읽기'와 '단권화'입니다. 국어 교과서는 한 학기에 4개의 단원으로 구성되어 있습니다. 그리고 한 단원은 보통 2개의 소단원으로 구성되어 있고요. 다소 차이가 있기는 하지만, 저는 소단원이 끝날 때마다 교과서를 읽고 정리하는 것을 추천드립니다. 이유는 소단원별로 학습 목표가 다르게 설정되어 있고, 학습 목표에 따라 학습 내용을 종합적으로 정리해야 호흡이 끊기지 않기 때문입니다.

교과서를 읽을 때는 핵심 제재뿐 아니라 작은 글씨로 써진 설명, 수업 필기까지 모두 읽는 게 좋습니다. 그다음 학습 활동과 날개 문제(중간에 내용 이해를 돕는 질문)를 빠짐

없이 품니다. 그리고 단권화를 할 때는 '대단원→소단원→학습 목표'를 순서대로 적은 후 핵심 개념과 내용을 적습니다. 문학이나 비문학처럼 글이 긴 단원은 교과서에, 문법과 같이 지식 위주의 단원은 노트에 적어주세요. 여기까지 하고 나면 지필 평가 대비도 되지만, 수능까지 이어지는 교과 개념어 공부와 지문 분석 연습까지 할 수 있습니다.

국어는 집을 팔아야 하는 게 아니라 집을 만들어야 하는 것이다

• • • • • •

"국어는 집을 팔아도 어렵다." "다시 태어나는 수밖에 없다." 오래된 경구처럼 끊임없이 회자되는 말들입니다. 그런데 저는 이 말들이 국어 공부에 대한 오해를 키운다고 생각합니다. 국어는 다른 교과처럼 눈에 보이는 활동만으로 평가하기 어렵습니다. 아이들이 책을 들여다보거나 독해 문제집을 풀고 있으면 공부하는 것처럼 보이지만 곧장 성적 향상이나 이해력 향상으로 연결되지는 않습니다. 국어는 단순히 많은 양이나 반복적인 작업으로 해결되는 교과가 아닙니다.

일부 교과들은 암기만 하면 문제 풀이가 쉬워지는 경향이 있지만, 국어는 그렇게 단순하지 않은 것이 어려운 부분입니다. 지문의 요약이나 풀이를 교사나 강사가 알려주면 그대로 이해만 하고 넘기고, 전략 단원에서도 스스로 분석하지 않고 배운 내용을 암기만 한다면, 국어가 요구하는 진짜 공부는 이루어지기 어렵습니다. 겉으로는 공부하는 것처럼 보여도 실상은 공부하는 흉내만 내는 것에 불과할 수 있습니다. 국어 공부는 지문을 읽은 후에 단순히 줄거리만 아는 것이 아니라 그 안에 담긴 의미를 해석하고, 글이 전달하려는 함의를 파악하며, 선택지의 정오를 지문 자체를 근거로 판단해야 합니다. 스스로 질문하고 분석하며 판단하는 능동적 참여가 있어야 비로소 깊이 있고 의미 있는 학습이 됩니다.

하지만 많은 아이가 수동적 학습에 머물러 있습니다. 생각하며 공부할 수 있는 물리적 시간이 부족하다 보니 모든 공부가 과제가 되어 해치우는 식이 되어버립니다. '잘 배워야지'가 아니라 '얼른 끝내야지'가 되는 것이지요. 그러다 보면 아이들은 제시되는 것을 따라가는 수동적인 공부에 익숙해지게 됩니다. 다른 교과도 그렇지만 특히 국어는 방향을 잡고 자기 힘으로 생각하면서 공부하는 자기주도가 중요합니다.

이 자기주도가 의미하는 건 단순히 능동성만이 아닙니다. 집을 쌓듯이 스스로 해내는 공부를 축적하는 겁니다. 일상의 공부 습관이 국어 역량을 만드니까요. 꾸준한 책 읽기는 물론 학교에서 배우는 모든 교과들의 교과서 읽기가 일상생활에 켜켜이 쌓이고 쌓여 만들어지는 것이 바로 국어 역량입니다. 초등 시기, 늦어도 중등 시기에 공부 습관만 잘 들이면 고등학교 국어, 수능 국어 영역은 생각보다 어렵지 않습니다. 국어를 잘하고 싶으면 국어 공부를 하면 됩니다. 국어 교과서와 학교 수업에 집중하면 됩니다. 거기서부터 하나하나 공부 습관을 만들고 쌓아가세요. 이는 어려운 내용들이 나오고, 고등 대비를 위한 각종 개념이 쏟아져 절대량의 공부가 필요한 중등 시기에 반드시 해야 합니다.

공부할 때 무조건 써먹는
교과 핵심 개념

읽기

글의 구조(構 얽을 구, 造 지을 조)

글 전체의 구성과 내용 전개 방식.	글의 구조 중 3단 구성을 이루는 글은 설명문과 논설문, 5단 구성을 이루는 글은 소설이나 희곡이 있다.
	글의 구조를 고려할 때는 내용 전개 방식을 살펴봐야 하는데, 필요에 따라 문제-해결, 원인-결과, 비교와 대조, 분석 등이 활용된다.
	독자의 입장에서 글의 구조에 따라 요약이 이루어지면, 글쓴이의 입장에서는 그것이 개요가 될 수 있다.

요약(要 요긴할 요, 約 맺을 약)

말이나 글의 주요 내용을 간추려 정리하는 것.	요약하기 규칙에는 중심 문장 '선택'하기, 덜 중요하거나 반복되는 내용 '삭제'하기, 개별적이거나 특수한 것을 상위 개념으로 묶는 '일반화'하기, 중심 문장이 드러나지 않을 때 핵심 내용을 종합하여 '재구성'하기가 있다.

	무조건 규칙을 적용하기보다 학습자의 읽기 목적과 글의 구조, 내용 전개 방식(인과, 문제와 해결, 비교와 대조, 나열 등)을 고려해 요약한다.
	교과서를 요약할 때는 단원명, 학습 목표, 굵은 글씨 등을 살펴보면 중심 내용을 쉽게 파악할 수 있다.

설명 방법(說 말씀 설, 明 밝을 명)

글을 쓸 때 주제와 내용을 독자에게 효과적으로 전달할 수 있도록 사용하는 글쓰기 전략. 정의, 예시, 비교와 대조, 구분과 분류, 인과, 분석 등이 있다.	'무엇은 무엇이다'처럼 대상의 뜻을 밝혀 풀이하는 방법을 '정의'라고 한다.
	대상과 연관된 구체적이고 친근한 예를 제시하여 설명하는 방법을 '예시'라고 한다.
	둘 이상의 대상을 견주어 서로 간의 공통점과 차이점을 밝히는 방법을 '비교'와 '대조'라고 한다.
	대상을 일정한 기준에 따라 나누거나 종류별로 묶어서 설명하는 방법을 '구분'과 '분류'라고 한다.
	대상을 원인과 결과의 관계를 중심으로 설명하는 방법을 '인과'라고 한다.
	대상을 구성하는 요소나 부분으로 나누어 설명하는 방법을 '분석'이라고 한다.

논증 방법(論 논할 론, 證 증거 증)

이유와 근거를 들어 주장이 타당하다는 것을 증명하는 것. 방법으로 귀납, 연역, 유추가 있다.	일반적인 사실이나 보편적 원리를 먼저 제시한 후, 개별적인 사실이나 특수한 원리를 이끌어내는 논증 방법을 '연역'이라고 한다.
	개별적인 사실이나 특수한 원리들로부터 일반적인 사실이나 보편적 원리를 도출해내는 논증 방법을 '귀납'이라고 한다.
	둘 이상의 대상이 비슷한 속성을 가진다는 것을 근거로 다른 속성도 유사할 것이라고 추론하는 유추는 귀납 논증에 속한다.

논증 구성 요소

주장, 이유, 근거 등이 논증을 구성하는 기본 요소이다.	주장은 논증의 출발점으로, 주장하고자 하는 바를 명확하게 제시해야 한다.
	이유는 주장의 타당성을 뒷받침하는 논리적인 설명을 의미한다.
	근거는 이유에 더해 구체적이고 신뢰할 수 있는 자료, 예시 등을 제시하는 부분이다.
	설득을 목적으로 하는 말하기나 글을 쓸 때는 주장, 이유, 근거의 순서대로 문단을 구성하면 된다.

복합양식

글이나 자료가 문자 언어 외에 소리, 그림, 사진, 표, 그래프, 동영상 등의 다양한 기호로 어우러진 것.	문자 언어로만 이루어진 것을 '단일양식'이라고 한다.
	복합양식으로 구성된 글이나 자료는 내용의 타당성과 신뢰성, 표현 방법의 적절성을 평가하며 읽는다.

화제(話 말씀 화, 題 제목 제)

담화나 글에서 다루게 될 재료나 소재.	화제는 글의 주제를 명확히 하고, 글의 내용을 조직하는 데 핵심적인 역할을 한다.
	화제를 통해 글쓴이는 독자와 공통의 관심사나 주제를 공유하며, 다양한 관점이나 해석을 제시할 수 있다.
	화제를 파악하고 비교·대조하는 과정은 독해력과 비판적 사고력, 문해력 향상에 필수적이다.

주제 통합적 읽기

같은 주제나 화제를 다룬 여러 글을 다양한 관점과 형식으로 비교, 분석하며 읽고, 자신의 관점에 따라 의미를 재구성하는 과정.	비슷한 주제를 담은 다양한 형식의 글을 비교하며 읽는 주제 통합적 읽기는 독자에게 합리적 판단을 할 수 있도록 돕는다.
	여러 글이나 자료를 비교하며 읽는 주제 통합적 읽기는 화제와 관련된 쟁점에 대한 독자의 충분한 이해를 돕는다.
	주제 통합적 읽기는 단순한 화제 결합을 넘어 삶과 사회에 대한 독자의 시각을 확장하는 데에 도움을 준다.

읽기 과정의 점검/조정

자신의 읽기 목적을 달성하기 위해서는 독서 상황과 수준에 맞게 글을 선정할 수 있어야 하고 읽기 전·중·후 과정을 점검 및 조정하며 효과적으로 글을 읽을 수 있어야 한다.

읽기 전에는 읽기 목적을 정하고, 제목 및 주요 단어, 사진 등을 훑어보기, 글의 내용 예측하기, 배경지식 떠올리기 활동을 한다.

읽기 중에는 예측한 내용 확인하기, 이해 점검하기, 질문하고 답하기, 글쓴이의 의도 파악하기, 공감하거나 비판하기 등의 활동을 한다.

읽은 후에는 글의 주요 내용 요약하기, 주제 파악하기, 새롭게 알게 된 점이나 더 알고 싶은 점 정리하기, 읽기 과정 성찰하기 등의 활동을 한다.

쓰기

정서를 표현하는 글(情 뜻 정, 緖 실마리 서)

자신의 실제 경험 속에서 느꼈던 감정과 생각을 솔직하게 드러내는 글. 수필, 편지 등이 있다.	자신의 삶 또는 주변의 사물이나 사건 등을 주의 깊게 관찰하고 사색하는 습관이 좋은 글감(글의 내용이 되는 재료)을 발견할 수 있게 한다.
	정서를 진솔하게 표현하는 글을 쓸 때는 자신의 생각과 느낌을 있는 그대로 표현할 때, 독자의 공감을 얻을 수 있다.
	정서를 진솔하게 표현한 글은 자신의 삶을 성찰하게 함으로써 건강한 자아를 형성하게 하는 데 도움을 준다.

정보를 전달하는 글(情 뜻 정, 報 갚을 보)

객관적인 사실을 바탕으로 명확한 정보를 제공하는 데에 목적이 있는 글. 설명문, 보고서, 안내문, 보도 기사문 등이 이에 해당한다.	정보를 전달하는 글은 계획하기 단계에서 예상 독자를 분석하여, 수준에 맞는 표현을 사용하고 자료를 선정해야 한다.
	자료를 수집하여 글을 쓸 때, 인쇄 매체, 인터넷 매체, 시청각 매체, 전문가 면담 및 전문 기관 방문 등을 활용할 수 있다.
	자료를 수집할 때는 주제와 관련이 있으면서 명확한 출처, 전문가 의견, 균형 잡힌 시각을 가진 사례 등을 활용하는 것이 글의 신뢰도를 높이는 데 도움이 된다.

주장하는 글(主 주인 주, 張 베풀 장)

글쓴이의 의견이나 주장을 논리적으로 드러내어 독자를 설득하는 것을 목표로 쓰여진 글. 논설문, 비평문, 연설문 등이 이에 해당한다.	주장하는 글을 쓸 때는 주장을 뒷받침하는 타당한 근거, 출처가 분명한 근거를 들어야 한다.
	의견 차이가 있을 수 있는 글은 자신의 입장과 일치하는 자료만을 취하는 것이 아니라 상반되는 입장에 대한 자료까지 충분히 수집하여 쟁점을 분석한다.
	주장하는 글에는 모호한 표현, 단정적 표현, 주관적 표현을 피하고 명확하고 객관적인 표현을 사용해야 한다.

쓰기 윤리(倫 인륜 륜, 理 다스릴 리)

쓰기는 예상 독자를 고려하는 글쓰기로, 개인적 활동을 넘어 공동체 안에서 이루어지는 사회적 활동이다. 그러므로 공동체가 중시하는 규범을 따라야 하는데, 이것이 '쓰기 윤리'이다.	쓰기 윤리를 지키기 위해서는 무단 복제를 금하고, 인용의 경우 출처를 반드시 밝혀야 한다.
	사실에 근거하여 글을 작성하고, 왜곡이나 과장 없이 진실을 전달해야 한다.
	자신의 표현 방식이나 생각, 감정을 솔직하게 표현하되, 누군가를 차별하거나 배제하는 방식의 언어는 피해야 한다.

쓰기 과정의 점검/조정

글쓰기 과정은 기본적으로 '계획하기→내용 생성하기→내용 조직하기→표현하기→고쳐쓰기'의 과정으로 진행된다.	계획하기 단계에서는 글의 주제, 글쓰기 목적과 글의 유형, 예상 독자 등을 고려해야 한다. 특히 글쓰기 목적은 정보를 전달하는 글, 주장하는 글, 정서를 표현하는 글이 되고 이에 따라 설명문, 논설문, 수필 등의 글의 종류가 정해진다.
	내용 생성하기 단계에서는 자료 수집 및 내용 선정 과정이 포함된다. 자료 수집에는 전문가 면담이나 설문 조사, 관찰 등의 직접 수집과 책, 신문, 인터넷 등의 다양한 매체를 활용한 간접 수집 방법이 있다. 이렇게 수집한 자료를 글의 주제, 출처의 신뢰성, 예상 독자의 수준 등을 고려하여 선정한다.
	내용을 조직할 때에는 개요를 작성해야 한다. 이는 글의 유형에 따라 달라지므로, 자신이 쓰고자 하는 글의 구성을 익혀둘 필요가 있다. 수집한 자료를 적절하게 선정하고 배치한다.
	표현하기 단계는 개요와 수집된 자료를 활용하여 실제 글을 쓰는 과정이다. 글 또는 문단의 내용이 주제와 연결되어야 하며, 문장과 문장, 문단과 문단도 서로 긴밀하게 연결되어야 한다. 이를 '통일성'과 '응집성'이라고 한다.
	고쳐쓰기 단계에서는 독자를 고려하여 글 수준(주제와의 연결, 문단과 문단 간의 자연스러운 연결, 제목의 적절성), 문단 수준(문장의 자연스러운 연결, 중심 문장과 뒷받침 문장의 체계적 구성), 문장 수준(효과적인 표현, 문법에 맞는 문장), 단어 수준(적절한 단어, 띄어쓰기, 맞춤법)을 점검하여 전달하려는 내용이 분명하게 드러나는지를 살펴보아야 한다. 고쳐쓰기는 각 단계별로 점검·조정이 이루어져야 하며, 언제든 이전 단계로 다시 돌아가 보완할 수 있다.

자신의 생각이나 느낌에 어울리거나, 경험을 효과적으로 드러내기 위해 다양한 표현을 활용할 수 있다.	둘 이상의 낱말이 합쳐져 원래와는 다른 특별한 뜻을 나타내는 관습적인 말을 '관용어(慣 익숙할 관, 用 쓸 용, 語 말씀 어)'라고 한다.
	오랜 세월 동안 사람들의 생활 체험에서 얻어진 생각과 교훈을 담고 있는 말을 '속담(俗 풍속 속, 談 말씀 담)'이라고 한다.
	오랜 역사적 생활 체험을 통하여 이루어진 인생에 대한 교훈이나 경계 따위를 간결하게 표현한 짧은 글을 '격언(格 격식 격, 言 말씀 언)'이라고 한다.
	'명언(名 이름 명, 言 말씀 언)'은 사리에 맞는 훌륭한 말로, 널리 알려져 쓰인다.

듣기·말하기

언어(言 말씀 언, 語 말씀 어)

생각이나 느낌을 전달할 때 쓰는 음성이나 문자.	우리가 사용하는 언어에는 음성 언어와 문자 언어가 있다.
	언어 전달에는 비언어적 요소와 준언어적 요소가 가미되어 전달력을 높인다.
	언어 소통 환경에서는 언어 그 자체에만 몰두하면 화자가 전달하고자 하는 의도를 파악하기 어렵다. 언어에 수반되는 다양한 언어 외적 요소를 충실히 고려해야 한다.

준언어(準 준할 준, 言 말씀 언, 語 말씀 어)

의사소통 상황에서 언어에 수반되는 말의 빠르기, 높낮이, 길이, 크기 등을 의미한다.	언어와 준언어는 분리할 수 없다.
	사람마다 각기 다른 말투를 가진 것도 준언어적 요소와 연관된다.
	같은 말이라도 준언어의 특성에 따라, 말의 뜻과는 다른 느낌이나 의미가 전달될 수 있다.

비언어(非 아닐 비, 言 말씀 언, 語 말씀 어)

준언어와 같이 언어 전달에 수반되는 몸짓, 손짓, 표정 등을 의미한다.	언어 전달에 있어 비언어는 특히 감정을 전달하는 데에 효과적이다.
	문화에 따라 비언어적 요소는 다르게 해석될 수 있다.
	연구 결과에 따르면 의사소통 상황에서 비언어적 요소가 의미 전달에 가장 큰 비중을 차지한다고 한다.

언어 폭력(暴 사나울 폭, 力 힘 력)

비속어나 욕설뿐만 아니라 부정적 언어 표현, 상대에게 정신적 피해를 입히는 모든 행위를 의미한다.	격이 낮고 속된 말을 '비속어'라고 한다.
	외모를 비하하는 발언이나, 상대의 능력을 함부로 단정짓거나 무시하는 발언, 성별, 나이, 장애, 지역이나 민족, 인종 등에 대한 차별적 표현 등도 모두 언어 폭력에 해당한다.

대화(對 대할 대, 話 말씀 화)

마주 대하여 이야기를 주고받음. 또는 그 이야기.	대화할 때 귀 기울여 듣는 것을 '경청'이라고 하며, 다른 사람의 감정이나 의견, 주장 등에 대해 자신도 그러하다고 느끼는 기분을 '공감'이라고 한다.
	경청하고 공감하며 대화하는 방법에는 비언어적 표현으로 상대의 말에 관심을 표현하며 듣거나, 맞장구나 질문 등으로 상대가 이야기를 지속하도록 격려하거나, 상대의 말을 요약하여 재진술하는 방법이 있다.

화자(話 말씀 화, 者 놈 자)/청자(聽 들을 청, 者 놈 자)

의사소통 상황에서 이야기하는 사람을 '화자'라고 하며, 이야기 듣는 사람을 '청자'라고 한다.	화자는 자신이 전하고자 하는 메시지를 분명히 표현해야 한다.
	청자는 화자의 숨겨진 의도를 파악하며 의사소통 상황에 참여해야 한다. 청자가 가진 배경지식이나 처지, 상황에 따라 화자의 의도가 다르게 해석될 수도 있다.
	일상적 의사소통 상황에서는 화자와 청자가 수시로 바뀔 수 있다.

담화(談 말씀 담, 話 말씀 화)

머릿속의 생각이 구체적인 의사소통 상황에서 문장 단위로 나타나는 것을 '발화'라고 한다. 이러한 발화가 모여 이루어진 것이 '담화'이다.	담화를 구성하는 요소는 말하는 이(글쓴이), 듣는 이(읽는 이), 전하는 내용, 맥락 네 가지이다.
	담화의 의미는 의사소통 맥락에 따라 달라질 수 있다.

맥락(脈 혈맥 맥, 絡 이을 락)

의사소통에 영향을 미치는 여러 가지 배경이나 환경. 그 성격에 따라 상황 맥락과 사회·문화적 맥락으로 나뉜다.	상황 맥락은 담화에 직접적으로 영향을 미치는 것으로, 말하는 이와 듣는 이의 처지, 의사소통이 이루어지는 구체적인 시간적·공간적 상황이나 주제, 의도와 목적 등을 포함한다.
	사회·문화적 맥락은 담화에 간접적으로 영향을 미치는 것으로, 의사소통이 이루어지는 역사적·사회적 배경, 이념, 공동체의 가치, 지역, 세대, 다문화 등을 포함한다.

추론(推 밀 추, 論 논할 론)

이미 알고 있거나 주어진 정보를 근거로 삼아 드러나지 않은 내용을 미루어 생각하는 것.	어떤 일을 하거나 연구할 때 이미 머릿속에 들어 있거나 기본적으로 필요한 지식을 '배경지식'이라고 한다.
	글쓴이가 글에서 말하고자 하는 생각이나 계획 또는 목적이나 까닭을 '의도'라고 한다.
	사물이나 현상을 관찰할 때, 그 사람이 보고 생각하는 태도나 방향 또는 처지를 '관점'이라고 한다.
	추론하며 들을 때는 상황 맥락을 고려하여 언어, 준언어, 비언어적 표현을 모두 고려해야 한다.

설득(說 말씀 설, 得 얻을 득)

화자가 듣는 사람의 생각이나 느낌, 행동 등을 의식적인 의도를 가지고 변화시키려고 하는 언어 행동.	이성적 설득 전략은 논리적인 근거를 들어 말하는 이의 주장을 뒷받침하는 전략이다. 연역이나 귀납 같은 논증 방법, 통계 자료, 경험이나 인용 등을 활용한다.
	감성적 설득 전략은 감성에 호소하여 듣는 이의 마음을 사로잡는 전략이다. 유머 사용, 공포심 자극, 욕망이나 동정심과 같은 감정을 유발하여 설득력을 높인다.
	인성적 설득 전략은 말하는 이의 사람 됨됨이를 바탕으로 하여 내용에 신뢰를 주는 전략이다. 말하는 이의 전문성, 도덕성, 사회성 등을 바탕으로 신뢰감을 준다.

토의(討 칠 토, 議 의논할 의)/토론(討 칠 토, 論 논할 론)

여러 사람이 모여 특정 주제에 대해 자신의 의견을 주고받는 상호작용적 의사소통 과정.	'토의'란 공동의 문제를 해결하기 위해 여러 사람이 의견을 교환하는 협력적 말하기이다.
	'토론'이란 어떤 문제에 대하여 찬성과 반대의 의견을 가진 사람들이 자신의 의견이 타당함을 입증하는 과정이다.

어떤 사실이나 결과, 작품 따위를 세상에 널리 드러내어 알리는 것.	발표의 목적은 주로 정보를 전달하거나 청자를 설득하기 위함이거나, 이 둘이 섞일 수도 있다.
	발표를 계획할 때는 예상 청중의 상황과 관심사, 발표 목적, 발표 주제 등을 두루 고려해야 한다.
	발표 내용은 '도입(발표의 배경 및 주제, 발표 순서 등)-전개(발표 주제와 대상의 특성에 맞게 구체적인 내용을 제시)-정리(핵심 내용 요약 및 당부의 말)' 각 단계에 따라 체계적으로 구성해야 한다.

문법

품사

단어를 문법적으로 공통된 성질을 가진 것 끼리 나누어 묶어놓은 것.	단어가 문장에서 쓰일 때 형태가 바뀌는지에 따라 불변어와 가변어로 나뉜다(다음 표① 참조).
	단어가 문장 안에서 어떤 기능을 하는지에 따라 체언, 용언, 수식언, 관계언, 독립언으로 나뉜다(다음 표② 참조).
	단어들이 가진 공통된 의미를 바탕으로 묶어놓은 갈래로 명사, 대명사, 수사, 관형사, 부사, 동사, 형용사, 조사, 감탄사로 나뉜다(다음 표③ 참조).

① 형태에 따른 품사 분류

불변어(不 아닐 불, 變 변할 변, 語 말씀 어)	형태가 변하지 않는 말로, 명사, 대명사, 수사, 관형사, 부사, 조사, 감탄사가 있다.
가변어(可 옳을 가, 變 변할 변, 語 말씀 어)	형태가 변하는 말로 동사와 형용사, 서술격 조사 '이다'가 있다.

② 기능에 따른 품사 분류

체언(體 몸 체, 言 말씀 언)	문장 안에서 주로 주어와 목적어 등의 기능을 하는 말. 명사, 대명사, 수사가 이에 해당하며, 조사와 결합하거나 관형어의 수식을 받는다.
용언(用 쓸 용, 言 말씀 언)	문장에서 서술어의 기능을 하는 말. 동사, 형용사가 이에 해당하며, 주로 부사어의 수식을 받는다. 문장에서의 쓰임에 따라 용언의 형태가 바뀌는 것을 '활용'이라고 한다.
수식언(修 닦을 수, 飾 꾸밀 식, 言 말씀 언)	문장에서 뒤에 오는 말을 꾸며주거나 의미를 한정하는 기능을 하는 관형사와 부사를 통틀어 이르는 말. 주로 관형사+체언, 부사+용언의 형식을 띤다.
관계언(關 관계할 관, 係 맬 계, 言 말씀 언)	문장에 쓰인 단어들의 관계를 나타내는 기능을 하는 말. 조사가 이에 해당한다.
독립언(獨 홀로 독, 立 설 립, 言 말씀 언)	문장에서 독립적으로 쓰이는 감탄사를 이르는 말이다.

명사(名 이름 명, 詞 말 사)	사람이나 사물, 장소 등 대상의 이름을 나타내는 말. 구체성의 유무에 따라 구체 명사와 추상 명사, 자립성의 유무에 따라 자립 명사와 의존 명사, 사용 범위에 따라 보통 명사와 고유 명사로 구분된다.
대명사(代 대신할 대, 名 이름 명, 詞 말 사)	사람이나 사물, 장소를 대신 나타내는 말. 사람을 가리키는 대명사는 '인칭대명사'라고 하며, 사물이나 장소를 이르는 대명사는 '지시대명사'라고 한다.
수사(數 셈 수, 詞 말 사)	사물이나 사람의 수량 또는 순서를 나타내는 말. 수량을 나타내는 '양수사', 순서를 나타내는 '서수사'가 있다.
관형사(冠 갓 관, 形 모양 형, 詞 말 사)	체언 앞에 놓여서 체언을 꾸며주는 말.
부사(副 버금 부, 詞 말 사)	주로 용언을 꾸며주지만, 때로는 관형사나 문장 전체를 꾸며주는 말.
동사(動 움직일 동, 詞 말 사)	사람이나 사물의 움직임을 나타내는 말. 문장에 따라 다양하게 활용되는데 어간에 어미 '-다'를 붙인 형태가 기본형이다.
형용사(形 모양 형, 容 얼굴 용, 詞 말 사)	사물의 상태나 성질을 나타내는 말. 문장에 따라 다양하게 활용되는데 어간에 어미 '-다'를 붙인 형태가 기본형이다.
조사(助 도울 조, 詞 말 사)	주로 체언 뒤에 붙어 다른 말과의 문법적인 관계를 나타내거나, 특별한 의미를 더해주는 말. 조사는 관계언으로 형태가 변하지 않으나, 서술격 조사(체언을 서술어로 만들어주는 조사) '이다'에 한해서는 용언과 같이 활용한다.
감탄사(感 느낄 감, 歎 탄식할 탄, 詞 말 사)	말하는 이의 놀람, 느낌, 부름, 응답 등을 나타내는 말.

음운(音 소리 음, 韻 운 운)

말의 뜻을 구별해주는 소리의 가장 작은 단위.	음운의 종류에는 자음, 모음, 소리의 길이, 높낮이, 세기 등이 있다.
	'모음'은 공기의 흐름이 장애를 받지 않고 나는 소리를 말한다. 'ㅏ, ㅑ, ㅓ, ㅕ' 등이다.
	'자음'은 공기의 흐름이 장애를 받고 나는 소리를 말한다. 'ㄱ, ㄴ, ㄷ, ㄹ, ㅁ' 등이다.

(단)모음의 음운 체계

혀의 최고점의 위치		전설모음		후설모음	
입술 모양		평순모음	원순모음	평순모음	원순모음
혀의 높이	고모음	ㅣ	ㅟ	ㅡ	ㅜ
	중모음	ㅔ	ㅚ	ㅓ	ㅗ
	저모음	ㅐ		ㅏ	

혀의 최고점 위치에 따른 분류	혀의 최고점이 입안의 앞쪽에 위치하여 발음되는 모음은 '전설 모음', 입안의 뒤쪽에 위치하여 발음되는 모음은 '후설 모음'이다.
입술 모양에 따른 분류	입술을 둥글게 오므리지 않고 발음되는 모음은 '평순 모음', 입술을 둥글게 오므리고 발음되는 모음은 '원순 모음'이다.
혀의 높이에 따른 분류	혀의 위치를 높여서 발음하는 모음은 '고모음', 중간에 두고 발음하는 모음은 '중모음', 혀의 위치를 낮춰서 발음하는 모음은 '저모음'이다.
입술 모양이나 혀의 위치 변화에 따른 분류	발음할 때 입술 모양이나 혀의 위치가 변하지 않는 모음은 '단모음', 입술 모양이나 혀의 위치가 변하는 모음은 '이중 모음'이다.

자음의 음운 체계

소리 나는 위치 소리 내는 방법		입술소리 (양순음)	잇몸소리 (치조음)	센입천장 소리 (경구개음)	여린입천장 소리 (연구개음)	목청소리 (후음)
파열음	예사소리	ㅂ	ㄷ		ㄱ	
	된소리	ㅃ	ㄸ		ㄲ	
	거센소리	ㅍ	ㅌ		ㅋ	
파찰음	예사소리			ㅈ		
	된소리			ㅉ		
	거센소리			ㅊ		
마찰음	예사소리		ㅅ			ㅎ
	된소리		ㅆ			
비음		ㅁ	ㄴ		ㅇ	

유음		ㄹ			

소리 나는 위치에 따른 분류	두 입술 사이에서 나는 소리는 '입술소리', 혀끝이 윗잇몸에 닿거나 접근해 나는 소리는 '잇몸소리'이다. 혓바닥과 경구개 사이에서 나는 소리는 '센입천장소리', 혀의 뒷부분과 연구개 사이에서 나는 소리는 '여린입천장소리', 성대를 막거나 마찰해 나는 소리는 '목청소리'이다.
소리 내는 방법에 따른 분류	공기의 흐름을 막았다가 터뜨리며 내는 소리는 '파열음', 공기의 흐름을 막았다가 틈을 조금 내어 마찰을 일으키며 내는 소리는 '파찰음', 공기가 흐르는 통로를 좁혀 마찰을 일으키며 내는 소리는 '마찰음'이다. 입안의 통로를 막고 코로 공기를 내보내면서 내는 소리는 '비음', 혀끝을 잇몸에 가볍게 대었다가 떼거나 잇몸에 댄 채 공기를 그 양옆으로 흘려보내며 내는 소리는 '유음'이다.
소리의 세기에 따른 분류	성대가 편안한 상태에서 내는 소리는 '예사소리', 성대가 긴장된 상태에서 내는 소리는 '된소리', 숨이 거세게 나오는 소리는 '거센소리'이다.

문자 체계: 훈민정음 창제 원리

'훈민정음'은 백성을 가르치는 바른 소리라는 뜻으로, 1443년에 세종이 창제한 우리나라 글자를 이른다. 한글은 원칙적으로 하나의 글자가 하나의 말소리를 나타내는 문자이며, 한글 자음자와 모음자를 가로세로로 묶어서 쓰는 모아쓰기 방식을 사용한다.

한글의 자음 기본자는 ㄱ(혀뿌리가 목구멍을 막는 모양), ㄴ(혀끝이 윗잇몸에 닿는 모양), ㅁ(입술 모양), ㅅ(이 모양), ㅇ(목구멍 모양)이 있다. 이처럼 발음 기관의 모양을 본떠서 만든 원리를 '상형'이라고 한다.

'ㅋ, ㄷ, ㅌ, ㅂ, ㅍ, ㅈ, ㅊ, ㆆ, ㅎ'은 자음 기본자에 소리의 세기에 따라 획을 더하여 만들어졌다. 이러한 원리를 '가획'이라고 한다.

'ㄲ, ㄸ, ㅃ, ㅆ, ㅉ, ㆅ'은 이미 만든 글자인 'ㄱ, ㄷ, ㅂ, ㅅ, ㅈ, ㅎ'을 가로로 나란히 써 만들어졌다. 이러한 원리를 '병서'라고 한다.

한글 모음자는 하늘, 땅, 사람의 모양을 본떠서 'ㆍ, ㅡ, ㅣ' 세 기본자가 만들어졌다. 이 역시 자연의 모양을 본떠 만들었으므로, 상형의 원리라고 할 수 있다.

'ㅗ, ㅜ, ㅏ, ㅓ'는 모음 기본자인 'ㅡ, ㅣ'에 'ㆍ'를 한 번 더해 만들었고, 'ㅛ, ㅠ, ㅑ, ㅕ'는 'ㅗ, ㅜ, ㅏ, ㅓ'에 'ㆍ'를 한 번 더 더해 만들었다. 이처럼 모음 기본자를 서로 결합하여 만든 원리를 '합성'이라고 한다.

단어의 짜임

문장에서 홀로 쓰일 수 있는 가장 작은 말을 '단어(낱말)'라고 한다. 우리말의 언어 단위는 '문장 > 어절 > 단어 > 형태소'로 이루어져 있다. 작은 단위가 결합되어 큰 단위를 이룬다.

'어절'은 성분의 최소 단위로서 띄어쓰기의 단위가 된다.

'형태소'란 뜻을 가진 가장 작은 말의 단위이다. 자립성에 따라 자립형태소와 의존 형태소, 실질적 의미에 따라 실질 형태소와 형식(문법) 형태소로 나뉜다. 단어의 의미와 형태를 결정하고, 단어의 짜임에 기여한다.

'어근'은 단어의 짜임을 분석할 때, 실질적 의미를 나타내는 부분이다.

'접사'는 단어의 형성 과정에서 어근에 결합되어 새로운 단어를 만드는 말이다.

'단일어'는 하나의 어근으로 이루어진 단어를 말한다.

'복합어'는 2개 이상의 어근이 결합하여 만들어진 합성어와 어근과 접사가 결합하여 만들어진 파생어를 일컫는다.

새말 형성의 원리

새로 생겨난 개념 혹은 사물을 표현하기 위해 만들어지거나 기존의 표현을 새롭게 다듬으면서 생겨난 말을 '새말'이라고 한다.

합성이나 파생뿐 아니라 단어의 첫 글자를 결합하거나 각 단어의 일부만 결합하는 등 다양한 방법이 사용된다.

외국어에서 차용된 새말도 만들어질 수 있으나, 단어의 짜임을 고려하여 우리말로 다듬어보는 시도도 의미가 있다.

어휘의 양상과 쓰임

어떤 일정한 범위 안에서 쓰이는 단어의 집합을 '어휘'라고 하며, 이는 단어와 구별된다. 세대, 분야, 매체에 따라 다른 어휘를 사용한다.

세대에 따라 노년층은 주로 한자어나 예스러운 표현을, 청소년층은 줄임말, 유행어, 인터넷 용어 또는 외래어를 많이 쓴다.

특정한 전문 분야에서 주로 사용하는 용어를 '전문어'라고 한다. 개념을 정확하게 하여 전문 분야의 일을 효율적으로 수행해야 하므로 의미가 정확하고 자세하다.

인터넷 공간에서 의사소통할 때 쓰는 언어는 문어체(입말)와 구어체(글말)가 함께 쓰이며, 줄임말이나 유행어가 많다. 이모티콘, 그림, 사진, 동영상 등이 다채롭게 어우러진다.

문장의 짜임: 문장 성분

문장은 주어와 서술어가 기본 구성 성분이나 이외에도 다양한 성분이 있다. 크게 주성분(주어, 서술어, 목적어, 보어), 부속 성분(관형어, 부사어), 독립 성분(독립어)으로 구분된다.	'주어'는 서술어가 나타내는 동작이나 상태, 성질의 주체가 되는 말이다. 체언에 주격 조사 '이, 가'가 결합되어 실현된다.
	'서술어'는 주체의 동작이나 상태, 성질을 풀이하는 말이다. 주로 동사, 형용사, 체언+서술격 조사 '이다'가 결합되어 실현된다.
	'목적어'는 타동사가 쓰인 문장에서 동작의 대상이 되는 말이다. 체언에 목적격 조사 '을, 를'이 결합되어 실현된다.
	'보어'는 서술어 '되다, 아니다' 앞에서 서술어의 의미를 보완해주는 문장 성분을 말한다. 체언에 보격 조사 '이, 가'가 결합되어 실현된다.
	'관형어'는 체언 앞에서 체언의 뜻을 꾸며주는 문장 성분을 말한다. 관형사, 체언, 체언+관형격 조사 '의', 용언의 어간에 관형사형 어미가 결합된 형태 등으로 실현된다.
	'부사어'는 주로 용언을 꾸며주거나, 간혹 문장이나 다른 문장 성분을 꾸며준다. 부사, 체언+부사격 조사, 형용사 어간에 부사형 어미가 결합된 형태 등으로 실현된다.
	'독립어'는 문장의 다른 성분과 밀접한 관계를 맺지 않고 독립적으로 쓰이는 말을 의미한다. 감탄사, 체언+호격 조사, 제시어, 대답 등으로 실현된다.

문장의 짜임: 문장 유형

문장도 단어와 같이 문장의 결합 방식에 따라 다양한 유형으로 나뉜다.	주어와 서술어가 문장 내에서 각 한 번씩만 나오는 문장을 '홑문장'이라고 하며, 두 번 이상 나오는 문장을 '겹문장'이라고 한다. 겹문장은 결합 방식에 따라 이어진문장과 안은문장으로 나뉜다.
	'이어진문장'은 두 홑문장이 나란히 이어진 문장으로, 의미 관계가 대등하게 이어진 것과 종속적으로 이어진 것이 있다.
	'안은문장'은 한 문장 안에 다른 문장을 안고 있는 문장으로, 안긴 문장은 문장 안에서 절(명사절, 관형절, 부사절, 서술절, 인용절)이 되고, 이는 안은문장에 들어가 하나의 문장 성분으로 기능한다.

피동(被 입을 피, 動 움직일 동)/능동(能 능할 능, 動 움직일 동)

주어가 다른 대상에게 동작이나 행위를 당하는 것을 나타내는 표현을 '피동'이라고 하며, 주어가 동작이나 행위를 자기 힘으로 하는 것을 나타내는 표현을 '능동'이라고 한다.	피동 표현을 만들 때에는 능동을 나타내는 동사에 접미사 '-이-, -히-, -리-, -기-'를 붙이거나, '-아/어지다'를 붙이거나, 일부 명사에 '-되다'를 붙인다.
	능동문은 주체가 행동한 것에 초점이 맞춰져 있다면, 피동문은 주체가 행동을 당한 것에 초점을 맞추기 위해 사용하는 문장이다.

인용(리 끌 인, 用 쓸 용)

다른 사람의 말이나 글을 자신의 말이나 글에 끌어와 사용할 때 쓰는 표현 방법. 직접 인용과 간접 인용으로 나뉜다.	'직접 인용'은 다른 사람의 말이나 글을 변형 없이 그대로 가지고 오는 것을 말한다. 큰따옴표와 조사 '(이)라고'를 사용한다.
	'간접 인용'은 다른 사람의 말이나 글을 따올 때 원문의 뜻은 살리지만 자신의 언어로 다시 표현하는 것을 말한다. 인용격 조사 '고'를 붙인다.
	직접 인용은 생동감과 현장감을 주고, 간접 인용은 말하는 사람의 상황과 의도에 맞게 적절히 활용할 수 있다.

한글 맞춤법

한글로써 우리말을 표기하는 법을 체계화한 규정.	한글 맞춤법은 표준어를 소리대로 적되, 어법에 맞도록 함을 원칙으로 한다(제1장 제1항).
	문장의 각 단어는 띄어 씀을 원칙으로 한다(제1장 제2항).
	조사는 단어이지만 의존적이므로 띄어 쓰지 않고 앞말에 붙여 쓴다.

표준 발음법

표준어를 발음할 때 기준이 되는 발음상의 규범과 규칙.	'표준어'는 한 나라에서 공용어로 쓰는 규범으로서의 언어를 말한다.
	표준 발음법은 표준어의 실제 발음을 따르되, 국어의 전통성과 합리성을 고려하여 정함을 원칙으로 한다(제1장 제1항).

형상화(形 모양 형, 象 코끼리 상, 化 될 화)

문학 작품이 다루는 대상을 실감 나게 표현하는 것. 형상화는 작품의 내용을 실재하는 것처럼 상상할 수 있게 한다.	문학 작품을 창작할 때, '그려낸다'라는 표현을 쓰는 것도 형상화의 과정을 의미한다고 할 수 있다.
	실제로 시나 소설을 쓰기 위해 장면을 이미지로 그려보는 작가가 있다는 사실도 형상화를 이해하는 데 좋은 예가 된다.
	형상화를 위해서는 시각, 청각, 촉각, 미각, 후각 등의 다양한 감각을 활용하여 실재성을 높이거나, 비유를 통해 이미지를 더욱 구체화할 수 있게 돕기도 한다.

성장(成 이룰 성, 長 길 장)/내면화(內 안 내, 面 낯 면, 化 될 화)

문학에서는 인물의 다양한 경험을 통해 자신의 가치와 세상의 의미를 알아가며 성숙해지는 과정을 '성장'이라고 하며, 정신적·심리적으로 깊이 마음속에 자리 잡게 하는 것을 '내면화'라고 한다.	주인공이 어린 시절부터 어른이 되기까지 자신의 인격을 완성해가는 성장 과정을 그린 소설을 '성장 소설'이라고 한다.
	인간의 성장을 다룬 작품을 읽고, 자신의 삶을 성찰하며 문학의 가치를 내면화할 수 있다.

문학의 갈래

크게 운문 문학과 산문 문학으로 나뉜다. 운문 문학은 서정, 산문 문학은 서사, 교술, 극 문학이 포함된다.	'서정' 갈래는 인간의 생각과 정서를 운율이 있는 압축된 언어로 노래한 문학 양식이다. 시, 시조 등이 포함된다.
	'서사' 갈래는 현실에서 실제로 일어날 법한 이야기를 허구적 인물과 사건을 통해 형상화하는 문학 양식이다. 고전 소설, 현대 소설, 설화 등이 포함된다.
	'극' 갈래는 서술자를 내세우지 않고 인물의 대사와 행동을 통해 사건과 갈등을 직접 보여주는 문학 양식이다. 시나리오, 드라마 대본, 희곡 등이 포함된다.
	'교술' 갈래는 구체적인 사실이나 글쓴이의 경험과 사색을 서술하여 독자에게 전달하는 문학 양식이다. 수필, 일기, 기행문, 편지 등이 포함된다.

문학사(文 글월 문, 学 배울 학, 史 역사 사)

문학이 발생하여 변천해온 과정. 크게 고전 문학과 현대 문학으로 구분한다.	고전 문학은 크게 '상고 시대-고려 시대-조선 전기-조선 후기' 문학으로 나뉜다. 특히 조선은 임진왜란과 병자호란을 기점으로 문학의 양상이 달라지는 점에 유의해 작품을 감상해야 한다.
	현대 문학은 '개화기(1894~1910)-일제 강점기(1910~1945)-광복 이후(1945~)-전후 문학(1950~)-산업화 및 민주화(1960~)-현대(1990~)'로 구분할 수 있다.
	문학은 시대의 특성을 반영하기 때문에 문학사를 이해하는 것은 갈래 또는 개별 작품을 이해하는 데 도움이 된다.

보는 이나 말하는 이: 시

시에서 말하는 이를 '화자'라고 한다. 시인이 자신의 생각이나 정서를 효과적으로 전달하려고 내세운 존재이다.	작가는 시의 주제를 더욱 효과적으로 전달해줄 수 있는 인물을 화자로 설정한다.
	'나' 또는 '우리'라는 말로 화자가 직접적으로 드러날 때는 시에 드러난 화자의 정서를 겉으로 드러나지 않을 때는 화자의 정서 대신 작가가 보여주고 싶어 하는 대상이나 상황이 무엇인지 살핀다.
	화자가 누구인지, 어떤 특성을 가지고 있는지에 따라 시의 주제나 분위기가 달라진다.

보는 이나 말하는 이: 소설

소설에서 이야기를 전달하는 사람을 '서술자'라고 한다. 서술자가 이야기를 전달하는 방식에 따라 시점이 달라진다.	'1인칭 주인공 시점'은 등장인물인 '나'가 주인공인 자신의 이야기를 전달하는 것이다.
	'1인칭 관찰자 시점'은 등장인물인 '나'가 다른 등장인물의 이야기를 관찰하여 전달하는 것이다.
	'3인칭 관찰자 시점'은 등장인물이 아닌 서술자가 등장인물의 행동과 말만을 관찰하여 전달하는 것이다.
	'3인칭 전지적 작가 시점'은 등장인물이 아닌 서술자가 등장인물의 행동과 말뿐만 아니라 속마음까지 전달하는 것이다.

운율(韻 운 운, 律 법 률)

시를 읽을 때 말의 리듬감을 느끼게 하는 것.	운율은 주로 같거나 비슷한 소리, 단어, 구절, 문장 구조 등을 반복하거나 글자 수, 끊어 읽기(음보) 등을 규칙적으로 반복할 때 형성된다.
	운율은 크게 내재율과 외형률로 나뉜다. 똑같은 반복이라고 하더라도 외형률에서는 글자 수나 어절의 반복이 갈래 규칙 안에서 정해져 있다. 자유시 또는 산문시에서는 주로 내재율이, 정형시에서는 외형률이 드러난다.

비유(比 견줄 비, 喩 깨달을 유)

표현하려는 대상을 그와 비슷한 다른 대상에 빗대어 표현하는 것. 두 대상 사이에는 공통점이 있어야 한다. 이때 표현하고자 하는 대상을 '원관념'이라고 하며, 그것을 빗대어 표현한 대상을 '보조관념'이라고 한다.	'-같이, -처럼, -듯이' 등을 활용하여 직접적으로 빗대어 표현하는 방법을 '직유법'이라고 한다.
	'-은/는 -(이)다'의 형식 등을 활용하여 표현하려는 대상을 다른 대상에 빗대어 표현하는 방법을 '은유법'이라고 한다.
	사람이 아닌 대상을 사람인 것처럼 표현하는 방법을 '의인법'이라고 한다.
	무생물인 것을 생물인 것처럼 표현하는 방법을 '활유법'이라고 한다. 의인법은 '인격'에, 활유법은 '생명력'을 갖추는지에 초점이 맞춰져 활유법이 의인법보다 조금 더 범위가 넓다.

상징(象 코끼리 상, 徵 부를 징)

추상적인 개념을 구체적인 대상으로 표현하는 것.	'원형 상징'이란 인류 전체가 오래전부터 품어온 이미지나 모습을 상징으로 나타내는 것이다.
	'관습 상징'이란 한 사회나 국가에서 오랫동안 약속처럼 사용되었던 것을 상징으로 나타내는 것이다.
	'개인 상징'이란 작가 개인이 작품 안에서 새롭게 만들어내는 것이다.

갈등(葛 칡 갈, 藤 등나무 등)

칡과 등나무가 서로 얽히는 것과 같이, 개인이나 집단 사이에 목표나 이해관계가 달라 서로 맞서거나 충돌하는 상태. 문학에서는 크게 내적 갈등과 외적 갈등으로 나뉜다.	'내적 갈등'은 인물의 마음속에서 서로 다른 생각이 대립할 때 일어난다.
	'외적 갈등'은 인물과 인물, 인물과 사회, 인물과 운명, 인물과 자연 등 인물과 외부의 대상이 대립할 때 일어난다.
	갈등은 사건을 전개하는 중요한 역할을 한다. 특히 소설은 '발단-전개-위기-절정-결말', 희곡은 '발단-전개-절정-대단원-하강'의 순서로 갈등이 전개된다. 갈등의 진행과 해결 과정에서 작품의 주제가 드러난다.

소설의 구성 단계

일반적으로 소설은 '발단-전개-위기-절정-결말' 5단계로 구성된다.	'발단'은 작품의 도입 단계로 인물과 배경이 제시되고, 사건의 실마리가 제공된다.
	'전개'는 갈등이 시작되는 단계로, 적극적인 행동이 일어나고 사건이 구체적으로 전개된다.
	'위기'는 갈등이 고조되고 심화되는 단계로, 새로운 사태가 발생하고 갈등을 보다 발전시킨다.
	'절정'은 사건의 갈등이 최고조에 이르는 단계로, 사건 해결의 실마리가 제시되고, 어떤 결말을 낼 것인가를 결정하는 계기가 된다.
	'결말'은 모든 사건이 끝나고 갈등이 해소되는 단계이다.

개성적인 발상과 표현

작가는 작품 안에 많은 사람이 쉽게 떠올릴 수 없는 창의적이고 독창적인 생각을 표현한다. 이를 통해 독자는 자신의 삶을 문학적으로 성찰하고 문학적 표현 능력을 기를 수 있다.	'반어적 표현'이란, 표현의 효과를 높이기 위해 실제와 반대되는 뜻의 말을 하는 것이다. 표현된 문장에는 모순이 없으며 맥락에 따라 비꼬거나 비판하는 태도를 드러낼 수 있다.
	'역설적 표현'이란, 겉보기에는 모순되거나 불합리해 보이지만 그 안에 삶의 진리가 담겨 있는 표현 방법이다. 표현에 담긴 의미를 깊이 이해함으로써 삶의 진리를 전달한다.
	'풍자'란, 인물의 부정적인 면이나 사회의 모순 등을 비꼬거나 과장하거나 우스꽝스럽게 드러내어 간접적으로 비판하는 표현 방법이다.

상호텍스트: 연관성이 있는 다른 작품들과의 관계

문학 작품을 감상할 때는 독립된 한 작품만 보고 끝나는 것이 아니라 연관된 다른 작품들도 함께 읽어보는 것이 작품을 깊이 이해하는 데 도움을 준다.

작가의 다른 작품, 작품의 주제나 형식이 비슷한 다른 작품, 영향을 주고받은 작품들을 찾아보고, 비교, 대조하며 작품을 감상하면 좋다.

직접적인 관련이 없는 작품이라 할지라도 독자가 그 연관성을 찾아가며 읽는 것도 능동적인 독서 행위라고 할 수 있다.

중등 문해력 한 권

매체(媒 중매 매, 體 몸 체)

의사소통 상황에서 한쪽의 메시지를 다른 쪽으로 전달해주는 매개 수단. 신문, 라디오, 텔레비전, 컴퓨터와 인터넷, 스마트폰과 같은 소통 기기 등이 있다.

2022 개정 교육과정에서는 국어과 공통 교육과정을 '읽기, 쓰기, 듣기·말하기, 문법, 문학, 매체' 여섯 영역으로 설정했다.

매체에 담기는 영화, 광고, 게임, 웹툰, 웹드라마, 애니메이션, 홍보물 등을 '매체 자료'라고 한다.

포털사이트, 소셜 미디어, 온라인 동영상 플랫폼 등을 '디지털 매체 환경'이라고 하며, 사회·문화적 맥락 안에서 매체 자료에 대한 바람직한 이용을 학습한다.

매체는 정보를 수집하고 전달하거나, 휴식과 오락을 제공하거나, 기존의 문화를 다음 세대로 전수하는 역할을 한다.

매체 생산자/수용자

매체에서 전달하는 정보를 만드는 사람을 '생산자'라고 하며, 정보를 얻는 사람을 '수용자'라고 한다. 최근에는 이 둘이 엄격히 구분되지 않아 '이용자'라고 아우르기도 한다.

매체 자료를 수용할 때에는 비판적 관점의 태도가 필요하다. 생산된 매체 자료가 특정 대상의 이익이나 목적을 위한 것은 아닌지, 의도적으로 왜곡하거나 과장, 배제된 것은 없는지 등을 분석할 수 있어야 한다.

매체 자료에 활용된 자료가 정확한지, 출처는 믿을 만한지, 표현 방법은 적절한지를 검토하고, 같은 주제의 다른 매체 자료와 비교하며 종합적으로 판단할 수 있어야 한다.

매체 자료를 만들 때는 또래의 흥미나 관심사를 반영하는 것도 좋지만, 사회의 여러 문제에도 관심을 기울이게 해야 한다.

대중 매체

많은 사람에게 대량으로 정보를 전달하는 매체. 인쇄 매체(신문, 잡지, 책 등)와 음성 매체(라디오, 음반 등), 영상 매체(텔레비전, 유선 방송 등)가 있다.

방송 제작 분야 전문가가 참여하여 기획, 촬영, 편집 등의 여러 역할을 체계적으로 분담한다.

대중 매체는 대중이 두루 좋아할 만한 소재를 선택한다. 불특정 다수에게 전달된다는 점을 고려하여 사회적인 가치가 있는 공적 주제들을 다루게 된다.

대중 매체의 의사소통은 주로 일방향으로 이루어지는 경우가 많다. 일방적으로 보고, 듣고, 읽은 후 방송사 또는 신문사 홈페이지 게시판 등을 제한적으로 이용할 수 있다.

대중 매체의 수익 구조는 수신료나 광고비, 정부 지원금, 판매 수익 및 각종 수익 사업을 통해 이루어진다.

개인 인터넷 방송

개인이 직접 방송을 제작해 인터넷을 통해 전달하는 것.	1인 위주라고 하지만, 최근에는 1인 또는 소수의 제작자가 참여해 방송을 제작하는 경우도 늘고 있다.
	생산자 자신이 좋아하고 관심이 있는 소재가 선택된다. 개인이나 온라인 플랫폼을 이용하는 사업자가 자율적으로 운영하는 것이라 비교적 자유로운 표현이 가능하다.
	개인 인터넷 방송의 경우 댓글과 같은 양방향 의사소통 방식을 통해 활발한 상호작용이 이루어진다.
	개인 인터넷 방송의 수익 구조는 조회 수나 구독자 수가 일반적이며, 예외적으로 영상 중간 광고를 삽입하여 수익을 얻을 수도 있다.

상호작용적 매체

인터넷 공간에서 다른 사람과 관계를 맺거나 정보나 의견을 교환하며 소통하는 매체.	상호작용적 매체에는 온라인 화상 회의, 온라인 메신저, 전자 우편, 사회 관계망 서비스(SNS), 블로그, 누리집 등이 있다.
	실시간에 가까운 소통이 가능하나, 참여자 간의 비언어적 표현을 정확하게 활용하기는 어려울 수 있다.
	사회 관계망 서비스나 블로그처럼 개인적 차원의 상호작용적 매체를 이용한다고 하더라도 기본적인 소통 예절을 지키며 개인 정보 유출에 주의해야 한다.
	누리집과 같이 공적인 정보를 공유하는 공간에서는 신뢰할 수 있는 객관적 정보를 공유하고, 격식을 갖춘 표현을 사용하는 등 소통 맥락에 따라 소통 방법에 주의해야 한다.

사교육으로도 벼락치기가 안 되는 국어, 어떻게 공부해야 할까?

어릴 때부터 모국어로 익혀온 언어임에도 국어가 지필평가, 수행평가, 수능이라는 시험대에 오르니 다른 교과보다 공부하기도 어렵고, 어떻게 공부해야 할지 갈피도 못 잡습니다. 그런데 수능에서 다른 영역의 쏠림 현상, 과도한 사교육 문제를 해결하기 위한 수단으로 삼기 시작한 게 국어입니다. 앞으로 상위권을 가려내는 변별력 있는 고난도 문제가 국어 영역에서 출제된다는 말입니다.

어려움 앞에서도 흔들리지 않는 성적이 진짜 성적입니다. 그 진짜 성적을 만드는 건 올바른 방법 위에 쌓은 공부이고요. 국어 공부를 열심히 해도 성적이 들쑥날쑥하다면, 어떻게 공부해야 할지 방향을 종잡을 수 없다면 국어 공부의 경계부터 재설정하는 게 좋습니다.

국어를 잘하기 위해서, 문해력을 키우기 위해서는 '독서'가 중요한 건 맞습니다. 초등 교과서에는 독서 과정이 교과서마다 수록되어 있고, 중학교는 독서가 별도 활동으로 분리되어 있지는 않지만 한 학기 한 권 읽기가 일반화되어 있습니다. 그런데 잠잘 시간은 부족하고 공부할 시간은 늘려야 하는 상황에서 독서를 국어 공부에 포함하느냐 포함하지 않느냐는 너무 큰 차이가 있습니다. 게다가 삶을 위한 독서는 교과 상관없이 전방위적으로 이루어져야 합니다.

그래서 여기에서는 일반 독서를 제외하고, 입시의 끝인 수능 국어를 치르기 위한 독서 행위까지만 국어 공부에 포함하겠습니다. 국어 공부 방법을 중학교 내신 평가, 고등학교와 수능을 위한 준비, 국어 관련 독서 활동으로 구분해 설명하겠습니다.

국어 내신 대비① 수행평가

중학교 수행평가를 말하기 위해서는 자유학기제부터 이야기해야 합니다. 많은 학교가 1학기에 자유학기제를 운영하지만, 1학기에 평가를 보고 2학기에 자유학기제를 운영하는 곳도 있습니다. 그런데 이 자유학기제를 대부분이 '시험 부담에서 벗어나 꿈과 끼를 찾는' 기회로만 생각합니다. 분명 그런 활동 중심으로 수업을 하는 건 사실이지만, 좀 더 정확히 말하자면 자유학기제는 중학교 시스템에 적응하는 기간이기도 합니다. 초등과 달라진 교육과정, 학업 난이도, 평가체계, 각종 대회 및 활동에 적극적으로 참여하며 적응해가는 것입니다. 그리고 지필평가만 없을 뿐이지 수행평가는 지속적으로 봐야 하기도 하고요.

저는 이 자유학기제를 수행평가 연습의 기회로 삼기를 권합니다. 이 시기에 수행평가를 어떤 방식으로 준비해야 좋은 점수를 받을 수 있을지 충분히 연습해두어야 다음 학기부터 본격적으로 실전에 대비할 수 있습니다.

각 교육청마다 권고하는 사항이나 규정에는 차이가 있지만, 공통적인 특징은 논술형 비중이 늘고 있다는 점입니다. 서울시 교육청은 일반 교과 기준 수행평가는 40% 이상, 서·논술형 평가는 30% 이상을 권고하고 있고요. 경기도 교육청은 일반 교과 기준 수행평가를 30% 이상으로 설정할 방침이라고 합니다. (대신 서·논술형 평가만 하면 안 됐던 규정이 서·논술형 평가만 해도 되는 방향으로 바뀔 예정입니다.) 이런 상황에서 아이들이 길러야 할 수행평가 역량은 '조건을 읽어내는 힘'과 '조건에 맞는 글쓰기'입니다.

기껏 어릴 때부터 여러 종류의 글쓰기를 연습시켰는데 조건을 읽어내지 못하거나 놓쳐서 서술형 논제를 충족하지 못하면 아무 의미가 없습니다. 조건을 얼마나 충족했느냐가 평가의 기준(=점수)이기 때문입니다. 이 조건을 읽어내는 연습을 중 1학년 때 충분히 해야 합니다.

수행평가 안내를 보면 아이들이 써야 하는 주제가 제시됩니다. 교사에 따라 주제를 세분화해서 더 구체적인 조건까지 안내해주기도 하고요. 어떤 경우든 주어진 안내를 참고해 조건을 분석할 수 있어야 합니다.

[수행평가 안내 예시1]

설명하는 글 쓰기(25점)

1) 날짜 및 시간: 10월 30일 1교시
2) 범위: 3-1 설명과 이해 (1) 설명 방법 파악하며 읽기
3) 평가 요소
① 계획하기: 글의 목적과 주제, 예상 독자를 고려하여 설명 대상을 정하고, 설명 항목을 구체화하여 정리함.
② 내용 생성하기: 설명하고자 하는 대상에 맞게 적절한 자료를 선정함.
③ 내용 조직하기: 생성한 내용을 처음-중간-끝으로 짜임새 있게 개요를 작성함.
④ 내용 표현하기: 정의, 예시, 비교와 대조, 분류와 구분, 인과, 분석 등의 설명 방법을 활용하여 설명 대상을 효과적으로 설명함(쓰기 윤리를 지킬 것).
⑤ 점검하기: 자신의 글쓰기 과정에 성실하게 참여함.

설명하는 글 쓰기(25점)

1) 날짜 및 시간: 10월 30일 1교시
2) 범위: 3-1 설명과 이해 (1) 설명 방법 파악하며 읽기
3) 평가 요소

평가 요소	평가 요소별 만점	채점 기준		배점
① 계획하기	3	설명 대상 정하기	글의 목적과 주제, 예상 독자를 고려함.	1
			글의 목적과 주제, 예상 독자를 고려하지 못함.	0
		설명 항목 정리하기	설명 항목을 구체적으로 정리함.	2
			설명 항목을 대략적으로 정리함.	1
			설명 항목을 정리하지 못함.	0
② 내용 생성하기	4	다양한 자료를 수집하고, 설명하고자 하는 대상과 관련하여 적절한 자료를 선정함.		4
		자료를 수집하고, 설명하고자 하는 대상과 관련하여 적절한 자료를 선정함.		3
		자료를 활용하여 내용을 수집하였으나, 설명하고자 하는 대상과 관련하여 적절한 자료를 선정하지 못함.		2
③ 내용 조직하기	5	생성한 내용을 '처음-중간-끝'으로 짜임새 있게 조직하여 개요를 작성함.		5
		생성한 내용을 '처음-중간-끝'으로 대체로 짜임새 있게 조직하여 개요를 작성함.		3
		생성한 내용을 짜임새 있게 개요를 작성하지 못함.		1
④ 내용 표현하기	10	설명 방법 사용하기	정의, 예시, 비교·대조, 분류, 구분, 분석, 인과 중 5가지 이상의 설명 방법을 사용하여 설명 대상을 효과적으로 설명함.	8
			정의, 예시, 비교·대조, 분류, 구분, 분석, 인과 중 4가지 설명 방법을 사용하여 설명 대상을 효과적으로 설명함.	6
			정의, 예시, 비교·대조, 분류, 구분, 분석, 인과 중 3가지 설명 방법을 사용하여 설명 대상을 효과적으로 설명함.	4
			정의, 예시, 비교·대조, 분류, 구분, 분석, 인과 중 2가지 이하의 설명 방법을 사용하여 설명 대상을 효과적으로 설명함.	2
		쓰기 윤리	출처를 정확하게 밝혀 인용함.	2
			출처를 부분적으로 밝혀 인용함.	1
			출처를 밝히지 않음.	0
⑤ 과정 및 태도	3	자신의 글쓰기 과정을 진지하게 성찰하며, 성실한 태도로 참여함.		3
		자신의 글쓰기 과정에 간헐적으로 성실히 참여함.		2
		글쓰기 과정에 성실히 참여하지 않음.		1
영역 만점		25점		
기본 점수		6점		

앞의 예시2를 보면 조건과 채점 기준이 상세히 제시되어 있습니다. 일부를 살펴보면 '④ 내용 표현하기'에서 '정의, 예시, 비교·대조, 분류, 구분, 분석, 인과 중 5가지 이상의 설명 방법'을 써야 부분 만점인 8점을 받을 수 있습니다. 그런데 아이들이 이런 조건을 제대로 보지 않고 가짓수를 적게 써 점수가 깎입니다. 주어진 조건을 얼마나 지켰는지에 따라 점수가 높아지거나 낮아집니다.

물론 앞의 예시1처럼 조건을 읽기 어려운 안내도 있습니다. 그런 경우 설명하는 글이 무엇인지, 설명 방법에는 무엇이 있고 각각의 정의가 무엇인지, 자료는 무엇을 활용해야 하는지, 처음-중간-끝에 어떤 내용이 들어가야 하는지, 쓰기 윤리가 무엇인지 등 교과 기본 개념어에 대한 이해가 없으면 준비하기 어렵습니다.

수행평가가 어떤 형식으로 안내될지는 교과, 교사에 따라 다릅니다. 그러므로 이 또한 1학기 초 안내를 잘 듣고 교과, 교사에 따라 어떤지를 파악해야 합니다. 예시1과 같이 안내된다면 교과서와 수업을 중심으로 개념어에 대한 이해를 충분히 해두어야 하고, 예시2와 같이 안내된다면 지필평가를 준비하듯 수행평가를 주제, 조건에 맞게 미리 작성해봐야 합니다. 무엇을 따르고 지켜야 하는지 연습하며 조건을 읽어내는 힘과 조건에 맞는 글쓰기 역량을 쌓아나가야 합니다.

국어 내신 대비② 지필평가

중학교 지필평가를 잘 보는 방법은 간단합니다. 수업을 열심히 듣는 것. 그다음 교과서를 읽고, 평가 문제집을 풀고, 오답 분석까지 마치는 것입니다. 너무 일반적이라 놀라울 수도 있지만 이 간단한 방법을 제대로 하는 아이가 거의 없습니다. '어렵게' '많이' 공부하는 것이 잘하는 방법이라고 생각해 쉽고 정확한 길을 앞에 두고 가지 않습니다.

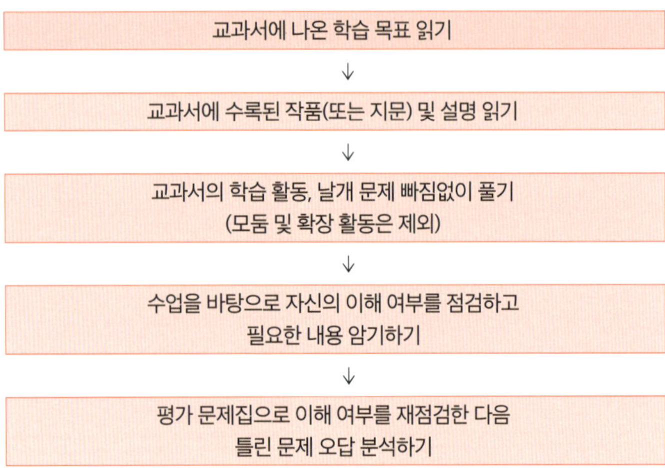

학습 활동이나 날개 문제는 서술형 연습을 위한 필수 도구입니다. 평가 문제집 이전에 풀어야 합니다. 이것을 다 풀고 수업 중 교사가 말한 내용을 떠올리며 자신의 이해 여부를 점검한 다음 암기해야 할 것은 암기합니다. 교과서 공부가 끝나면 평가 문제집으로 넘어갑니다. 이때 평가 문제집은 학교 국어 교과서를 펴낸 출판사의 것을 구매하는 게 좋습니다.

지필평가 대비로 평가 문제집에 자습서까지 보는 아이가 있습니다. 시간 여유가 있다면 공부를 더 하는 것은 말리지 않습니다. 그러나 지필평가 직전까지 일주일에 1~2개 혹은 2~3개씩 수행평가까지 준비해야 하는 상황에서는 둘 중 하나만 선택하는 것도 효율적인 공부 방법입니다. 교과서를 바탕으로 내용을 정리하고 암기했다면 좀 더 많은 문제를 풀면서 실전 연습을 할 수 있는 평가 문제집을 권합니다.

평가 문제집을 풀 때는 먼저 지문 분석 및 학습 활동 답안들을 다시 확인하면서 교과서 공부를 복습하거나 보완해주세요. 그다음 문제 풀이를 시작합니다. 문제를 풀

중등 문해력 한 권

때 풀이 경험이나 공부 경험이 별로 없는 아이는 지문을 읽지 않고 머릿속에 담아놓은 지식으로 곧장 문제부터 풀기도 합니다. 그러나 모든 문제는 제시된 지문을 근거로 풀어야 합니다. 지문이 제시되는 문제의 경우 지문 바로 위에 '[1~3] 다음을 읽고 물음에 답하시오'와 같은 문장이 적혀 있을 거예요. 그러면 1번부터 3번까지의 문제는 해당 지문만을 근거로 풀어야 한다는 의미입니다. 교과서 수록 작품이라고 할지라도 시점이 혼용되어 있거나 표현 방식이 장면에 따라 달라지는 경우, 어느 부분을 발췌하느냐에 따라 질문에 대한 답은 달라질 수 있습니다. 묶음 문제를 이해하고, 지문을 근거로 판단하며 문제를 풀어야 합니다.

선다형 문제(3개 이상의 항목 가운데 정답을 고르는 형식)에서 객관식 선택지(선지)를 풀 때는 '틀린 것'을 고르라고 할 경우 틀린 것에 이유를 적고 옳게 고치는 것까지 해야 합니다. 역시나 '옳은 것'을 고르라고 할 경우에는 틀린 것들을 옳은 것으로 고치는 것까지 해야 하고요. 모든 근거는 지문 또는 보기 박스에서 찾아야 합니다.

그리고 문제를 풀다가 고민되는 지점이 분명 있을 겁니다. 그럴 때는 해당 부분을 별표로 꼭 체크해두세요. 체크하지 않았는데 어쩌다 정답을 맞히면 다시 안 보고 넘어가는 경우가 많습니다. 중학교 국어에서는 헷갈리는 것까지 명료화하는 공부를 해야 합니다. 거기까지 한 다음 해설서를 보면서 자신이 제대로 이해했는지, 자신의 판단이 맞았는지 최종 점검하면 됩니다.

어떠세요? 생각보다 이 과정이 어렵게 느껴진다면 초등 시기 공부 습관이 제대로 안착하지 않아서일 가능성이 큽니다. 국어 성적이 집을 팔아도 안 나올 만큼 답이 없는 이유는 이 간단한 과정조차 꾸준히 하는 습관을 들이지 못하기 때문입니다. 인스턴트 먹듯이 떠먹여주는 공부에 익숙한 경우도 마찬가지입니다. 스스로 읽으려고 하지 않고, 생각하며 풀려고 하지 않고 그저 외우려고 합니다. 지문은 지문대로 수업 내용은 내용대로 따로 두고 엮지 못합니다. 반드시 위에서 소개한 과정을 처음부터 끝까지 하나하나 밟아보세요. 만약 아이가 중학교에 갓 입학해 내신을 처음 준비한다면 부모가 곁에서 이 과정들을 따라할 수 있게 이끌고 확인해줘도 좋습니다.

국어 내신 대비③ 문법

중, 고등학교 국어에서 아이들이 가장 어려워하는 부분이 '문법'입니다. 문해력이 있고, 국어 성적이 좋은 아이도 문법에서는 쩔쩔매는 경우를 쉽게 마주합니다. 학교 수업만으로 문법 원리를 잘 이해하는 아이는 정말 극소수이고, 대다수는 문법 때문에 헤맵니다. 이런 문법을 잘 헤쳐나가기 위해서는 예습이 필요합니다. 선행이라고 할 정도는 아니고요. 겨울방학을 이용해 다음 학년도 내용을 예습하는 정도면 충분합니다.

과도한 선행을 쫓는 아이들은 겨울방학 동안 중학교 3년 치 문법을 모두 떼고, 이후 반복해 공부하는 경우도 있습니다. 하지만 문법은 시간을 두고 개념을 이해한 후 적용, 응용까지 해야 합니다. 단기간에 습득하기 어렵다는 뜻입니다. 이걸 한꺼번에 공부할 수는 있겠지만 그만큼 빨리 휘발되거나 개념은 아는데 적용, 응용을 못해 문제는 풀지 못하는 경우가 다반사입니다. 딱 겨울방학 2개월간 1년 치의 문법 부분만 예습하세요. 이것만 제대로 해도 국어에 대한 자신감이 높아집니다.

겨울방학	대비	문법
초등 6학년	중 1학년	품사, 단어의 짜임
중 1학년	중 2학년	피동 표현과 인용 표현, 음운 체계와 문자 체계
중 2학년	중 3학년	문장의 짜임과 확장
중 3학년	고등 1학년	음운 변동, 중세 국어, 한글 맞춤법

다음 학년도 문법을 예습해야 하니 교과서는 미리 구입해야 합니다. 문법은 개념도 어렵지만 예가 더 어렵습니다. 논란이 되는 예도 많고요. 그래서 국립국어원 '온라인 가나다' 게시판에는 남녀노소 할 것 없이 문법에 대한 질문을 올립니다. 질문에 달린 답변들을 보면 일부 말미에 '학생이라면 교과서의 견해를 따르시기 바랍니다'라는 문장이 덧붙여 있는 것을 볼 수 있습니다. 문법도 교과서를 중심으로 공부해야 합니다. 내신을 위한 공부일수록 교과서 예문을 충실히 익히는 것이 중요합니다. (물론 교과서 밖 예문도 시험에 활용됩니다만, 이 또한 문법 원리를 정확히 이해하고 있어야 대비할 수 있습니다.)

초등학교 졸업을 앞둔 예비 중 1학년이라면 품사, 어휘의 짜임까지는 반드시 해야 합니다. 그다음 학기 중에 복습하세요. 중 3학년 겨울방학 때는 고등 대비를 위해 문법을 공부해야 합니다. 음운 변동에 중세 국어까지 덩치가 크므로 미리 정성을 들여야 합니다.

문법을 공부할 때는 단권화와 백지 노트 작성을 강력히 추천합니다. 단권화는 학습 목표 중심으로 교과서 내용을 체계적으로 정리하는 작업입니다. 거기에 구체적인 예시까지 모두 적어주세요. 이후 평가 문제집을 풀거나 수업 중 교사가 제시하는 추가 예까지 모두 담아야 완성입니다. 그리고 단권화가 끝나면 백지 노트에 그대로 옮겨 적을 수 있을 때까지 이해하고 외워야 합니다.

저는 어느 정도 문해력을 갖추고 있으면서 학교 국어 수업을 따라가는 데 어려움이 없는 중학생이라면 고등 수준의 참고서를 문법 공부에 활용하기를 권합니다. 중학교 국어부터는 수능으로 연결되는 내용들입니다. 결국 문법이나 문학은 단권화를 해야 자료 찾느라 헤매는 일이 줄어들거든요. 만약 앞에서 말한 대로 문해력도 있고 국어 수업도 잘 따라간다면 《떠먹는 국어 문법》을 추천합니다. 이유는, 개념과 예시 설명이 구체적이기 때문입니다. 시중에 많은 문제집들이 쉽게 가르친다는 명목으로 설명도 간단, 내용도 간단하게 요약해놓거든요. 그러면 아이들은 가뜩이나 어려운 문법을 제대로 이해할 틈도 없이 요약만 보고 외우게 됩니다.

만약 혼자 공부하기 어려운 아이라면 《EBS 필독 중학 국어 문법》으로 중학교 3년간 학년에 맞게 공부해도 됩니다. 또는 학년별 《EBS 뉴런 국어》 강의의 문법 부분만 듣거나 내용에 큰 차이가 없으니 해당 교재를 구매하지 말고 학교 교과서와 평가 문제집을 활용해도 됩니다.

| 불안감에 문제집을 풀고 싶다면

문법을 제외하고 예습은 하지 않아도 됩니다만, 불안감에 비문학이나 문학 독해집으로 예습하려는 아이들이 있습니다. 그렇게 해야만 마음이 놓인다면 그 또한 《EBS 뉴런》으로 하기를 권합니다.

《EBS 뉴런》을 추천하는 이유는 이 교재가 가지고 있는 포괄성 때문입니다. 중학교에서 아이들이 배우는 도서는 검정교과서(민간 출판사가 만들고 교육부가 적합성을 심사, 판단한 교과서)입니다. 그러다 보니 출판사에 따라 학습적인 내용보다 활동 위주의 콘텐츠가 많은 교과서도 있습니다. 이런 경우 지식적인 부분에 대한 충족이 되지 않을 수 있는데 《EBS 뉴런》은 교육과정 성취기준에 충실하면서 전 교과서를 아우르고 있습니다. 개념을 다루는 범위나 문제의 충실도도 훌륭하고요. 물론 강의의 질도 높습니다.

앞에서 말했듯이 교사에 따라 수업의 폭이 달라질 수 있습니다. 교실 분위기에 따라 수업 진도가 제대로 나가지 못하는 경우도 있고요. 혹은 학교 행사로 인한 수업 결손, 여러 번에 걸친 수행평가로 수업 시수가 부족해 다급히 진도를 빼버리는 경우도 있습니다. 결론은 주어진 교과서를 충분히 배우지 못할 수도 있다는 말입니다. 이럴 때는 학기당 《EBS 뉴런》 교재 1권, 학교 시험 대비 및 복습을 위한 평가 문제집 1~2

권 정도 푸는 게 좋습니다. 참고로《EBS 뉴런》은 예습 및 한 학년 국어 범위 다지기용이지 내신 대비용은 아닙니다.

수능까지 대비한다면① 문해력

● ● ● ● ● ●

수능까지 생각한다면 국어는 문해력을 길러야 합니다. 고등 1학년 3월 모의고사를 풀어보면 이유를 아실 거예요. 중학교 3년 과정을 잘 배웠는지 점검하는 시험이니 중학교 졸업을 앞두고 있거나 3학년 국어까지 모두 공부한 아이라면 3월 모의고사의 국어 영역은 풀어낼 수 있어야 하겠지요. 그런데 아이들이 문항조차 이해하지 못합니다.

그 이유를 2025학년도 1학년 3월 모의고사에서 살펴보겠습니다. 국어 영역에서 과학, 사회 지문을 제하고서도 '간주하다, 냉소적이다, 원만하다, 일조하다, 환기(喚起)하다, 상기시키다'와 같은 서술어들이 선택지에 쓰이고 있습니다. '상충하다, 제어하다, 충족하다, 함양되다, 창출하다, 상이하다, 고려하다, 적절하다, 도출되다, 신뢰하다'와 같은 단어들의 사전적 의미를 묻는 문항들이 있고요. 기본적으로 어휘력이 약한 아이들은 문제를 읽어도 이해하지 못하고, 선택지 안에 답을 골라내지도 못합니다.

또 다른 예를 들어보겠습니다. 해당 모의고사에는 '윗글에 사용된 설명 방식으로 적절한 것'을 판단하는 문항이 있습니다. 이런 문항은 '설명 방식'이라는 개념을 잡고 그 개념이 적용된 답안을 찾아야 합니다. 선택지 중에는 '이야기 안의 서술자가 인물에 대한 생각을 드러내고 있다'라는 문장이 있는데, 여기에서는 '이야기 안의 서술자'가 '1인칭 시점'이라는 개념을 의미한다는 것을 알고 있어야 답을 맞힐 수 있습니다.

그렇다면 수능 국어를 위한 문해력은 어떻게 길러야 할까요?

▌교과 개념어

교육과정에서 배우는 모든 교과의 어휘가 개념어입니다. 이 책에서 소개하는 핵심 개념은 교육과정의 핵심 아이디어와 성취기준을 이해하기 위한 큰 틀에서 선별한 개념이고, 이외에 핵심 개념을 이해하기 위한 더 많은 개념어가 있습니다. 그것들을 중학교 3년 내내 학교에서 배우게 될 거예요.

이 개념을 정확히 익혀두지 않으면 수능 국어 영역에서 변별력을 좌우하는 새로운 지문을 풀어내기 어렵습니다. 또한 이미 알고 있는 지문도 문항이나 선택지가 의미하는 개념(=문제를 풀어나갈 방향)을 알지 못한다면 답을 찾을 수 없고요. 반대로 생각하면 개념을 익힐수록 그 개념을 적용한 글을 이해하는 능력도 올라가는 것이지요. 개념이 곧 문제와 지문을 읽어낼 수 있는 도구입니다.

3년간 학교 수업을 통해 충실히 교과 개념어를 습득한 후 졸업 전 겨울방학 동안 《EBS 윤혜정의 개념의 나비효과》를 활용하여 점검해보세요. 입문 편으로 문학과 독서, 문법 모든 영역을 점검하되 워크북까지 풀어야 이해 여부를 점검할 수 있습니다. 만약 3년간 점검이 필요 없을 정도로 충분히 공부했다면 강의까지 굳이 들을 필요가 없습니다. 하지만 개념이 무너져 있는 상태라고 판단되면 강의를 함께 듣는 것이 이해에 도움이 됩니다.

▌한자어

문해력을 키우기 위해서는 한자에 대한 감각을 기르는 게 좋습니다. 봐야 할 시험, 해야 할 공부가 많은 중학생에게 한자 급수를 따라고 하는 말은 아닙니다. 모르는 어휘들을 사전에서 찾아보는 것으로 충분합니다. 단, 사전을 찾아보되 반드시 한자의 음과 뜻까지 확인해야 합니다.

사전은 종이사전을 활용하면 좋지만 여의치 않을 때, 특히 공부 장소가 일정하지 않은 경우에는 핸드폰이나 스마트 학습 기기에 사전앱을 설치해도 좋습니다. 전자 수첩을 활용해도 괜찮습니다. 무엇이든 모르는 단어가 있을 때 아이가 사전을 활용하기 편한 쪽으로 선택해주세요. 그러나 '초등' '뜻' '속뜻' 등 무언가 특화된 종이사전은 추천하지 않습니다. 정작 중요한 단어를 찾고자 할 때 없는 경우가 빈번해 무용지물입니다.

모르는 단어를 건건이 찾을 필요는 없지만 교과 불문하고 교과서를 공부할 때는 반드시 사전을 활용해주세요. 교과 개념어에 대한 이해에도 필수이지만, 교과서 지문을 읽을 때 모르는 단어가 나오면 그냥 넘어가지 않아야 합니다.

가정에서는 일상생활에서 모르는 단어들을 접할 경우 가족이 서로 물어보는 환경을 조성하면 좋습니다. 만약 아이가 모르는 단어를 물었을 때 부모가 아는 경우에는 한자 기반으로 답을 해주면 좋습니다. 그 단어를 부모도 모르는 경우에는 같이 사전을 찾아봐주세요. 이런 일상이 아이들의 문해력을 키웁니다.

수능까지 대비한다면② 문학 독해력

• • • • • •

내신을 준비하기 위한 국어 공부의 가장 명확한 방향을 '학습 목표'가 제시한다면, 수능을 위한 문학 공부의 핵심은 갈래 특성을 따라가야 합니다. 특히 시와 소설은 필수 빈출 지문으로 교과서에 수록될 때는 학습 목표에 맞게 활용이 되지만, 수능에서는 무엇을 물을지 모르기 때문에 스스로 분석하며 핵심을 정리하는 연습을 꾸준히 하는 게 좋습니다.

[시의 핵심 정리]

화자	화자는 누구인가? 보통 '나' 또는 '우리'로 드러나지만, 드러나지 않는 경우도 있다.
상황	화자가 처한 시 속 상황은 어떠한가?
정서 및 태도	그 상황 속에서 화자가 느끼는 정서는 무엇이며, 어떤 태도를 취하고 있는가? 주제는 태도에서 드러나는 경우가 많다.
주제	화자, 상황, 정서 및 태도를 바탕으로 작가가 전하고자 하는 메시지는 무엇인가?
운율 또는 표현	특징은 무엇인가?

[소설의 핵심 정리]

인물	작품 해석에 있어 중요한 사실적 정보나 행동, 처한 상황 및 해결 과정 등을 적는다.
배경	인물에게 중요한 영향을 미치는 시간적 또는 공간적 배경을 적는다 .
사건	내적 및 외적 갈등이 일어나는 지점을 적되, 5단 구성에 따라 발단(사건의 실마리)-전개(갈등의 전개)-위기(갈등의 고조)-절정(갈등의 최고조)-결말(갈등의 해결)을 정리해도 좋다.
주제	인물, 사건, 배경을 통해 작가가 전하고자 하는 메시지가 무엇인지 판단한다. 사건의 갈등 전개 과정을 통해 주제 의식을 찾을 수 있다.
서술자	작품을 바라보는 시점과 그것이 어떤 특성을 갖는지 적는다.
표현	특징은 무엇인가?

보통 교사용 교과서에서는 시나 소설을 갈래, 성격, 제재, 주제, 특징이라는 틀 안에서 핵심 정리합니다. 제가 제시한 틀, 교사용 교과서의 틀 아니면 스스로 정리한 틀 무엇이든 괜찮습니다. 기본 틀을 가지고 분석하고 핵심을 정리하는 연습을 하세요. 그다음, 감상 관점에 따라 다음의 네 가지를 정리해보세요. 보다 깊이 있는 문학 감상 능력을 기를 수 있습니다.

구조론적 관점은 내재적 관점이라고도 합니다. 작품 자체만을 근거로 작품을 감상하는 관점이지요. 즉, 작품 외적인 요소를 모두 배제하고 작품을 감상합니다. 반영론적, 표현론적, 효용론적 관점은 외재적 관점이라고도 합니다.

구조론적 관점에서 작품의 외적인 요소를 배제하고 작품만 감상했다면, 반영론적 관점에서는 작품에 작품 외적인 요소를 연결해 감상합니다. 작품과 현실의 관계, 반영된 시대 상황 등에 초점을 맞추는 겁니다. 표현론적 관점은 외재적 관점 중 작가와 연결시켜 감상하는 관점입니다. 작가의 창작 의도, 작가의 삶, 심리 상태 등 작품과 작가의 관계에 초점을 맞춰 감상합니다. 효용론적 관점은 외재적 관점 중 독자에게 주는 감동과 교훈에 초점을 두고 감상하는 관점입니다.

교사에 따라 작품이 나올 때마다 학습 목표 외 기본 갈래까지 모두 다루는 경우도 있고, 학습 목표에 한해서만 가르치는 경우도 있습니다. 그렇게 되면 '소설의 시점'은 교육과정과 성취기준상 중 2학년에서 배우게 됩니다. 이전에는 작품을 분석하기 어려울 수 있다는 말입니다. 이런 경우 해당 부분에 대한 학습이 필요하다면 《EBS 윤혜정의 개념의 나비효과》 입문 편을 기본서로 가지고 해당 강의만 먼저 들어도 좋습니다.

시험에 임박해서 위에 제시한 틀을 적용하며 공부하는 것은 무리가 있습니다. 평소 소단원을 마칠 때마다 복습할 겸 위 틀을 적용해 분석하고 정리해두면 내신 대비는 물론 수능에 필요한 문학 작품 해석 역량도 함께 기를 수 있습니다.

수능까지 대비한다면③ 비문학 독해력

● ● ● ● ● ●

아쉽게도 중학교 국어 교과서에는 비문학 지문이 많지 않습니다. 비문학 독해력을 키우기 위해 개념 공부를 해도 그것을 적용해볼 수 있는 지문이 부족한 상황이지요. 그러면 어떻게 해야 할까요? 비문학 독해집을 풀어보는 게 좋을까요?

아닙니다. 저는 독해집을 볼 시간에 교과서를 보라고 권합니다. 비문학 지문이 가득한 교과들의 교과서를요. 사회, 과학뿐 아니라 음악, 미술, 체육, 도덕, 기술·가정 등 아이들이 배우는 대부분의 교과가 모두 비문학 지문입니다. 국어 교과서에 비문학 지문이 적더라도 다른 교과서에서 다양한 비문학 지문이 차고 넘치게 제공됩니다.

해당 교과의 수업을 듣고, 교과서를 읽고, 핵심이 무엇인지 판단해 노트 정리하고, 수행평가 또는 지필평가를 위해 공부하는 모든 과정이 비문학 독해를 공부하는 시간입니다. 비문학 독해집을 사서 풀 시간에 사회 교과서, 과학 교과서를 읽는 게 일석이조입니다. 그런 의미에서 뒤이어 나오는 사회, 과학 챕터를 국어 공부의 일환으로 꼭 읽기를 권합니다.

그다음으로 추천하는 방법은 신문 기사를 읽는 것입니다. 매일 읽지 않더라도 일주일에 기사 하나를 정해 제대로 읽고, 모르는 단어를 찾고, 육하원칙에 따라 내용을 요약하세요. 이렇게 일주일에 한 번만 해도 문해력과 요약하는 힘이 많이 향상됩니다. 기사는 아이가 흥미 있어하는 주제여도 좋고, 헤드라인 중 시기적으로 꼭 알아두어야 할 기사를 골라도 됩니다. 종이신문 구독을 가장 권하지만 어려우면 신문사 사이트에서 기사를 출력해 읽어도 괜찮습니다.

이렇게 교과서와 신문 기사로 비문학 지문을 읽고 나서 문제 풀이는 고등 1학년 3월 모의고사 기출 문제로 시작하세요. 어느 정도 역량이 갖춰졌을 때 시작히면 좋지만 적어도 중 1학년까지는 불필요하다고 생각합니다. 교과 공부가 충실히 된다는 전제하에 중 3학년 겨울방학에 해도 늦지 않습니다. 아이들이 만나는 비문학 기출 문제가 절대 쉽지 않기 때문입니다. 교과서를 온전히 이해하고 정리하고 내신 대비를 철저히 하는 방식으로 공부하다 접해야 그 과정에서 쌓인 문해력을 바탕으로 기출 문제를 풀며 독해력을 키울 수 있습니다.

여기까지 이야기하면 꼭 교과서 맹신자 같지요? 맞습니다. 저 또한 그렇지만 교사 대부분이 교과서를 신뢰합니다. 전국에 있는 아이들을 가르치기 위해 국가가 검수한 겁니다. 시중에 나와 있는 교재 중에 가장 엄선된 것이지요. 그런데 더 큰 이유는 공부의 올바른 선택과 집중을 통해 할 거 많은 우리 아이들에게 숨 쉴 틈이 있어야 하기 때문입니다. 문제를 풀기 위한 지식, 역량이 갖춰지지 않은 상태에서 주구장창 문제를 푸는 건 공부가 아닙니다. 시간 낭비, 체력 낭비일 뿐이지요. 그런데도 문해력을 어떻게 키워야 할까 고민하는 부모들에게 가장 먼저 '문제집을 풀라'는 조언이 닿는 게 현실입니다.

학교 교육, 교과서가 우선이라는 인식을 가져주세요. 영어, 수학은 예외로 둘 수 있으나 그 외의 교과는 일단 교과서, 교과서 평가 문제집으로 복습하고 수행평가, 지필평가 준비를 성실히 하면 됩니다. 이것만으로도 여력이 없을 겁니다. 혹여나 여력이 없는데도 부수적인 것들로 꽉 채워왔다면 학교 교육과정에서 중요한 것들을 놓치고 있을 가능성이 큽니다. 그러면 성적만 놓치는 것이 아니라 정말 필요한 교과 개념, 문해력까지 놓치게 됩니다. 국어는 기본에 충실할수록 남는 장사입니다.

스스로 더 공부하고 싶은 의지가 있는 아이는

● ● ● ● ● ●

| 책 읽기

아무리 올바른 방법이 무엇인지 말해줘도 양치기 공부에 익숙한 사람들, 주변의 '카더라'나 사교육 마케팅에 휩쓸리는 사람들은 불안감을 놓지 못합니다. "어느 집 아이는 초등학생인데 수능 국어 1등급이 나온다더라." "어떤 학원은 입학시험이 고등학교 모의고사 수준이더라." 소수의 이야기가 다수의 이야기인 것처럼, 공부의 정답인 것처럼 확대되어 퍼지다 보니 초조함이 생길 수밖에 없기도 합니다.

하지만 앞서 이야기한 방법들을 꾸준히 해나가는데 시간이 남는다면, 아이 스스로 더 공부하려는 의지가 있다면 저는 독서를 권합니다. 특히 중 1, 2학년 때는요. 수능을 위해 쉬운 단편 소설이나 고전 소설을 읽어두는 것도 좋습니다. 수능 시스템이 도입된 지 워낙 오래되어 이제는 낯선 지문들이 많이 출제된다고는 하지만 여전히 시대별, 작가별, 갈래별 기본적인 특성들은 가지고 있습니다. 그래서 낯선 작품도 기존에 읽었던 작품의 특성으로 유추할 수 있습니다.

중학교 때 읽을 수 있는 책을 찾는다면 서점이나 도서관 웹사이트에서 '전국국어교사모임'으로 검색한 다음 관련 도서들을 살펴보면 좋습니다.

시리즈명	저자	출판사
시인을 읽다	전국국어교사모임	휴머니스트
물음표로 찾아가는 한국단편소설	전국국어교사모임	휴머니스트
전국국어교사모임 국어시간에 고전읽기	전국국어교사모임	휴머니스트

책을 읽는다고 해서 시리즈 전체를 무조건 다 읽을 필요는 없습니다. 똑같은 고전 소설이라고 해도 아이마다 흥미를 느끼는 작품이 다르기 때문입니다. 예를 들어 박지원의 작품처럼 사회의 부조리와 양반의 위선을 풍자하는 이야기에 흥미를 느끼는 아이가 있는가 하면, 전쟁을 배경으로 영웅들의 활약을 다룬 임진왜란을 소재로 한 《임진록》 같은 서사에 끌리는 아이도 있을 수 있습니다. 따라서 아이가 흥미를 느끼는 주제와 스타일을 먼저 살펴보고 그에 맞는 작품부터 접근하는 것이 좋습니다. 만

약 초기 시도에서 감흥이 없다면, 조선 후기같이 민중 문학의 색을 띤 작품이 보다 쉬울 수 있습니다. 이런 맥락에서 시도 이상, 김소월의 시는 어렵습니다. 윤동주 시에서 시작해 이육사 시로 읽어나가는 것이 더 수월합니다.

단편 소설은 짧다고 다 쉬울까요? 그렇다면 시가 가장 쉬웠겠지요. 단편 소설은 근현대 문학입니다. 아이들이 시대 상황과 정서에 대한 이해를 넘어 공감하기 힘든 부분이 있기에 작품의 메시지를 찾기도 어렵습니다. 예를 들면,《소나기》에 나오는 소년과 소녀의 정서를 이해하지 못하는 아이들이 많습니다.

그러므로 여기저기서 추천한다고 해서 덥석, 시리즈라고 완독하는 일은 하지 말아주세요. 대신 아이가 흥미로워하는 작품 위주로 골라 읽으면 됩니다. 그리고 책을 잘 읽는 아이가 아니라면 고전 소설과 단편 소설 정도 읽고 교과서 수록 도서 이해에 충실할 것을 권합니다. 시는 주요 작가의 경우 작품을 작가의 삶과 연결해 이해하는 것은 필요하다고 생각합니다.

| 기출 풀기

훈련은 말 그대로 훈련이에요. 기초 체력 잘 길러놓으면 그 훈련이 훨씬 쉽지요. 기초 체력 없이 훈련만 해버리면 결국 쓰러집니다. 중 1, 2학년은 국어 교과서를 충실히 공부하고 국어 교과 개념어를 익힌 다음 틈이 나면 독서를 하세요. 그리고 독해 문제집은 정 풀고 싶다면 중 2학년 겨울방학부터, 이왕이면 구조화를 연습할 수 있는 문제집이면 좋습니다. 비문학의 경우 문단별 핵심 문장을 간단히 요약하는 연습이 필요한데, 그 연습을 할 수 있는 교재면 좋다는 말입니다.

독해력이 어느 정도 갖춰져 있는 아이라면 독해 문제집을 풀기보다는 고등 1학년 3월 기출 문제부터 풀이를 시작하는 게 더 좋습니다. 이 역시 시중에 나와 있는 것이 많지만 굳이 살 필요는 없습니다. EBSi(ebsi.co.kr)에서 기출 문제를 다운로드해 풀고,

구조화하고, 지문이 완벽히 이해됐다 싶으면 다음 문제로 넘어가세요. 가장 최근 학년도부터 시작해 해를 내려가면 됩니다. 하루씩 문학 지문 하나, 비문학 지문 하나를 번갈아가며 풀어도 좋고, 순서대로 풀어도 좋습니다. 단, 지문과 연결된 묶음 문제는 꼭 같이 풀어주세요.

비문학은 우선 이해될 때까지 지문을 읽은 다음 핵심 개념과 중심 문장을 찾아 간단히 내용을 정리하면 됩니다. 대개 비문학 지문은 다섯 문단으로 구성이 되어 있고, 첫 번째 문단에서 앞으로 어떤 내용이 나오는지 소개하고 두 번째부터 네 번째 문단에서 본론을 말하는 유형이 많습니다. 마지막 문단에서 요약 및 강조를 하고요. 그러면 첫 번째 문단에서 핵심 개념을, 나머지 문단에서 핵심 문장을 찾아 정리하는 것이지요. 간단하지만 이 또한 꾸준히 해, 수능이 임박했을 때는 메모 없이 간단한 밑줄이나 체크만으로 독해가 가능할 정도가 되어야 합니다.

이 외에 문학은 단권화 작업을 하면서 기출을 풀어주세요. 이를 위해 '해법 문학' 시리즈를 추천합니다. 고전이든 단편이든 시든 읽다 보면 가이드가 필요한데 이 시리즈는 갈래별, 시대별, 작가별, 작품별 가이드를 안내하거든요. 중학교 때 구매해두면 수능 때까지 단권화에 활용할 수 있습니다. 단권화를 시작하는 시점은, 중학교 때 교과서 문학 작품을 예습하며 시작해도 되고요. 너무 이른 느낌이면 고등 1학년 3월 기출 문제를 풀 때부터 시작해도 됩니다.

기출 문제를 푼 다음 포스트잇에 작품명, 기출 연월, 해당 문제에서 물었던 핵심 내용 정도를 정리한 후 해법 문학에서 해당 작품을 찾아 붙입니다. 이때 붙이기만 하는 것이 아니라 관련 자습서 내용을 한 번 읽어보고 덮으세요. 해당 작품이 없으면 해당 작가에, 해당 작가조차 없으면 해당 갈래 부분에 모으면 됩니다. 기출을 풀기 시작했다면 앞으로 문학 작품은 무수히 쏟아질 텐데 한곳에 잘 갈무리해두면 반복해서 떠올리는 데 도움을 받을 수 있습니다.

지금 국어에서
희망보다 절망을 더 느끼고 있다면

● ● ● ● ● ●

여기까지 잘 따라오는 아이라면 어느 정도 문해력을 갖추고 있고, 국어 교과에서 좋은 성적을 내고 있을 겁니다. 그런데 지금의 교실에는 교과서조차 읽지 못하는 아이들이 많습니다. 그런 아이들에게 교과서를 열심히 읽으라고 하는 것은 유치원 아이에게 역기를 들고 서 있으라고 하는 것과 마찬가지의 상황이에요. 왜 못 읽냐고 다그칠 게 아니라 안 읽는 건지 못 읽는 건지를 먼저 판단해야 합니다.

이를 구분하기 위해 매년 3월 기초학력 진단평가를 봅니다. 요즘에는 맞춤형 자율평가를 보는 학교도 있고, 기초학력 진단평가와 맞춤형 자율평가 둘 다 보는 학교도 있긴 합니다. 그런데 이 시험들이 정말 못하는 아이들을 구분하는 시험이라 그 경계에 속하지 않지만 교과서를 읽지 못하는 아이들은 적절한 도움을 받지 못할 수 있습니다. 그러니 기초학력 보정 대상이 아니라고 안심하지 마시고 담임 교사에게 결과를 문의해보거나 기초학력 진단평가의 기출 문제들을 한 번 풀려보면 좋겠습니다. 이 문제지는 EBS 중학프리미엄(mid.ebs.co.kr)에 있습니다. 국가기초학력지원센터(k-basics.org)에 들어가면 관련해 도움 자료까지 풍성히 볼 수 있습니다.

만약 아이가 제 학년 수준에 도달하지 못한다면 국어, 사회, 과학 교과서를 이용해야 합니다. 대부분의 교과는 나선형 교육과정입니다. 선수 학습이 후속 학습에 계속해서 영향을 미칠 수밖에 없지요. 그래서 교과서를 읽지 못할 정도로 문해력이 없는 상황이라면 초등 5학년 국어, 사회, 과학 교과서부터 읽으면서 올라와야 합니다. 그것조차 어려워한다면 초등 3학년으로 내려가서 시작해야 하고요. 창피해할 게 아닙니다. 오히려 지금 해볼 수 있으니 다행이라고 생각해야지요. 실제로 고등학교에 올라가서도 점수가 나오지 않는 교과를 작정하고 초등부터 다시 파서 고득점을 받았다는 이야기들이 있습니다.

　교과서를 읽지 못할 정도로 문해력이 없다면 중 3학년이라도 중 1학년 교과서를 볼 게 아니라 초등 교과서부터 차근히 다시 읽어야 합니다. 교과서를 읽을 때는 교과 개념어만 이해하지 말고 그것을 설명하기 위한 본문의 모든 단어들에 대한 이해가 되는지 점검해주세요.

　중학교 과정은 고등학교 성적을 결정하는 매우 중요한 시기입니다. 이 시기를 학교 내신 성적만 믿고 허투루 보냈다가는 집을 팔아도, 다시 태어나도 안 되는 국어 실력을 갖게 되겠지요. 불안한 말들에 흔들리는 마음을 다잡고 기본부터 다지는 공부를 해나가기를 바랍니다.

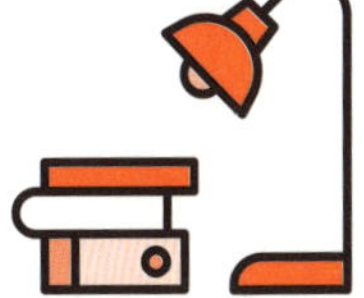

chapter
2

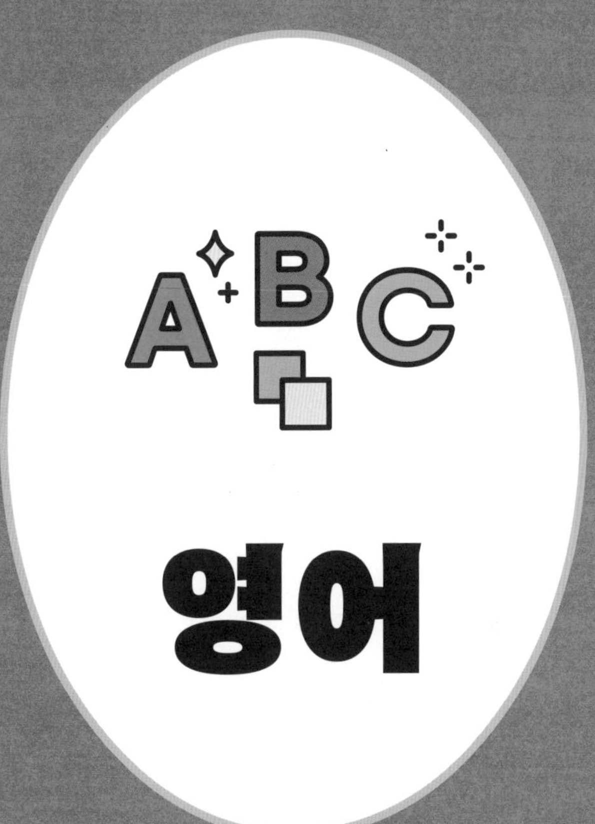

영어

영어 공부, 중학교 때 완전히 바로잡아야 한다

영어는 단순 암기 교과가 아니다

새학기가 시작되면 아이들에게 영어를 왜 배우는지 묻습니다. 그러면 '외국인과 대화하기 위해, 해외여행할 때 유용하게 써먹으려고, 외국인에게 한국을 소개하기 위해, 대학 가서 영어책을 읽어야 하니까' 등 다양한 이야기가 나오지요. 물론 '시험 점수를 잘 받기 위해'라는 지극히 현실적인 이유를 제시하는 아이도 있습니다. 흥미로운 점은 아이들이 영어 공부의 목적을 생각보다 꽤 잘 알고 있다는 겁니다. 어쩌면 부모들보다도 영어 공부의 본질을 더 명확히 인식하고 있는지도 모릅니다.

하지만 아쉽게도 '알고 있음'이 '실천'으로 이어지지는 못합니다. 이 사이에는 늘 큰 간극이 존재합니다. 중학교에서 시험을 경험하는 순간 이 간극은 더 커지고 아이들의 영어 공부는 '암기 중심의 공부'라는 형태로 변질되고 맙니다.

“선생님은 본문을 변형해 시험 문제를 출제할 거예요. 그러니 제발 외우지 마세요. 본문 외울 시간에 문장 구조와 전체 흐름을 파악하세요. 단어를 하나라도 더 보세요.”

시험 기간마다 아무리 이 말을 반복해도 아이들은 늘 교과서 본문을 달달 외웁니다. 문장 구조나 흐름을 이해하기보다 기억한 문장을 얼마나 정확히 재현할 수 있느냐에 집착합니다. 그래야만 공부한 양을 눈으로 확실히 확인했다는 안도감이 들기 때문입니다. 아이들의 머릿속에 ‘암기량=학습량’이라는 공식이 굳어져 있습니다.

학원에서도 암기를 강조합니다. 학원은 아이들의 ‘학습 결과’를 확인해야 하니까요. 이해의 깊이는 눈에 보이지 않지만 암기의 결과는 개수로, 체크리스트로, 점수로 분명하게 확인할 수 있습니다. (그렇다고 학원이 영어 문장 구조나 흐름을 파악하는 공부를 소홀히 여긴다는 말은 아닙니다.) 부모 또한 다르지 않습니다. 생각해보세요. 아이의 영어 공부를 점검할 때 “다 외웠니?”라고 묻고 있지는 않은지, 아이가 본문을 못 외웠다는 이야기에 불안해하고 있지는 않은지를요. 많은 부모가 암기량으로 아이의 노력을 판단하는 오류를 범하고 있습니다.

이쯤에서 암기의 부작용을 짚고 넘어가겠습니다. 시험 날 교실을 다니며 아이들이 문제를 푸는 데 어려움은 없는지 확인하던 중이었습니다. 그런데 극상위권 학생이 한 명이 손을 들더니 혼란스러운 얼굴로 질문을 했습니다.

“선생님, 여기 들어갈 단어를 고르라고 하는데, 들어갈 만한 단어가 없어요. 문제 오류 아닌가요?”

본문에 쓰인 단어 A와 비슷한 뜻을 지닌 단어 B를 선택지에서 고르는 문제였습니다. 당연히 정답은 A가 아닌 유의어 B이지요. 그런데 암기한 A만을 정답으로 생각하며 문제를 풀지 못하는 것이었습니다. 비단 극상위권 학생뿐만 아니라 교실을 다니는 내내 많은 아이가 똑같은 질문을 해왔습니다.

이는 단순히 답을 몰라서 벌어진 헤프닝이 아닙니다. 암기만 했을 때 아이들의 사고가 얼마나 편향적으로 바뀌는지를 알 수 있는 중요한 사건이지요. 달달 외웠다는 자신감은 아이의 시야를 좁게 만듭니다. 자신이 기억하는 내용과 시험에 나온 내용이 어긋나면 '내가 잘못 이해했나?' 하며 다시 생각해보는 게 아니라 '문제가 틀렸다'라고 여기는 것. 이해 없는 암기 학습의 맹점입니다. 암기라는 안락한 감옥에 갇힌 아이들은 지문이 조금만 변형되어도 혹은 처음 보는 단어가 그 자리를 대신하기만 해도 힘없이 무너지고 맙니다.

고등학교 영어는
오직 문해력으로만 통과할 수 있다

중학교 영어에서도 드러나는 암기의 한계는 고등학교에 올라가는 순간 치명적인 약점으로 바뀝니다. 범위와 깊이가 다른 고등학교에서 암기는 더 이상 유효한 무기가 아닙니다.

벌써 몇 년 전의 일입니다. 중학교 졸업을 앞둔 시기에 학생A가 저를 찾아왔습니다.

"선생님 저 어쩌죠?"

"왜, 무슨 일이야?"

"제가 요즘 고1 모의고사를 풀고 있는데요. 잘해야 3등급이고, 거의 4등급이 나와요."

다른 학생이 이런 고민을 들고 왔다면 "그렇구나" 하고 넘겼겠지만 A는 열심히 공부해 하나씩 하나씩 틀리는 개수를 줄여가더니 마지막 시험을 100점으로 마무리 지은 학생이었습니다.

"지금까지 영어 공부 어떻게 해왔니?"

"학교 시험은 교과서랑 선생님이 주신 자료를 달달 외웠어요."

혹시나 하는 마음으로 지금까지 영어 공부를 어떻게 했는지 물었더니, 역시나 하는 말이 돌아왔습니다. 암기로 100점 받은 실력이 고등학교에서 통하지 않는다는 잔인한 현실을 A는 모의고사를 풀면서 몸소 깨닫고 있었습니다. 이런 고민을 안고 저를 찾아오는 아이들은 생각보다 많습니다. 졸업한 후에도 말이지요. 특히 자사고, 특목고처럼 소위 상위권 학생들이 모이는 학교에 진학한 아이들일수록 중학교 영어와 고등학교 영어의 간극을 더욱 크고 깊게 느낍니다.

| 물리적 한계를 넘어서는 '학습량'

고등학교 진학 후 아이들이 가장 먼저 체감하는 변화는 지문의 길이입니다. 중학교 영어 교과서 지문은 한 단원당 대략 300~400자 내외의 짧은 호흡으로 구성됩니다. 암기력이 아무리 약하다고 해도 굳은 의지만 있다면 며칠 안에 통째로 외울 수 있는 양이지요. 반면 고등학교 영어 교과서의 지문은 700~800자 내외입니다. 학교급만 바뀌었을 뿐인데 교과서 본문 양이 2배 가까이 많아집니다.

여기에 시험 범위도 말도 못하게 늘어납니다. 중학교 영어 지필평가에 등장하는 교과서 지문은 많아야 2~3개 정도입니다. 교사가 새롭게 추가하는 외부 지문이 있다고 해도 이 또한 대부분 암기할 수 있는 길이와 범위 내에 머뭅니다. 하지만 고등학교 지필평가에 등장하는 지문이 몇 개나 되는 줄 아세요? 시험 범위에 포함되는 모의고사 지문만 20개에 달합니다. 여기에 학교별 부교재까지 합치면 읽어야 할 지문 양이 중학교와 비교해 4~5배 이상으로 뜁니다. (특목고, 자사고는 일반고보다 시험 범위가 2~3배 더 많습니다.) 시험 기간 내내 영어 하나 붙들고 밤을 새워 외운다고 해도 인간의 기억력으로는 도저히 감당할 수 없는 한계점에 도달하게 됩니다. 영어뿐만 아니라 국어, 수학, 사회, 과학까지 전 교과의 학습량이 수직 상승하는 상황에서 암기는 이미 패배가 확정된 전략이나 다름없습니다.

결국 중학교 시기에 길러야 할 것은 '많은 문장을 기억해내는 암기력'이 아니라 '낯선 문장도 읽어낼 수 있는 문해력'입니다. 아이들이 암기의 늪에서 빠져나와 문장의 구조를 보고 단어의 쓰임을 음미하기 시작할 때, 비로소 고등학교 영어, 수능 영어라는 거대한 장벽을 넘을 수 있는 진짜 영어 실력이 만들어집니다. 이제는 단어 하나하나에 매달리는 대신 문장 구조와 문맥 속 의미를 파악하는 문해력 기반의 공부로 패러다임을 완전히 바꿔야 합니다. 그 변화의 타이밍은 고등학교가 아니라 지금입니다.

┃진짜 실력을 보여줘야 하는 '생산 영역'

요즘 중, 고등학교 서·논술형 수행평가는 단순히 본문을 똑같이 써내는 능력을 측정하지 않습니다. '본문의 주제를 바탕으로 자신의 의견을 서술하되, 특정 문법 구문을 반드시 포함할 것'과 같은 구체적인 조건이 붙지요. 다음은 올해 제가 근무하는 학교에서 실시한 중 3학년 영어 쓰기 수행평가 개요입니다.

[수행평가 개요 예시]

Goal	One Lucky Sunday 등장인물 중 한 사람(사물)을 선정하여 자신의 입장과 감정을 독자에게 정확하고 생생하게 전달하는 글을 작성한다.
Roal	One Lucky Sunday의 등장인물 중 한 사람(사물)이 되어
Audience	이 이야기를 알고 있는 모든 사람들(독자)에게
Situation	원작이 설명하지 못한 중심 사건이 발생했을 때의 상황과 속마음, 감정 등을 자세히 서술하여

Performance	자신의 입장을 정확하고 생생하게 전달하는 글을 작성한다.
Standard	내용: 1) 다른 인물이나 상황을 어떻게 바라보는지 명확하게 서술되었는가? 2) 중심 사건과 관련하여 배경 및 분위기가 자세히 서술되었는가? 3) 중심 사건에 관한 재해석이 이루어졌는가? 4) 독자에게 전달하고 싶은 주제 혹은 메시지가 드러나는가? 언어: 1) 과거완료 시제를 사용하였는가? 2) 관계대명사 what을 사용하였는가? 3) 다양한 표현 및 어휘를 사용하였는가? 4) 대, 소문자와 구두점을 바르게 사용하였는가?

이러한 과제는 영어 문장의 기본 구성 원리를 제대로 이해하지 못하면 결코 완수할 수 없습니다. 단순히 주어진 문장과 글만 암기하는 것과 내 생각을 조건에 맞춰 생산해내는 것은 차원이 전혀 다른 일이기 때문입니다.

물론 학교에서는 모든 학생이 과업을 잘 완수할 수 있도록 여러 시간에 걸쳐 충분한 연습과 피드백 과정을 거칩니다. 교사는 학생이 작성한 초안에 세심한 피드백을 하고, 학생은 이를 바탕으로 글을 수정하고 보완하며 최종 결과물을 완성합니다. 하지만 안타깝게도 암기 위주의 공부를 해온 아이들에게는 이 과정조차 넘기 힘든 거대한 벽입니다. "피드백을 봐도 어떻게 고쳐야 할지 모르겠어요." "제 생각을 어떻게 문장으로 표현해야 할까요?" 수정은커녕 교사가 고쳐준 문장조차 통째로 외워야 할 대상으로 인식해버리는 악순환에 빠집니다.

영어 수행평가에서 좋은 점수를 받는 가장 빠르고 편한 방법이 잘 완성된 글을 통째로 외우는 것이라고 생각할 수도 있습니다. 하지만 이는 '진짜 실력'을 점검하려는 수행평가의 취지에 어긋납니다. 교육청에서도 암기 위주의 수행평가를 지양할 것을 지속적으로 강조하고 있고요. 이런 상황에서 수행평가는 단어 하나, 문장 구조 하나보다 글의 내용과 구조적인 측면에 더 집중하게 됩니다. 결국 진짜 실력을 요구하는 중, 고등학교 수행평가에서 자유로워지기 위해서는 영어 문장이 구성되는 핵심 원리를 반드시 꿰뚫고 있어야 한다는 결론이 내려집니다. 문장의 뼈대를 세우는 힘이 있을 때만 아이들은 피드백을 성장의 발판으로 삼을 수 있고, 비로소 암기라는 감옥에서 벗어나 자신의 생각을 자유롭게 영어로 펼쳐낼 수 있습니다.

▎승부가 결정되는 곳은 지문이 아닌 '선택지'

실제로 고등학교 지필평가 지문 자체는 어렵지 않습니다. 어쨌든 수업 중 다룬 교재 안에서 출제되니까요. 고등학교 영어 시험에서 아이들을 무너뜨리는 가장 잔인한 지점은 바로 '선택지'에 있습니다. 아무리 지문을 완벽히 외워서 내용을 다 안다고 해도, 정답을 골라야 하는 보기 문장이 본문에 없던 단어와 복잡한 구문으로 변형되어 나오기 때문입니다. 본문만 달달 외운 아이들은 익숙한 지문을 읽을 때는 안도하지만 정작 정답을 골라야 하는 순간에 '이게 무슨 말이지?' 하며 길을 잃는 것이지요. 처음 보는 문장인 선택지를 정확히 읽어낼 힘(문해력)이 1등급과 4등급의 차이를 만들어냅니다.

지금 당장 눈앞에 놓인 영어를 달달 못 외운다고 불안해하지 마세요. 지문을 못 외워서, 문장을 못 외워서, 단어를 다 못 외워서 성적이 안 나오는 게 아닙니다. 문장의 뼈대를 보고, 낯선 문장도 스스로 해석해내고, 단어의 뜻을 제대로 파악할 수 있는 힘이 강하지 못하기 때문입니다. 이제 암기라는 안락한 감옥을 부수고 나오세요. 문장 하나를 보더라도 그 구조를 정확히 뜯어 보고 있는지, 단어 하나를 외우더라도 그 문맥적 의미를 이해하고 있는지에 초점을 맞춰주세요. 그래야 영어라는 거대한 벽을 언제든 넘을 수 있는 진짜 힘이 생깁니다. 그 힘의 시작은 기본 개념에 대한 확실한 이해에서 출발합니다.

중학교에서 드러나는 문제 유형 3가지

중 1학년을 기준으로 그동안 아이가 해온 영어 학습 햇수를 따져보세요. 학교 교육 과정만 따라왔어도 4년, (사교육 시장에서는 이 또한 늦다고 하지만) 초등학교 입학과 동시에 영어를 공부했다면 6년, 조기 영어 교육의 흐름에 올라탔다면 10년 가까이 됩니다. 그런데 중학교 교실에 앉아 있는 아이들을 보면 매일 단어를 외우고 학원 숙제에 파묻혀 지내는데도 성적이 오르지를 않습니다. 교사인 제 속도 답답한데 그 긴 시간 공부를 해온 아이, 그 모습을 지켜봐온 부모의 마음은 더 무겁겠지요. '무엇을 덜 했을까?' '무엇을 놓쳤을까?' 자책도 많이 할 겁니다. 하지만 아이가 영어라는 벽 앞에서 좌절하고 있다면 그것은 노력이 부족해서가 아닙니다. 공부의 첫 단추가 잘못 끼워졌을 가능성이 높습니다.

아이들의 영어 고민은 모두 '안 된다'로 귀결되지만 자세히 들여다보면 원인은 제각각입니다. 우리 아이가 어떤 문제 유형에 속하는지 정확히 진단해야 올바른 처방, 즉 해결책을 찾을 수 있습니다. 가장 흔히 나타나는 세 가지 문제 유형을 통해 아이에게 훌륭한 영어 코치가 되어줄 맞춤 솔루션을 찾아보겠습니다.

영어 기초가 없는 유형

"그냥 다 어려워요."

혹시 아이가 영어 이야기만 나오면 반사적으로 고개를 젓고 있나요? 이런 아이는 중학생이라는 이름표를 얻기는 했지만 초등 과정의 기본기 부족으로 영어라는 큰 장벽에 부딪히고 있는 겁니다. 건물의 기초가 부실하면 층을 높이 올릴 수 없듯이 영어도 단어와 기본 문장 구조를 기초로 채우지 않으면 중학교 영어의 무게를 절대 감당할 수 없습니다.

이런 아이들에게 무조건 중학교 교육과정에 나오는 영어 단어를 외우고, 중학생 대상의 문제집을 풀라고 다그치는 것은 이제 막 걷기 시작하는 아이에게 마라톤을 뛰라고 하는 것과 같습니다. 계속 몰아붙이면 중학교 3년, 고등학교 3년을 완주하기는커녕 영포자의 길을 택하려고 할 것입니다.

이때는 부모와 아이가 조급함을 내려놓고, 과감하게 초등 과정으로 돌아가야 합니다. 아이의 가능성을 향한 굳건한 믿음을 가지고서요. 아무것도 하지 않으면 어떠한 변화도 일어나지 않고, 조급해하거나 의심하면 그 마음이 아이에게 고스란히 전달돼 학습 자신감이 생기지 않습니다. 그러나 부모가 '너는 반드시 할 수 있어'라는 믿음의 눈으로 바라보면 아이 역시 '지금이라도 시작하면 반드시 달라질 수 있어'라는 용기를 얻습니다. 부모의 믿음과 아이의 용기가 어떠한 상황에서도 쉽게 포기하지 않고 책상에 앉게 하는 강력한 힘이 됩니다.

아이가 책상에 앉을 준비가 되었다면 초등학교 필수 단어부터 차근차근 다시 채워나갑니다. 하루 10개만으로 충분합니다. 아이의 수준에 맞는 쉽고 재미있는 단어장으로 조금씩, 천천히 영어와 다시 친해질 시간을 갖게 해주세요. 이때 '쉽다'의 기준을 '단어장에 있는 단어를 최소 70% 알고 있다'로 잡아주세요. 빨리 올라가야 한다는 조급함, 중학생 수준에 맞춰야 한다는 자존심 때문에 처음 보는 단어들로 빼곡한 단어장을 선택하는 실수는 절대 피해야 합니다. 그런 단어장은 학습 효과를 높이기보다 애써 되찾은 자신감을 꺾어버리기 십상입니다. 단어 10개 중 7개 정도를 아는 상태에서 시작하면 아이는 아는 것을 확인하며 성취감을 느끼고, 모르는 것을 배우며 실력을 쌓는 이상적인 경험을 할 수 있습니다.

만약 여전히 조바심과 욕심이 난다면 학습의 범위를 넓히는 것이 하나의 해결책이 될 수 있습니다. 반드시 초등 교육과정에 나오는 영어 단어부터 시작하되, 단어와 함께 영어의 기본 문장 구조를 익히는 것이지요. 이렇게 말하면 "기초가 부족한데 문법까지 하라고요?"라고 되묻는 분들이 있습니다. 하지만 아무리 기초가 없다고 해도 아이는 지난 몇 년간 학교, 학원 수업 시간에 자리를 지켰습니다. 머리 구석구석 어딘가에는 배움의 희미한 흔적들이 남아 있는 것이지요. 거기에 초등 영어 단어와 기본 문장 구조라는 친숙한 자극을 주면 흔적들이 깨어나기 시작합니다. "아, 이거 들어본 것 같아." "이런 거 배웠었는데." 이런 작은 불씨들이 모여 '나도 할 수 있다'는 자신감의 불을 피웁니다. 아이는 초등학교 때보다 훨씬 더 빨리 스펀지처럼 영어를 흡수할 것입니다.

| 단어를 문장으로 엮지 못하는 유형

"단어는 아는데 문장 해석이 안 돼요."

교사나 부모 입장에서 가장 답답하고 안타까운 경우입니다. 물론 아이만큼 답답하고 힘든 사람은 없겠지만요. 아이는 분명히 영어 단어장의 단어를 꼬박꼬박 외웠습니다. 그런데 영어 문장만 보면 머릿속이 하얗게 변합니다. 아는 단어들의 뜻이 머릿속을 둥둥 떠다닐 뿐 하나의 의미 있는 문장으로 연결되지 못하는 것입니다.

이는 아이가 암기는 했지만 이해의 단계로 나아가지 못했다는 명백한 신호입니다. 독해력이 발목을 잡고 있는 전형적인 모습이지요. 즉, 영어 단어라는 구슬은 많이 가지고 있지만 그것들을 꿸 독해력이 없는 것입니다. 이런 경우는 두 가지 측면에서 도움을 줄 수 있습니다.

단어는 아는데 문장 해석이 막히는 이유는 단어들을 연결하는 규칙인 문장 구조를 제대로 파악하지 못했기 때문입니다. 단어의 뜻을 머릿속에 개별적으로 나열할 뿐, 이 단어들이 문장 안에서 어떤 역할을 하고 어떻게 유기적으로 결합하는지 보지 못하는 것이지요. 이때는 막연한 반복 학습이 아니라 아이가 해석의 오류를 눈으로 직접 확인하는 과정이 필요합니다.

이 훈련을 시작하기 전, 준비물이 하나 필요합니다. 아이가 90% 이상 아는 단어로 구성된 독해 문제집 한 권. 만약 학원 교재 혹은 학교에서 받은 유인물 중에서 '영어 문장'과 그에 대한 '정확한 한글 해석'이 함께 적힌 것이라면 무엇이든 훌륭한 준비물이 될 수 있습니다. 준비가 되었다면 다음과 같이 진행해보세요.

먼저, 아이에게 답안지를 보지 않고 스스로 영어 문장을 한글로 해석해 써보게 합니다. 정답을 맞히는 게 아니라 오류를 확인하는 것이니 완벽하게 쓰지 않아도 됩니다. 자신이 이해한 그대로 솔직하게 쓰는 게 더 중요합니다. 그다음 한 문장씩 아이가 쓴 해석과 답안지의 모범 해석을 나란히 놓고 비교해 보세요. 마치 틀린 그림 찾기를 하듯이 말입니다. 이 과정에서 아이는 자신이 어떤 부분에서 길을 잃는지 발견하게 됩니다.

중, 고등학교에서 단골로 등장하는 관계대명사와 to부정사 문장을 예로, 아이들이 가장 자주 하는 실수를 들여다보겠습니다.

사례1. 관계대명사(후치수식)

영어 문장: The book that I bought yesterday is very interesting.

해석 오류: 그 책은 내가 어제 샀다. 매우 재미있다. ← 2개의 문장으로 해석

모범 해석: 내가 어제 산 그 책은 매우 재미있다.

두 한글 해석을 나란히 놓고 틀린 그림 찾기를 하면 아이는 무릎을 탁 치게 됩니다. "나는 'I bought yesterday'를 그냥 '내가 어제 샀다'로 해석해서 문장을 2개로 나눴는데, 이게 책(The book)을 꾸며주니 한 덩어리가 되어야 하는구나!"

사례2. to 부정사(부사적 용법 - 목적)

영어 문장: I practiced every day to win the gold medal.

아이 해석: 나는 매일 연습해서 금메달을 땄다. ← 이미 우승한 결과로 오해

모범 해석: 나는 금메달을 따기 위해서 매일 연습했다.

역시나 아이가 모범 해석을 보고 나면 깨달음을 얻습니다. "단어 순서대로만 해석하면 '연습해서 땄다'라는 결과가 되지만, 우승은 아직 모르는 상태야. 이 문장은 우승이라는 목표를 향한 노력, 즉 연습의 목적을 설명하는 거였어."

이처럼 자신의 오류를 스스로 발견하는 순간, 아이의 머릿속에서는 단순 암기가 아닌 문장 구조에 대한 이해가 처음으로 이루어집니다. 이 과정을 몇 번만 반복해도 아이는 문장을 단어의 단순 나열이 아닌, 의미를 가진 하나의 덩어리로 보는 눈을 기르게 될 것입니다.

단어는 아는데 문장 해석이 막히는 또다른 이유는 영어 자체가 아닌 국어 실력에서 찾을 수 있습니다. 문장 해석은 제법 정확하게 하는데 그 내용을 이해하지 못하는 경우로, 국어 독해력이 아이의 발목을 잡고 있는 겁니다. 문장을 읽고 그 안에 담긴 핵심 정보를 파악하고, 글 전체의 주제를 찾아내는 힘이 부족한 것이지요. 영어 공부의 본질은 글을 이해하는 능력에 있습니다. 외국어라는 낯선 옷을 입고 있을 뿐 결국 영어도 언어이기에 글을 읽고 이해하는 기본적인 독해력이 발달하지 못하면 아이는 영어에서도 어려움에 직면할 수밖에 없습니다.

이런 경우에는 잠시 영어 문제집을 덮고, 국어 독해력의 기초 체력을 기르는 공부가 시급합니다. 이쯤에서 많은 부모가 한숨부터 내쉽니다. '중학생 아이를 붙잡고 국어를 어떻게 가르치지?' 당연합니다. 몸과 마음이 꽤나 성장한 아이들이 부모의 공부 간섭을 달가워할 리가 없지요. 그러니 가르치는 입장이 되기보다 아이 스스로 생각

의 물꼬를 틀 수 있도록 결정적인 질문을 던지는 코치가 되어주세요. 아이가 한글 해석을 읽고 "무슨 말인지 모르겠어"라고 하면 "정신 차리고 다시 읽어봐"라고 다그치는 대신 이렇게 질문을 던져보세요. "그럴 수 있지. 그럼 이 글에서 제일 많이 반복되는 단어 딱 3개만 찾아봐. 그리고 그 단어들을 한 문장으로 엮어볼래?"

여기서 부모의 역할은 끝입니다. 아이 스스로 글에 자주 등장하는 핵심 단어를 찾고, 그 단어들을 엮어 글의 주제를 자신의 힘으로 만들어보도록 이끄는 것. 이 과정을 통해 아이는 흩어져 있던 정보 조각들로 글의 중심 생각을 꿰뚫는 법을 체득하게 됩니다. 이렇게 다져진 독해력의 기초는 아이가 다시 영어 지문을 만났을 때 단어와 문법 수준의 이해를 넘어 글쓴이의 의도와 글의 전체적인 흐름을 파악하는 강력한 무기가 되어줄 것입니다. (이 밖에 국어 독해력을 향상시키는 방법을 더 알고 싶다면 이 책의 국어 챕터를 참고해주세요.)

| 정답을 맞히고도 이유를 모르는 아이

"선생님. 문제 정답을 맞혀도 왜 그게 정답인지 모르겠어요."

영어 수업도 잘 따라오고, 영어 성적도 좋은 아이의 입에서 이런 고민이 나오면 교사인 저도 무척 당황스럽습니다. 평소 성적이 진짜 실력에 의한 것이 아닐 수도 있겠다는 생각이 들기 때문입니다. 중학교에서 이런 고민을 한다는 건 지금의 영어 실력이 단단한 기반 위에 세워져 있지 않다는 신호입니다.

그래도 '내가 문제를 어떻게 맞혔는지 모르겠다'며 자신의 상태를 객관적으로 직시할 줄 아는 아이라면 다행입니다. 자신이 무엇을 알고 무엇을 모르는지 스스로 아는 메타인지가 발달되어 있다는 것이니까요. 그러나 대다수 학생과 학부모는 당장 눈앞에 그려진 동그라미를 보며 일단 안심하지요. 내면에 '이걸 왜 맞혔지?'라는 찜찜함이 솟아올라도 '맞혔으면 그만이지!' 하는 생각으로 불편한 마음을 덮고 지나갑니다. 더 안 좋은 경우는 '나는 영어를 잘한다' '내 아이는 영어를 잘하고 있다'는 착각에 빠지는 것입니다. 무시와 착각으로 덮어둔 불확실함은 절대 저절로 해결되지 않습니다. 어느 순간 아이의 자신감을 통째로 무너뜨리는 폭탄이 되고 맙니다.

문제의 정답을 맞히고도 이유를 모르는 아이들은 다년간 배운 지식과 영어 문장 구조가 머릿속에 얼기설기 얽혀 있습니다. 명확한 논리적 근거 대신 운과 감으로 정답을 맞히는 일을 반복해온 것입니다. 진짜 실력이 드러나는 고등학교에서는 그런 요행이 통하지 않습니다. 특히나 고등학교는 중학교보다 영어 지문이 훨씬 복잡한 구조로 이루어져 있습니다. 내용 또한 철학적이고 추상적인 주제를 다룹니다. 감에 의존해 정답을 골라내던 대로 고등학교 시험을 보면 절대 풀 수 없겠지요. 수능도 마찬가지고요. 그러니 중학교 단계에서 문제를 해결하고 넘어가야 합니다.

무엇보다 영어 문장 구조를 정확히 파악하고 논리적으로 해석하는 연습이 필요합니다. 이때 많은 아이와 부모가 결정적인 실수를 저지릅니다. 기초부터 바로잡겠다는 마음으로 문법 책을 구입해 1단원 <명사와 관사>부터 다시 공부합니다. 이는 결코 효과적인 방법이 아닙니다. 특히 수업을 따라오고 어느 정도 성적을 낼 정도로 기본기를 갖춘 아이들에게는 오히려 독이 될 수 있습니다. 이 아이들은 문법 책을 처음부터 다시 풀어도 어차피 자신이 확실히 아는 것만 더 완벽하게 다지는 데 대부분의 시간을 쓰거든요. 정작 자신이 헷갈리는 것, 모르는 것은 모른 채 또다시 지나칠 가능성이 큽니다.

그렇다면 이런 아이들에게 가장 효과적인 방법은 무엇일까요? 바로 아이가 감으로 맞힌 그 문제들만 집중 공략하는 것입니다. 저는 이 방법을 오답 노트 작성이 아니라 '문장 수집'이라고 부릅니다. 오답 노트 작성은 틀린 문제를 쓰고 관리하지만, 문장 수집은 맞혔지만 맞힌 이유를 모르는 문제를 쓰고 관리한다는 점에서 다릅니다.

먼저, 문제를 풀다가 정답은 맞혔지만 왜 맞혔는지 이유를 모르는 문제, 한 번에 해석이 되지 않은 문장을 노트에 그대로 옮겨 적습니다. 그다음 왜 이유를 모르는지, 왜 해석이 안 되는지 스스로 분석한 내용을 적습니다. 처음에는 스스로 분석하는 일이 가장 힘들 겁니다. 따라서 초반에는 답안지에 있는 문장 분석 내용을 보고 노트에 정리해보세요. 그렇게 기록한 문장들이 어느 정도 쌓이면 아이에게 놀라운 변화가 일어납니다. 막연히 영어가 어렵다던 생각이 왜 어려운지를 설명할 수 있는 깨달음으로 바뀌는 것이지요. "내가 유독 관계대명사가 쓰인 긴 문장에서 길을 잃는구나" 하고 말이에요. 이 순간부터 자신의 '진짜 약점'을 정확히 파악해 모르는 것만 집중적으로 파고드는 효율적인 공부가 시작됩니다.

공부할 때 무조건 써먹는 교과 핵심 개념

단어

1학년

A			
accident	사고	action	행동
activity	활동	actually	사실은
airport	공항	amaze	놀라게 하다
amazing	놀라운	among	~가운데에, ~중에
amuse	즐겁게 하다	announce	발표하다
apologize	사과하다	artwork	미술품
B			
band	밴드	battle	전투
beat	이기다, 고동치다	blank	빈칸, 여백

bored	지루해하는	boring	지루한
bow	절하다, (고개를) 숙이다	bowl	그릇
brilliant	훌륭한, 우수한		

C

cancel	취소하다	capital	수도
castle	성	cause	~을 야기하다
channel	채널	character	등장인물
cheer	응원하다	cheerful	명랑한
chef	요리사	chip	감자 칩, 조각
citizen	시민	click	클릭하다
climate	기후	close	가까이, 가까운
clue	실마리	coal	석탄
combine	결합하다	comfortable	편안한
comment	논평, 의견	complete	완전한, 완료하다
concern	우려, 근심	concert	콘서트
conclusion	결론	contest	대회, 경기
conversation	대화	correct	정정하다, 바로잡다
country	국가, 나라	create	창조하다, 만들다
creative	창조적인	crisis	위기
crowd	군중, 무리	cure	치료하다
curious	호기심이 많은	curly	곱슬곱슬한
current	현재의	curry	카레

D

debate	토론(하다)	decide	결심하다, 결정하다
desert	사막	diary	일기
different	다른, 여러 가지의	discount	할인
dish	요리, 그릇	dive	잠수하다

E

each	각각의	easily	쉽게

edit	편집하다	enjoy	즐기다
even	심지어, 평평한	excited	신이 난
exciting	신나는	excuse	양해를 구하다, 실례하다
expensive	비싼	express	표현하다, 나타내다

F

false	거짓의, 틀린	famous	유명한
fantastic	환상적인	favor favour	호의, 친절
fear	두려움	feed	먹이를 주다
final	최종의, 최후의	finally	마침내
follow	따르다	forecast	예측, 예보
forward	앞으로		

G

gate	문, 출입구	ghost	귀신, 유령
gift	선물	giraffe	기린
global	세계적인	glove	장갑
glue	풀, 풀로 붙이다	goat	염소
golf	골프	grade	점수, 등급, 성적
guard	경비원	guide	안내인, 가이드

H

hall	복도, 홀, 회관	handle	손잡이
hear	듣다, 들리다	heaven	천국, 하늘
height	키	huge	막대한, 거대한
hungry	배고픈		

I

important	중요한	inform	알리다
information	정보	instrument	악기, 도구
interest	관심, 흥미	interesting	흥미로운, 신나는
interview	인터뷰	island	섬
item	항목, 물건, 품목		

J / K			
jeans	청바지	joy	기쁨, 즐거움
knock	두드리는 소리, 두드리다		

L			
language	언어	laugh	웃다
leaf	잎	leave	떠나다, 남기다
let	~하게 놓아두다	list	목록
lose	지다, 잃다	lot	많은, 다량, 다수
loud	시끄러운	loudly	시끄럽게

M			
main	주된, 가장 큰	manage	관리하다, 운영하다
massage	마사지	matter	문제, 중요하다
maybe	아마도	mean	의미하다, 인색한
melt	녹다, 녹이다	menu	메뉴
message	메시지	minute	분, 잠시, 잠깐
mirror	거울, 잘 보여주다	mistake	실수
mix	섞다, 혼합하다	moment	순간, 때
monster	괴물	mud	진흙
museum	박물관	mystery	수수께끼, 미스터리

N			
nail	못, 손톱	nervous	긴장한, 초조한
notice	안내문, 알아채다	nut	견과

O			
object	물건, 사물, 물체	obvious	또렷한, 명백한
ocean	대양	officer	담당자, 경찰관
opinion	의견	order	주문(하다), 명령(하다)
other	다른, 다른 것	outside	밖에, 밖에서
own	소유하다		

P			
pack	싸다, 꾸리다	palace	궁전

pan	냄비	past	과거, 지난날
pattern	무늬	perfect	완벽한
perhaps	아마, 어쩌면	pet	반려동물
photo	사진	physical	육체의
picnic	소풍	pie	파이
piece	조각, 한 부분	pillow	베개
pin	핀	plant	식물, 심다
plate	접시	plus	더하기
pocket	주머니	pop	팝(음악)
popular	인기 있는, 대중적인	pork	돼지고기
possible	가능한	post	(사이트에) 올리다
pot	냄비, 솥, 화분	pour	붓다
practice	연습	practise	연습하다
prepare	준비하다	produce	제작하다, 생산하다
protect	보호하다	proud	자랑스러운
purple	보라색	puzzle	퍼즐

R

reach	~에 이르다, ~에 닿다	reason	이유, 원인
recipe	조리법	recycle	재활용하다
report	보고서, 기록, 보고하다	rest	나머지, 휴식, 쉬다
rice	쌀	ride	타다
role	역할	rope	밧줄
rough	거친	round	둥근, 원형의
rule	규칙, 관례		

S

sample	표본, 샘플	sauce	소스
scary	무서운	scene	장면
seaweed	해초	shake	흔들다
shape	모양	shoulder	어깨
site	(인터넷) 사이트	situation	상황

smart	영리한	smoke	연기, 흡연하다
smooth	매끄러운, 부드러운	snack	간식
snake	뱀	social	사회의, 사회적인
soil	흙	solid	고체
solve	해결하다, 풀다	soon	곧
special	특별한	speech	연설, 담화
spicy	매운	squid	오징어
stage	무대	stairs	계단
state	상태	station	역, 기지
step	단계, 내딛다, 디디다	stick	찌르다, 찔리다
still	여전히, 아직도	straight	똑바로, 곧장
strange	이상한	subject	과목, 주제, 대상
submarine	잠수함	suddenly	갑자기
sunset	일몰, 해넘이	surprise	놀라게 하다
survival	생존	sweet	달콤한, 단

T

tasty	맛있는	tea	차
teenage	십 대의	temperature	온도
terrible	끔찍한, 소름 끼치는	text	문자를 보내다
theater theatre	극장	then	그다음에, 그러면
thick	두꺼운, (나무가) 울창한	thousand	1000, 천
tide	조수, 밀물과 썰물	tie	묶다
tiny	아주 작은	tip	조언, 정보
tired	피곤한, 지친	title	제목
topic	화제, 주제	touching	감동적인
tour	여행	traditional	전통의
trash	쓰레기	trick	속이다
trust	신뢰, 믿음		

U

uniform	유니폼, 교복	unique	독특한
until	~할 때까지	upset	속상한, 기분 상한
V			
vacation	방학	veterinarian vet	수의사
view	경관, 전망	village	마을
volunteer	자원봉사자, 자원봉사 하다		
W			
wheel	바퀴	which	어느
wild	야생의	wing	날개
wise	현명한	wonderful	아주 멋진, 신나는
worm	벌레	would	will의 과거형, ~했으면 좋겠다.
wrap	싸다		

A

abroad	해외로	accidentally	우연히, 뜻하지 않게
addiction	중독	advertisement ad	광고
advice	조언, 충고	agent	대리인
alive	살아 있는	allow	허락하다
amount	양, 액수	analyze	분석하다
announcement	발표, 소식	apply	지원하다, 신청하다
appreciate	고마워하다	appropriate	적절한, 알맞은
architect	건축가	architecture	건축물
army	군대	article	기사
artificial	인공적인, 인조의	asleep	잠이 든, 자고 있는
author	작가	awake	깨어 있는
award	상, 수상	awesome	굉장한

B

background	배경	bare	벌거벗은
bean	콩	beg	~을 바라다, 부탁하다
blind	눈먼, 장님의	blink	눈을 깜박이다
block	블록	blow	불다
bother	신경 쓰이게 하다, 귀찮게 하다, 괴롭히다	breeze	산들바람

C

cage	우리, 새장	career	직업, 경력
cave	동굴	celebrate	기념하다, 축하하다
celebrity	유명 인사	cheerleader	치어리더
classical	고전적인	client	의뢰인, 고객
combination	결합, 조합	community	지역사회, 주민
compare	비교하다, 견주다	confident	자신감 있는
connect	연결하다	consume	소비하다
contain	~이 함유되어 있다	continue	계속되다, 잇다
contrast	차이, 대조	copy	복사(본)

| counselling | 상담, 카운슬링 | counter | 계산대, 판매대 |
| credit | 신용 | creativity | 창의력, 독창력 |

D

dangerous	위험한	deal	다루다, 취급하다
decorate	장식하다, 꾸미다	delete	삭제하다
dessert	디저트	destroy	파괴하다
detail	세부 사항	detective	탐정, 형사
device	장치	direct	감독하다
dirty	더러운	donate	기부하다
doughnut donut	도넛	dynamic	역동적인

E

elderly	연세가 드신	electric	전기의
else	또 다른, 그 밖의	embarrassed	당황스러운
embarrassing	당혹스러운	emotion	감정, 정서
environment	환경, 자연	erase	지우다
escape	탈출하다, 달아나다	especially	특히
ever	줄곧, 내내, 지금까지	evil	사악한, 악마의
exhibit	전시하다	experiment	실험, 실험하다
explain	설명하다	explore	탐험하다
exploration	탐험, 탐사		

F

fable	우화, 동화	fabric	직물, 천
fair	박람회, 공정한	fasten	매다, 잠그다
feature	특징	female	여성
few	많지 않은	filter	필터, 여과기
flash	플래시	flight	비행, 날기
float	물 위에 뜨다, 떠가다	footprint	발자국
foreign	외국의, 타국의	fountain	분수
furthermore	게다가, 더욱이		

G

gather	모으다, 모이다	general	일반적인
generation	세대	gesture	몸짓, 손짓
glacier	빙하	gorgeous	매력적인, 멋진
greet	맞이하다, 환영하다	grocery	식료품 및 잡화
guest	손님	gun	총
gymnasium gym	체육관, 경기장		

H

half	반, 절반	handsome	잘생긴
happen	발생하다, 일어나다	health	건강
healthy	건강한	helicopter	헬리콥터
hide	숨다, 감추다	hint	힌트
hole	구멍	hometown	고향
honor	예우하다, 존중하다	horror	공포, 경악
hurt	아프다, 다치게 하다		

I

illegal	불법적인	imagine	상상하다
immediately	즉시, 당장	improve	개선하다, 향상하다
increase	증가하다	individual	개인의, 각각의
instead	~대신에	intelligence	지능, 기밀, 정보
intelligent	똑똑한	international	국제적인
invent	발명하다		

J

jar	(잼, 꿀 등을 담는) 병	jog	조깅하다
joke	농담(하다)	journey	여행

K / L

kit	도구 세트	knee	무릎
lamp	램프	landmark	주요 지형지물
laundry	세탁, 빨래	lead	안내하다
leader	리더, 지도자	lean	기대다

legal	합법적인	lend	빌려주다
level	높이, 정도, 수준	lid	뚜껑
link	(컴퓨터) 링크, 연결하다	liquid	액체
lively	활발한	local	현지의, 지역의
location	위치	logic	논리
M			
machine	기계	magazine	잡지
magic	매직, 마술	male	남성의, 수컷의
mask	가면, 탈	meal	식사
meaningful	의미 있는	medicine	약, 약물
mental	정신의, 정신적인	microphone	마이크
million	100만, 백만	mission	임무, 사명
monitor	감시하다, 관찰하다	movement	움직임, 동작
myth	신화, 근거 없는 믿음		
N			
nap	낮잠	naturally	자연스럽게
navy	남색	necessary	필요한, 불가피한
neighbor neighbour	이웃(사람)	noise	소리, 소음
novel	소설	nowadays	요즘
O			
once	언젠가, 한때	outline	윤곽, 외형
oven	오븐		
P			
pad	패드	pain	고통(스럽게 하다)
pair	짝	palm	손바닥
pardon	용서, 관용	passion	열정
passport	여권	patient	환자
person	개인, 사람	personal	개인의, 개인적인
pile	쌓다, 포개다	poison	독

pollution	오염	praise	칭찬하다
prefer	~을 더 좋아하다	preserve	보존하다, 보호하다
president	회장	price	가격, 값
pride	자부심, 긍지	promise	약속하다
prove	입증하다, 증명하다	public	공공의, 대중의
publish	출판하다	pull	끌다, 당기다
purpose	목적, 목표	pyramid	피라미드

Q / R

quarter	4분의 1	quite	꽤, 상당히
raise	기르다, 들어 올리다	ranger	(산림/자연) 경비원
recently	최근에	record	기록하다, 등록하다
recover	회복하다	regular	규칙적인
relationship	관계	relax	휴식을 취하다
remove	없애다	represent	나타내다, 상징하다
require	필요로 하다, 요구하다	research	조사하다
respect	존경하다	result	결과
reuse	재사용하다	reward	보상(하다)
rocket	로켓	roll	구르다, 뒹굴다
romantic	낭만적인	royal	왕실의
rubber	고무	rude	무례한, 버릇없는
rush	서두르다	rush hour	혼잡한 시간, 러시아워

S

safety	안전	scared	무서워하는
schedule	스케줄	screen	화면
search	조사하다, 찾아보다	seat	좌석, 자리
secret	비밀	select	선택하다
self	자신, 자아	sentence	문장, 형벌(선고하다)
separate	분리된, 분리하다	serve	제공하다, 차려주다
sew	바느질하다, 꿰매다	share	공유하다, 나누다
sharp	날카로운, 뾰족한	sheep	양

shell	껍데기	shine	빛나다, 반짝이다
shot	슛	shout	소리치다
sign	몸짓, 신호, 표시	silently	조용히
silly	어리석은, 유치한	silver	은
similar	유사한	simple	간단한, 단순한
since	~부터	single	하나의
skip	건너뛰다	slippery	미끄러운
slowly	느리게	snap	딱 (하고) 끊어지다
sneeze	재채기(하다)	soda	탄산음료
sore	아픈, 따가운	source	출처
species	(생물 분류상의) 종	spend	보내다
spill	쏟다	spirit	영혼, 정신, 마음
spot	얼룩, (특정한) 곳	stamp	도장
statue	조각상, 상	steal	훔치다
stir	휘젓다, 섞다	storm	폭풍
stretch	기지개를 켜다, 늘이다	string	줄, 실
stripe	줄무늬	succeed	성공하다
success	성공	such	그런, 그러한
sudden	갑작스러운	suit	옷, 정장
super	대단한, 굉장히 좋은	survey	조사
survive	살아남다, 생존하다	swallow	삼키다
system	체계, 시스템		

T

tablecloth	테이블보	tag	~에 대다
talent	재능, 장기	tap	수도꼭지, 톡톡 치다
temple	사원, 절	thief	도둑, 절도범
thrilling	아주 신나는	throat	목구멍
through	~을 통해	throw	던지다
thumb	엄지손가락	toilet	화장실
tool	도구	total	합계, 전체의

toward towards	~쪽으로, ~을 향하여	towel	수건
tower	탑	traffic	교통
trail	코스, 산길	trap	덫
treasure	보물	trouble	문제, 곤란
truth	진실		
U			
universal	보편적인, 일반적인	unknown	알려지지 않은
upcycling	업사이클링	use up	다 써버리다
useless	쓸모없는		
V			
various	다양한	victory	승리
violinist	바이올린 연주자		
W / Y			
warn	경고하다	waste	쓰레기
wave	흔들다	weak	약한
weigh	무게가 ~이다	whale	고래
while	잠시, ~동안	whole	전체(의)
widely	널리	without	~하지 않고, ~없이
wool	울, 양모	yet	아직

A

active	활동적인, 활발한	achieve	달성하다, 성취하다
advantage	이점, 장점	afford	~여유가 되다
alarm	경고음, 불안하게 만들다	allowance	용돈
aloud	큰소리로	although	비록 ~일지라도
anger	화나게 하다	appear	나타나다
appearance	외모, 생김새	approach	접근하다
argue	논쟁하다, 다투다	arrest	체포하다
attach	붙이다	attack	공격하다
attention	주의, 주목, 관심	attitude	태도, 자세
attract	끌어당기다, 끌어들이다	audience	청중
audio	음성의, 녹음의	avoid	~을 피하다
awareness	의식, 인식		

B

behavior	행동	belief	믿음, 신뢰
belong to	~에 속하다	bend	굽히다, 구부리다
beneficial	유익한, 이로운	billion	10억, 십억
blame	비난하다	bloom	꽃을 피우다, 꽃이 피다
bold	굵은, 용감한	breathe	숨을 쉬다, 호흡하다
budget	예산		

C

calm	차분한, 평온	cell	세포, 작은 방
century	세기	challenge	도전(하다), 이의 제기하다
charge	기소, 혐의, 청구하다	charity	자선 단체, 관용
chase	(꿈, 목표) 좇다, 뒤쫓다	chemical	화학 물질, 화학 제품
chest	가슴, 상자	chew	씹다
chief	주요한, 단체의 장	civilization	문명
coach	코치	collapse	쓰러지다, 붕괴하다
colony	식민지, (동식물의) 군집	comfort	위로, 위안
common	흔한, 공통의	communication	의사소통

complain	불평하다	confusion	혼란, 혼동
consider	고려하다, 숙고하다	contact	접촉
contribute	~에 기여하다	convenient	편리한, 간편한
courage	용기	crawl	기어가다
crew	팀, 승무원, 선원	crime	범죄
crisp	바삭바삭한	crop	농작물

D

damage	손상시키다	database	데이터베이스
deal with	~을 해결하다, 처리하다	decision	결정
delivery	배달, 전달	despite	~에도 불구하고
destination	목적지, 도착지	determine	결정하다, 결심하다
develop	발달시키다, 발전하다	diet	식습관, 식사
differ	같지 않다, 다르다	disappear	사라지다
disappointed	실망한	disaster	참사, 재난, 재해
discover	발견하다	disease	질병, 병
drill	훈련	dust	먼지

E

economy	경제	effective	효과적인, 실질적인
effort	노력	election	선거
engineering	공학	entire	전체의, 온
equip	~에 (필요물을) 갖추다	erupt	분출하다
exactly	정확하게	except	~을 제외하고
exchange	교환하다	experience	경험(하다)
expert	전문가	extreme	극심한

F

familiar	익숙한, 친숙한	faraway	멀리 떨어진
fault	잘못, 흠	fee	요금, 수수료
fever	열	fit	알맞은, 맞다
flat	납작한, 평평한	flood	홍수
fold	접다	folk	민속의

forgive	용서하다	fortunately	다행스럽게도
found	설립하다	furniture	가구

G / H			
gentle	순한, 온화한	harsh	가혹한, 혹독한
hire	고용하다	hollow	속이 텅 빈

I			
identify	확인하다, 알아보게 하다	ill	아픈, 병든
include	포함하다	industry	산업, 공업
influence	영향(을 주다)	insect	곤충
inspire	영감을 주다	invention	발명, 발명품

J			
jealous	질투하는	journalist	기자, 저널리스트
justice	정의		

K / L			
knowledge	지식, 알고 있음	labor labour	노동, 애를 쓰다
law	법률, 법학	lesson	교훈, 수업
literature	문학	locate	~의 위치를 찾아내다
logical	논리적인, 타당한	loose	헐거워진
lung	폐		

M			
majority	대다수	match	맞추다, 어울리다
material	재료	merchant	상인
messy	지저분한	method	방법, 방식
modern	현대의	moreover	게다가, 더욱이
motivate	동기부여하다	multiple	많은, 다수의, 다양한
mutual	상호 간의, 서로의		

N			
native	토박이의	natural	천연의, 자연스러운
negative	부정적인	nutrient	영양소, 영양분

occur	발생하다, 일어나다	offer	제공하다
opportunity	기회	ordinary	보통의, 평범한
origin	유래	otherwise	그렇지 않으면
overnight	하룻밤 사이에		

P

panic	겁먹음, 당황	particular	특정한
path	길	pause	중지, 중단
peel	껍질(을 벗기다)	perceive	인지하다, 감지하다
perform	공연하다, 수행하다	performance	공연
pioneer	선구자, 개척자	planet	행성
plenty	풍부한 양	poem	(한 편의) 시
poet	시인	polite	예의 바른
population	인구, 개체 수	positive	긍정적인
predict	예언하다	press	누르다
prevent	예방하다, 막다	priceless	값을 매길 수 없는
productive	생산적인	professional	전문적인
provide	제공하다	purchase	구입하다
pursue	추구하다, 뒤쫓다		

R

rare	희귀한	rat	쥐
realize	지각하다	receipt	영수증
receive	받다	recognize	인식하다
recommend	추천하다	reduce	줄이다, 감소시키다
refund	환불(하다)	register	등록하다, 기록하다
regret	후회하다	relieve	덜어주다, 완화하다
reliable	믿을 수 있는	remain	남아 있다
remind	생각나게 하다	rent	세주다, 세놓다
repair	수리하다	resident	거주자
resource	자원	responsibility	책임, 의무

risk	위험, 위험성	route	경로, 노선
rub	문지르다		

S

satisfy	만족시키다	scream	비명을 지르다
seem	~처럼 보이다	sense	감지하다
sensitive	민감한, 예민한	serious	심각한, 진지한
servant	하인	several	몇몇의
shade	그늘	shock	충격
signal	신호	skill	기술
slave	노예	slice	얇게 썰다
smash	박살 내다, 때려 부수다	society	사회
speechless	말문이 막힌	spread	퍼뜨리다
stable	안정된, 차분한	stomach	위, 복부
structure	구조(물)	stuff	물건
suggest	제안하다	support	후원하다, 지지하다
swing	흔들다	switch	바꾸다, 전환하다
symbol	상징, 상징물	symptom	증상

T

target	목표	technique	기술, 기법
technology	기술	therefore	그러므로
though	비록 ~이긴 하지만	threat	위협, 협박
thus	그래서, 따라서	tight	꽉 조이는, 단단한
trace	자취, 추적하다	trade	무역, 교역하다
translate	번역하다, 옮기다	transportation	운송, 교통
treat	처리하다, 다루다	tribe	종족, 부족

U / V

universe	우주	value	가치, 소중히 여기다
valuable	값비싼, 귀중한	violently	격하게, 세차게, 몹시
vision	시력, 눈, 통찰력	volume	부피, 용적

W

whether	~인지 아닌지	whisper	속삭이다
wholesale	도매의	wonder	궁금해하다
worth	~할 가치가 있는		

기본 문장

| 누가 하다

주어+동사	
The bus has left.	버스가 떠났다.
꾸밈말 추가: 주어+동사+부가어	
He will come **soon**.	그는 **곧** 도착할 것이다.
They came **to buy shoes**.	그들은 **신발을 사기 위해서** 왔다.
The bus had already left **when I arrived**.	**내가 도착했을 때** 버스는 이미 떠났다.
A few people came **late for the meeting**.	몇몇 사람들이 **회의에 늦게** 왔다.
She's been sleeping **for three hours**.	그녀는 **세 시간 동안** 자고 있다.
I can run **as fast as you can**.	나는 **너만큼 빨리** 달릴 수 있다.
If oil is mixed with water, it floats.	**만약 기름이 물에 섞이면**, 기름은 물에 뜬다.

| 누가 어떠하다

주어+동사+보어	
Tigers are brave.	호랑이는 용감하다.
The water in the pool is clean.	수영장에 있는 물은 깨끗하다.
English is my favorite subject.	영어는 내가 가장 좋아하는 과목이다.
These shoes are too expensive.	이 신발들은 너무 비싸다.
To teach is to learn twice.	가르치는 것은 곧 두 번 배우는 것이다.
The problem is how to go.	문제는 어떻게 가냐는 것이다.

The bag which is on the table is mine.	테이블 위에 있는 그 가방은 내 것이다.
I am not only clever but also kind.	나는 영리할 뿐만 아니라 친절하다.
Skiing is fun.	스키 타는 것은 즐겁다.
This story sounds touching.	이 이야기는 감동적이다.
She may be busy.	그녀는 바쁠지도 모른다.

꾸밈말 추가: 주어+동사+보어+부가어	
He was a student **when he lived here.**	**그가 여기 살았을 때** 그는 학생이었다.
A motorbike is **much less** expensive **than a car.**	오토바이는 **자동차보다 훨씬 덜** 비싸다.
I felt **really** sorry **to hear the news.**	나는 **그 소식을 듣고 정말** 유감스러웠다.
Mike is difficult **to please.**	마이크는 **기쁘게 하기** 힘들다.

| 누가 무엇을 하다

주어+동사+목적어	
You can buy anything you like.	너는 너가 좋아하는 뭐든지 살 수 있어.
I need a little more space to put those things in.	나는 이것들을 놓을 공간이 조금 더 필요하다.
He doesn't like the green coat but I like it.	그는 초록색 코트를 좋아하지 않지만, 나는 좋아한다.
She wanted to visit New York.	그녀는 뉴욕을 방문하고 싶어 했다.
They have lots of books to read.	그들은 읽을 책을 많이 갖고 있다.
I don't feel like eating out.	나는 외식할 기분이 아니다.
Few people understand what she's drawing.	그녀가 그리는 것을 이해하는 사람은 거의 없다.
She said that she would move the table.	그녀는 그 테이블을 옮기겠다고 말했다.
I wonder whose bag this is.	나는 이 가방이 누구의 것인지 궁금하다.
You had better not say anything about him.	너는 그에 대해 어떤 말도 하지 않는 것이 좋다.

꾸밈말 추가: 주어+동사+목적어+부가어	
He praised his co-worker **in the meeting.**	그는 **회의에서** 동료를 칭찬했다.
He has attended the meetings **regularly.**	그는 회의에 **정기적으로** 참여해왔다.
You can put your bag **on this table.**	네 가방을 **이 테이블에** 두어도 된다.
We enjoy walking **in the park.**	우리는 **공원에서** 걷는 것을 즐긴다.

At the airport, I met a lady carrying a large suitcase.	공항에서 큰 가방을 옮기고 있는 숙녀를 만났다.
Walking to school, I met an old friend.	**학교에 걸어가다가** 오랜 친구를 만났다.
Unfortunately, they couldn't find the answer.	**불행히도** 그들은 답을 찾을 수 없었다.

누가 누구에게 무엇을 하다

주어+동사+목적어1(간접목적어)+목적어2(직접목적어)	
My father gave me a book.	우리 아빠는 나에게 책을 주셨다.
They haven't told him when to go.	그들은 그에게 언제 가야 할지 말하지 않았다.
I told him that I had been busy lately.	나는 그에게 최근에 바빴다고 말했다.
I will show you the way to the nearest bank.	가장 가까운 은행으로 가는 길을 알려줄게.
꾸밈말 추가: 주어+동사+목적어1(간접목적어)+목적어2(직접목적어)+부가어	
I gave my sister a gift **on her birthday.**	나는 **내 여동생 생일날,** 여동생에게 선물을 주었다.
He showed me the photos **in the living room.**	그는 **거실에서** 나에게 그 사진들을 보여주었다.
She sent him an email **to say thank you.**	그녀는 **고맙다는 말을 하기 위해** 그에게 이메일을 보냈다.

누가 무엇을 무엇으로 (어떠)하게 하다

주어+동사+목적어+목적격 보어	
He named his dog Happy.	그는 그의 강아지를 Happy라고 이름 지었다.
My mom made me clean the room.	우리 엄마는 나에게 방 청소를 시켰다.
I had my car cleaned.	나는 내 차를 청소하게 했다(나는 세차를 맡겼다).
I heard him singing.	나는 그가 노래하는 것을 들었다.
I wanted Sue to wash the dishes.	나는 Sue가 설거지하기를 원했다.
꾸밈말 추가: 주어+동사+목적어+목적격 보어+부가어	
We call him a hero **in our town.**	**우리 마을에서** 우리는 그를 영웅이라 부른다.
The news made us happy **yesterday.**	그 소식은 **어제** 우리를 행복하게 했다.
I judged him talented **at a glance.**	나는 **한눈에** 그가 재능 있다고 판단했다.

중등 문해력 한 권

특별한 문장

명령문, 청유문

Please tell me what to do.	나에게 무엇을 해야 할지 말해주세요.

도치문

Here comes the train.	여기 기차가 온다.
She was happy and so was I.	그녀는 행복했고, 나도 역시 그랬다.
I enjoyed the trip and so did my family.	나는 여행을 즐겼고, 내 가족도 역시 그랬다.
There are many people in the park.	공원에 많은 사람이 있다.

감탄문

How beautiful it is!	얼마나 아름다운가!
What a pretty girl she is!	그녀는 얼마나 예쁜 소녀인가!
How sweet!	정말 다정하다!
What a cook!	정말 대단한 요리사네!

의문문, 부가의문문

Which place do you prefer?	어느 장소가 더 좋아?
What kind of food do you like?	어떤 음식이 좋아?
How come you didn't call me?	어째서 나한테 전화 안 했어?
Let's dance, shall we?	춤추자, 그럴래?
You like oranges, don't you?	너 오렌지 좋아하지, 그렇지 않아?
This is your wallet, isn't it?	그것은 너의 지갑이야, 그렇지 않아?

가주어 it이 들어간 문장

It is impossible to climb up the building.	빌딩을 타고 올라가는 것은 불가능하다.
It is strange that he didn't help you.	그가 너를 돕지 않았던 것은 이상하다.

고득점을 위한 전치사

점, 면, 공간

1. at: 콕 찍어서 말하는 특정한 지점

구분	핵심 의미	대표 동사구 및 표현
특정 지점과 수치	시간, 속도, 나이 등 수직선상에서 정확한 한 점을 지목	• **at** the age of 15 (15세**에**) • **at** high speed (고속**으로**)
감정의 겨냥	내면의 감정이 특정 대상을 하나의 표적으로 삼아 향함	• **smile at** her (그녀**에게 미소 짓다**) • **laugh at** me (나**를 비웃다**) • **shout at** her (그녀**에게 소리지르다**)
시선과 행동의 집중	시선이나 물체가 특정 목표 지점에 강하게 접촉하거나 머묾	• **stare at** the screen (화면**을 응시하다**) • **glance at** the actor (배우**를 힐끗 보다**) • **point at** the door (문**을 가리키다**) • **throw** the ball **at** the wall (공을 벽**에 던지다**)
목표 지향	추상적인 정책이나 계획이 달성하고자 하는 지점을 조준	• **aim at** reducing costs (비용 절감**을 목표로 하다**)

2. on: 표면에 딱 붙어 있는 접촉

구분	핵심 의미	대표 동사구 및 표현
물리적 접촉	표면에 딱 달라붙어 있는 상태	• **on** the wall (벽**에**) • **on** the ceiling (천장**에**)

의존과 지탱	어떤 대상을 토대 삼아 무게를 싣고 의지함	• **depend on** the sun (태양**에 의존하다**) • **rely on** you (너**에게 기대다**) • The movie is **based on** a true story. (그 영화는 실화**에 근거한다**.)
정신적 집중	마음이나 시선이 흩어지지 않고 한 점에 딱 붙어 있음	• **Focus on** your goals (목표**에 집중하다**) • **concentrate on** the lesson (수업**에 집중하다**)
지속과 진행	멈추지 않고 선을 따라 계속 접촉하며 나아감	• The show must **go on**. (쇼는 **계속되어야** 한다.) • **keep on** working (**계속 일하다**)
영향	어떤 힘이나 효과가 대상의 표면에 내려앉는 모습	• **influence on** children (어린이**에게 영향을 미치다**) • **impact on** society (사회**에 영향을 미치다**) • a negative **effect on** your memory (기억력**에 부정적인 영향**)

3. in: 테두리 안에 푹 잠겨 있는 영역

구분	핵심 의미	대표 동사구 및 표현
물리적·시간적 공간	눈에 보이는 경계나 시간의 테두리 내부	• **in** the box (박스 **안에**) • **in** the morning (아침**에**)
신념, 믿음의 대상	대상의 존재나 가치, 잠재력이라는 영역을 온전히 받아들임	• **believe in** God (신을 **믿다**) • **trust in** you (너를 **신뢰하다**) • **have confidence in** yourself (너 스스로에게 **자신감을 갖다**)

| 상태와 상황 | 어떤 감정, 상황, 상태라는 공간 속에 푹 잠겨 있는 모습 | [상태]
• in danger
　(위험에 처한)
• in trouble
　(곤란한 상태에 있는)
• in love
　(사랑에 빠진)
• in a hurry
　(서두르는)

[감정 / 기분]
• in fear
　(두려움에 사로잡혀)
• in joy
　(기쁨에 차서)

[외형 상태 (~을 입고)]
• in uniform
　(제복을 입고)
• You look good **in white pants**.
　(**하얀 바지 입으니** 멋지다.) |
| 분야와 영역 | 학문, 직업, 관심사 등 보이지 않는 추상적인 카테고리 설정 | [분야 / 영역]
• **in** science
　(과학 분야**에서**)
• **major in** economics
　(경제학**을 전공하다**)
• I'm **interested in** sports.
　(스포츠**에 관심있다.**)

[관점 / 의견]
• in my opinion
　(내 생각에는)
• in his view
　(그의 관점에서) |

수단과 방법	특정 언어나 매체라는 틀 안에서 무언가를 수행	• write **in English** (**영어로** 쓰다) • pay **in cash** (**현금으로** 결제하다) • say it **in a low voice** (**낮은 목소리로** 말하다)
결과와 성취	어떤 행동이 끝내 도달하게 된 최종적인 영역	• **result in** failure (실패**라는 결과를 낳다**) • **succeed in** business (사업**에 성공하다**)

❘ 이동의 화살표, 출발과 도착

1. to: 화살표가 날아가 결국 닿는 지점

구분	핵심 의미	대표 동사구 및 표현
물리적 이동	움직임의 도착 지점	• **go to** school (학교**에 가다**) • **lead to** Rome (로마**로 통하다**) • **walk to** the door (문**으로 걸어가다**)
대상, 수신자	행동, 말, 감정이 향하는 대상	• **give** the book **to** him (그에게 책을 **주다**) • **talk to** her (그녀**에게 말하다**) • **apologize to** her (그녀**에게 사과하다**)
반응, 관계	어떤 자극에 대한 반응의 방향	• **react to** the news (뉴스에 **반응하다**) • **respond to** the question (질문에 **답하다**) • You need to **be kind to** everyone. (모두에게 **친절해야** 한다.)

결과, 도달 상태	변화가 도달한 최종 상태	• **grow to** adulthood (성인**이 되다**) • **lead to** success (성공**으로 이어지다**) • **rise to** fame (명성**에 이르다**)
기준, 관련성	두 대상이 서로 딱 맞물려 하나가 됨	• **the key to** success (성공**의 열쇠**) • **solution to** the problem (문제**의 해결책**) • **attitude to** life (삶**에 대한 태도**)
	감정, 상태가 머무는 도착점	• **look forward to** meeting you (너를 만나**기를 기대하다**) • She **is used to** working alone (혼자 일하는 **데 익숙하다**) • **object to** changing the plan (계획을 바꾸는 **데 반대하다**) • **devote** her life **to** teaching (그녀의 인생을 가르치는 **데 바치다**)

2. from: 화살표가 시작된 뿌리와 기점

구분	핵심 의미	대표 동사구 및 표현
출발점, 기점	시간, 장소, 상태의 시작 지점	• **from** seoul to Busan (서울**에서** 부산까지) • **from** Monday on (월요일**부터**) • change **from** A to B (A**에서** B로 바뀌다)
분리, 차단	어떤 대상에서 떼어내거나 멀어지게 함	• **separate A from B** (**A와 B를 분리하다**) • protect A **from danger** (**위험으로부터** A를 보호하다) • **keep / stop / prevent A from B** (**A를 B로부터 막다**) • **free A from** fear (A를 두려움**에서 벗어나게 하다**)

근원, 출처	정보나 물건의 출처 또는 근원	• **hear** the news **from** her (그녀**로부터** 그 소식을 **듣다**) • **borrow** money **from** him (그에게서 돈을 **빌리다**) • **learn from** experience (경험**에서 배우다**)
원인, 이유	변화가 생겨난 직접적인 원인	• **suffer from** stress (스트레스**로 고통받다**) • **die from** disease (질병**으로 죽다**) • **recover from** illness (병**에서 회복하다**)

3. for: 그쪽을 향해 나아가는 목적과 기대

구분	핵심 의미	대표 동사구 및 표현
이유와 가치	어떤 결과나 감정이 발생하게 된 근거나 이유	• Korea **is famous for** its kimchi. (한국은 김치**로 유명하다**.) • He **is known for** his honesty. (그는 정직함 **때문에 유명하다**.) • jump **for joy** (**기뻐서** 날뛰다) • **apologize for** her mistake (그녀의 실수**를 사과하다**) • **scold** her **for** being late (늦어**서** 그녀를 **꾸짖다**) • **Thank you for** your help. (도와줘**서 고맙다**.)
목표와 추구	마음이나 행동이 도달하고자 하는 최종 목적지를 가리킴	• **look for** my key (열쇠를 **찾다**) • **wait for** my friends (친구들을 **기다리다**) • **head for** the exit (출구**로 가다**) • **leave for** Seoul (서울**로 떠나다**) • Pigeon **stands for** peace. (비둘기는 평화**를 의미한다**.)

대가와 교환	무언가를 주고받는 교환의 관계	• buy it **for** 10 dollars (10달러**에** 그것을 사다) • **exchange** watch **for** hospital fee (병원비**의 대가로** 시계**를 교환하다**)
시간의 범위	시간의 흐름이 목표한 지점까지 계속되는 상태	• **for a long time** (오랫동안) • wait **for an hour** (**한 시간 동안** 기다리다) • stay here **for two days** (**이틀 동안** 여기 머무르다)

| 에너지의 높낮이, 상승과 하강

1. up: 위로 올라가고, 끝까지 꽉 채우는 힘

구분	핵심 의미	대표 동사구 및 표현
상승, 증가	아래에서 위로 이동하거나, 수치·상태가 높아짐	• Prices **went up**. (가격이 **올랐다**.) • **climb up** the mountain (산을 **오르다**) • **turn up** the volume (볼륨을 **올리다**) • **pick up** the trash (쓰레기를 **줍다**)
완료, 종결	행동이 끝까지 가서 더 이상 남지 않음	• **eat up** the food (음식을 **다 먹다**) • **use up** the paint (페인트를 **다 쓰다**) • **grow up** (**어른이 되다**) • **wake up** (**잠에서 깨다**)
집결, 결합	흩어진 것이 한곳에 모임	• **gather up** the papers (서류를 **모으다**) • **line up** the students (학생들을 **줄 세우다**) • **make up** these stories (이야기를 **만들다**)

| 노출, 발생 | 숨겨진 것이 드러나거나 사건이 발생 | • **bring up** an issue
(문제**를 제기하다**)
• Something **came up**.
(무슨 일이 **생기다**.)
• **put up** a sign
(표지판**을 세우다**) |

2. down: 아래로 내려가고, 바닥에 차분히 안착하는 힘

구분	핵심 의미	대표 동사구 및 표현
감소와 약화	소리, 속도, 열기 등의 강도를 낮춤	• **turn down** the volume (소리를 **낮추다**) • **cool down** (**식히다**) • **Calm down** and breathe. (**진정하고 숨을 쉬어봐.**) • **hold down** costs (비용**을 억제하다**) • The machine **broke down**. (기계가 **고장 났다**.)
기록과 고정	흐르는 정보나 불안정한 상태를 바닥에 붙듦	• **write down** (**받아 적다**) • **pin down** the cause (원인**을 정확히 규명하다**)
정착과 종결	움직임이 멈추고 한 상태로 고정됨	• **settle down** in a quiet village (조용한 마을에 **정착하다**) • **nail down** the date (날짜**를 확정하다**) • **shut down** the factory (공장**을 폐쇄하다**)
거절, 부정	제안, 가치, 요구를 낮춰 받아들이지 않음	• **turn down** the offer (제안**을 거절하다**) • **shoot down** an idea (아이디어**를 묵살하다**)

1. with: 손을 잡고 함께 가거나 도구로 쓰는 것

구분	핵심 의미	대표 동사구 및 표현
동반, 함께	사람, 사물이 떨어지지 않고 같이 존재	• He lives **with** his parents. (부모님**과 함께** 살다.) • come **with** me (나**와 함께** 오다) • the man **with** a hat (모자를 쓴 남자) • **come up with** a good idea (좋은 생각**이 떠오르다**) • **end up with** a big problem (**결국 큰 문제를 겪게 되다**) • **put up with** the noise (소음**을 참다**) • **keep up with** others (다른 사람들**을 따라가다**) • **deal with** stress (스트레스**를 다루다**) • **cope with** pressure (압박**을 대처하다**) • **agree with** you (너**에게 동의하다**)
도구, 수단	행동을 가능하게 하는 도구	• write **with a pen** (**펜으로** 쓰다) • cut it **with a knife** (그것을 **칼로** 자르다)
감정 원인	감정, 반응이 특정 원인과 함께 발생	• tremble **with fear** (**공포로** 떨다) • frozen **with cold** (**추위로** 얼다)
부대 상황	동시에 유지되는 상태	• **with** his eyes closed (눈을 감은 **채로**) • He left **with** the door wide open. (그는 문을 활짝 열어놓은 **채로** 떠났다.)

| 태도, 방식 | 행동에 깔린 태도나 성향 | • speak **with confidence**
(**자신감 있게** 말하다)
• treat others **with respect**
(**존중으로** 대하다) |

2. of: 전체에서 떼어낸 조각 혹은 본질적인 속성

구분	핵심 의미	대표 동사구 및 표현
소유와 소속	전체 집합에 속해 있는 일부분임을 나타냄	• **some of** the students (학생 **중 일부**) • the leg **of** the table (테이블**의** 다리)
속성과 특징	대상이 지닌 본질적인 특징이나 가치 설명(of+추상명사=형용사적 의미)	• a man **of courage** (**용기 있는** 남자) • a matter **of importance** (**중요한** 문제)
제거와 분리	대상에게서 특정 요소를 뽑아내거나 떼어냄	• **rob** a man **of** his money (그 남자**에게서** 돈을 **빼앗다**) • **cure** him **of** the habit (그를 그 습관**에서 벗어나게 하다**) • **get rid of** the dots (점들**을 제거하다**) • **get out of** here (여기**서 나가다**)
재료와 원인	무언가를 구성하는 본질적인 재료나 상태의 원인	• The desk **is made of** wood. (이 책상은 나무**로 만들어졌다**.) • **die of** cancer (암**으로 죽다**)
인식과 생각	마음속에 품고 있는 생각의 대상을 끄집어냄	• **think of** a solution (해결책**을 생각하다**) • **remind** me **of** my hometown (고향**을 생각나게 하다**) • **take care of** my sister (여동생**을 돌보다**)

3. off: 붙어 있던 것이 툭 떨어져 나가는 것(on의 반대)

구분	핵심 의미	대표 동사구 및 표현
물리적 분리	표면에 접촉해 있던 것이 떨어져 나감	• **keep off** the grass (잔디**에 들어가지 않다**) • **take off** shoes (신발**을 벗다**) • **shake off** his bad mood (나쁜 기분**을 털어내다**) • **dust off** my old guitar (오래된 기타**의 먼지를 털어내다**)
차단, 전원 끊기	연결되어 흐르던 전류나 회로가 끊어짐	• **turn off** the TV (TV**를 끄다**) • **switch off** (**스위치를 끄다**) • **block off** the road (길**을 봉쇄하다**)
이탈, 하차	원래 있던 지면에서 떨어져 나감	• The plane **takes off**. (비행기가 **이륙하다.**) • **get off** the bus (버스**에서 내리다**) • **go off** the path (길**에서 벗어나다**)
중단, 취소	진행 중인 일을 끊어버림	• **call off** the meeting (회의**를 취소하다**) • **put off** the test (시험**을 미루다**) • **break off** the talks (회담**을 중단하다**)

고등학교, 불수능의 문턱을
넘을 수 있는 영어 공부법

영어 상위권에 이르는 가장 쉬운 길은
언제나 문장에 있다

중학교에 들어서며 영어가 갑자기 어렵게 느껴지는 이유는 단어가 개별적인 의미에 머물지 않고, 문장 내에서 다른 단어와 결합하거나 형태를 바꾸며 그 역할을 끊임없이 확장하기 때문입니다. 초등학교 때처럼 그저 단어의 뜻만 나열해 전체적인 의미를 짐작하던 방식으로는 고등학교, 수능의 문턱을 결코 넘을 수 없습니다.

이제는 단어가 문장 안에서 담당하는 구체적인 기능을 정확히 판별해내는 문해력이 필수입니다. 이 능력을 기르지 못하면 아이는 단어의 뜻에만 의존하는 '막무가내식 해석'의 늪에 빠져 문맥을 꿰뚫는 '제대로 된 해석'의 출구를 영영 찾지 못하게 됩니다.

특히 중학교 때 기초적인 문장 구조 파악을 제대로 해놓지 않으면 고등학교에 가서 영어로 결코 승산을 볼 수 없습니다. 수능 영어는 70분이라는 제한된 시간 안에 무려 45문항을 정확히 해결해야 하는 거대한 시간 싸움입니다. 듣기 평가 시간(약 25분)을 제외하면 고난도 독해 한 문항에 온전히 쏟을 수 있는 시간은 고작 1분 30초에 불과합니다. 더 큰 문제는 수능에서 다루는 지문이 대학 교양 수준의 철학적, 학술적 글로 급격히 난도가 높아진다는 점입니다. 이처럼 고도의 사고력을 요구하는 글을 마주했을 때, 아이들의 뇌는 전적으로 글의 논리적 흐름과 함축적 의미를 파악하는 데 모든 에너지를 집중해야 합니다.

문장 구조 파악은 마치 숨을 쉬는 것처럼 무의식적으로 자동화되어 있어야 합니다. 구조가 반사적으로 읽혀야만 비로소 어려운 내용을 깊이 있게 이해할 수 있는 시간적 여유가 생기기 때문입니다. 결국 수능이라는 실전에서 마지막에 웃을 수 있는 아이는 문장의 설계도를 한눈에 꿰뚫어 보며 시간을 벌 줄 아는 아이입니다. 이 직관적인 힘이 뒷받침되지 않는다면, 고득점이라는 고지는 결코 정복할 수 없는 높은 벽이 될 것입니다.

문장 구조를 파악하기 위한 가장 근본적인 해결책이 바로 품사에 대한 명확한 이해입니다. 품사는 단어가 문장이라는 무대 위에서 맡은 '배역'과 같습니다. 초등학교에서는 이름(명사), 움직임(동사), 꾸밈(형용사)처럼 단어의 기본적인 배역을 확인했다면, 중학교부터는 한 단어가 옷을 갈아입고 여러 배역을 소화하는 다양한 모습을 보게 됩니다. 예를 들어 'study'가 '공부하다'라는 동사 이외에도 '공부하는 것'이라는 명사로 문장의 주인공(주어)이 되기도 하고, '공부할'이라는 형용사로 꾸며주는 말이 되기도 하는 것처럼요. 문장의 뼈대를 세우고, 때로는 화려하게 변신하며 문장을 완성하는 핵심 품사들을 소개합니다.

| 명사: 동사도 명사가 된다?

사람, 동물, 장소는 물론 사랑이나 희망 같은 추상적인 개념까지 모두 명사라는 사실은 변함이 없습니다. 다만 중학교부터는 단순한 정의를 넘어, 명사가 문장 속에서 맡는 역할과 그 다양한 변신을 파악하는 것이 훨씬 중요해집니다.

명사는 문장에서 크게 주어, 목적어, 보어라는 세 가지 역할을 수행합니다. 문장의 주인공(주어)이나 행동의 대상(목적어)이 되기도 하고, '나는 학생이다(I am a student)'에서 '학생(a student)'처럼 주어를 보충 설명하는 말(보어)이 되기도 합니다. 여기서 가장 눈여겨봐야 할 점은 동사(움직임)도 명사(행동의 이름)가 될 수 있다는 것입니다. 동사에 'ing'나 'to'가 붙으면 '달리다(run)'가 '달리는 것(running, to run)'으로, '수집하다(collect)'가 '수집하는 것(collecting, to collect)'으로 바뀝니다. 이렇게 명사의 옷을 입은 동사는 실제 명사와 똑같이 문장의 주어, 목적어, 보어의 역할을 수행할 수 있습니다.

정의 및 특징	• 세상 모든 것의 이름을 나타내는 단어 • 문장에서 주어, 목적어, 보어 역할을 함 • 형용사의 수식을 받음 • 동사의 명사화: 동사+ing(동명사), to+동사원형(to부정사)
문장 속 명사	• **Running** is fun. (**달리기**는 재미있다.) • **Reading** books is my hobby. (책을 **읽는 것**은 나의 취미이다.) • My hobby is **to collect** stamps. (내 취미는 우표를 **모으는 것**이다.) • I want **to drink** some water. (나는 물을 **마시기를** 원한다.)

| 동사: 행동인가, 연결인가?

중학교에서 동사를 볼 때는 두 가지 기준으로 나눠서 생각해야 합니다. 첫 번째 기준은 '목적어(~을/를)가 필요한가?'입니다.

1. 자동사

'~을/를'에 해당하는 대상(목적어)이 필요 없는 동사입니다. 혼자서도 거뜬히 동사의 역할을 하여 문장을 완성합니다. 예를 들어 'Birds sing(새가 노래한다)'은 무엇을 노래하는지 말하지 않아도 문장이 완벽합니다.

2. 타동사

'~을/를'에 해당하는 대상(목적어)이 반드시 필요한 동사입니다. 'I love Korea'라는 문장을 'I love'에서 끝내면 안 됩니다. 무엇을 사랑하는지 꼭 말해줘야 합니다.

두 번째 기준은 '동사가 직접 행동하는가?'입니다. 모든 동사가 'run(달리다), sing(노래하다)'처럼 직접 움직임을 나타내지는 않습니다.

1. 연결동사

'am, are, is' 같은 be동사는 '이다, 있다'는 뜻으로, 주어와 그 주어의 상태나 정체를 연결해주는 강력한 연결동사입니다. 이와 같은 연결동사에는 be동사 외에도 감각동사, 상태 유지 동사, 상태 변화 동사 등이 있습니다.

연결동사	예문
be동사	• He **is** smart. (그는 영리하**다**.)
감각동사 look, sound, smell, taste, feel	• You **look** happy. (너는 행복해 **보인다**.) • That **sounds** funny. (그거 재미있게 **들린다**.) • The flower **smells** good. (그 꽃은 좋은 **냄새가 난다**.)

	• This soup **tastes** wonderful. (이 수프 멋진 **맛이 난다.**) • I **feel** nervous. (나는 긴장감이 **느껴진다.**)
상태 유지 동사, 상태 변화 동사 get, become, turn, grow, remain, stay, keep	• She **got** angry. (그녀는 화가 **났다.**) • He **became** a teacher. (그는 선생님이 **되었다.**) • His face **turned** red. (그의 얼굴이 붉게 **변했다.**) • They **grew** impatient. (그들은 **점점 조급해졌다.**) • She **remained** silent. (그녀는 **여전히** 침묵을 **지켰다.**) • Please **stay** calm. (부디 침착함을 **유지하세요.**) • You should **keep** quiet in the library. (도서관에서는 정숙을 **유지해**야 합니다.)

2. 조동사

'can, will, must, should' 등의 조동사는 혼자 쓰이지 못합니다. 다른 동사 앞에 붙어 의미를 더 풍부하게 만들어주는 도우미 역할을 합니다.

조동사	예문
can(=be able to), could	• I **can** help you. (나는 너를 도울 **수 있다.**) • I **could** save a lot of money. (나는 돈을 많이 모을 **수 있었다.**)
will(=be going to), would	• She **will** visit her grandmother. (그녀는 할머니를 **뵐 것이다.**) • **Would** you like some coffee? (커피 좀 드시**겠어요**? - 공손한 요청)

must(=have to)	· Students **have to** wear uniforms. (학생들은 교복을 입**어야 한다**.)
should	· You **should** get more sleep. (너는 잠을 더 자는 **게 좋겠어**.)
had better	· You **had better** see a doctor right now. (너는 지금 바로 병원에 가**는 게 좋다**.)

정의 및 특징	· 주어의 동작이나 상태를 나타내는 말 · 목적어 필요 유무에 따라 **자동사**와 **타동사**로 나뉨 · 주어와 보어를 연결하는 **연결동사**, 의미를 더하는 **조동사**가 있음 · 시간(과거, 현재, 미래)에 따라 형태가 변함
문장 속 동사	· The sun **shines.** (태양은 **빛난다**.) · She **plays** the piano. (그녀는 피아노를 **연주한다**.) · He **is** a kind boy. (그는 착한 소년**이다**.) · You **can** do it. (너는 그것을 **할 수 있다**.) · I **finished** my homework. (나는 숙제를 **마쳤다**.)

▌형용사: 길어도 당황하지 말자!

명사나 동사의 변화도 중학교 영어의 난도를 높이는 요인이지만, 아이들이 문장 구조를 놓치게 만드는 주된 원인은 바로 '형용사의 확장'입니다. 초등학교에서는 'a kind girl'의 'kind'처럼 한 단어의 짧은 형용사가 명사 앞에서 가볍게 꾸며주는 구조 위주로 배웁니다. 이는 우리말 어순과 동일해 아이들이 직관적으로 쉽게 받아들이지요. 하지만 중학교부터는 형용사가 여러 단어 덩어리(구)로 몸집을 불리며 명사 뒤에 긴 꼬리처럼 붙기 시작합니다. 우리말과는 반대로 뒤집히는 이 생소한 어순을 마주하는 순간, 아이들은 문장의 구조를 한눈에 파악하는 데 큰 어려움을 겪습니다.

하지만 거꾸로 생각해보면 이 형용사 덩어리는 문장을 해결하는 결정적인 열쇠가 됩니다. 아무리 복잡한 문장이라고 해도 형용사 덩어리만 정확히 식별하면 문장의 핵심 뼈대가 쉽게 드러나기 때문입니다. 그리고 형용사 덩어리는 동사가 형용사의 옷으로 갈아입고 그 역할을 대신하는 경우가 많은데 의외로 그 형태는 정해져 있습니다. 지금부터 대표적인 세 가지 유형을 살펴보겠습니다.

1. to부정사(to+동사원형)가 꾸며줄 때: ~할, ~하는

· water(물) → water **to drink**(마실 물)

· a chair(의자) → a chair **to sit on**(앉을 의자)

2. 분사(동사+ing / 동사+ed)가 꾸며줄 때: ~하는(-ing), ~된(-ed)

· a baby **sleeping** in the room

(방에서 **자고 있는** 아기)

· a window **broken** by the stone

(돌에 의해 **깨진** 창문)

3. 관계대명사절(who, which, that…)이 꾸며줄 때: 긴 문장 전체가 하나의 형용사처럼 앞의 명사를 설명

· a friend **who lives in Busan**

(부산에 **사는** 친구)

· the key **that I lost**

(내가 **잃어버린** 그 열쇠)

정의 및 특징	• 명사의 성질, 모습, 상태 등을 설명하거나 꾸며주는 단어 • 주로 '~ㄴ' 또는 '~의'로 해석됨 • 한 단어로 명사를 앞에서 꾸밈 • 주어/목적어의 상태를 설명하는 보어 역할 • **to부정사, 분사, 관계대명사절**처럼 긴 어구가 되어 명사를 뒤에서 꾸며줌
문장 속 형용사	• He is a **smart** student. ← 명사 student를 앞에서 수식 (그는 **똑똑한** 학생이다.) • She is **happy**. ← 주어 she의 상태를 설명하는 보어 역할 (그녀는 **기쁘다**.) • I found the book **easy**. ← 목적어 the book의 상태가 쉽다고 설명하는 보어 (나는 그 책이 **쉬운 걸** 알게 되었다.) • I need something **to write with**. ← to부정사가 명사 something 수식 (나는 **가지고 쓸** 무언가가 필요하다.) • Look at the girl **singing on the stage**. ← 현재분사가 the girl 수식 (**무대 위에서 노래하고 있는** 여자아이를 봐라.) • The boy **who wears glasses** is my brother. ← 관계대명사절이 the boy 수식 (**안경을 쓴** 그 소년은 나의 남동생/오빠/형이다.)

▌전치사: 절대 혼자 다니지 않는다!

중학교 영어 문장을 길고 복잡하게 만드는 마지막 주범은 전치사입니다. 초등학교 때 전치사는 'in, on, at…'처럼 시간이나 장소를 나타내는 짧은 단어라고 배웠습니다. 기껏해야 'in hospital' 'on the desk'처럼 '전치사+명사'라는 아주 간단한 구조만 익혔지요.

하지만 중학교에서는 전치사가 문장에서 수행하는 문법적 역할에 주목해야 합니다. 여기에는 두 가지 철저한 원칙이 존재합니다.

첫째, 전치사 뒤는 '목적어'의 자리이며, 이 자리에는 반드시 '명사'만 올 수 있습니다. 전치사는 홀로 쓰이지 못하며 반드시 뒤에 명사를 동반해 하나의 의미 덩어리를 만듭니다. 이것이 전치사가 존재할 수 있는 가장 기본적인 조건입니다.

둘째, 만약 전치사 뒤 목적어 자리에 동사(동작의 의미)를 넣고 싶다면, 반드시 'studying'과 같은 동명사 형태를 사용해야 합니다. 동사 원형인 'study'를 그대로 쓰거나 to부정사 형태인 'to study'로는 절대 쓸 수 없습니다.

I am interested in studying English. (○)

I am interested in to study English. (×)

I am interested in study English. (×)

이렇게 만들어진 전치사구는 문장 속에서 단 하나의 품사처럼 행동합니다. 그리고 중학교 과정에서 알아야 할 역할은 딱 두 가지입니다.

1. 형용사 역할: 명사를 꾸밈

· The way **of solving the problem** was creative.

(그 문제를 **해결하는 방법**은 매우 창의적이었다.)

2. 부사 역할: 동사 혹은 문장 전체를 꾸밈

· You can be happy **by helping others**.

(너는 **다른 사람을 도와줌으로써** 행복해질 수 있다.)

정의 및 특징	· 반드시 전치사+명사 형태의 전치사구로 쓰임 · **전치사 뒤에 동사가 올 경우 반드시 동명사 형태여야 함** · 전치사구는 문장 내에서 형용사(명사 수식) 또는 부사(동사/문장 수식) 역할을 함

<table>
<tr><td>문장 속 전치사</td><td>

- The cat sleeps **under the table**. ← sleep이란 동작이 어디에서 일어나는지 설명
(그 고양이는 **테이블 아래에서** 잔다.)
- I get up **at 7 A.M**. ← get up을 언제 하는지 설명
(나는 **오전 7시에** 일어난다.)
- She is the girl **with long hair**. ← the girl 수식
(그녀는 **긴 머리를 가진** 소녀이다.)
- I am tired **of listening** to his excuses. ← 전치사 of 뒤에 동명사 listening이 옴
(나는 그의 변명을 **듣는 데** 지친다.)

</td></tr>
</table>

고난도 지문까지 꿰뚫을 수 있는 문장의 기본 구조

지금까지 영어 단어들이 각각 어떤 역할을 하는지, 특정 역할을 수행하기 위해 단어들을 어떤 규칙으로 조합해야 하는지 살펴봤습니다. 이제는 그렇게 구성된 영어 단어가 제 역할을 발휘하려면 문장 안에서 어느 위치에 놓여야 하는지, 즉 문장의 기본 구조를 확인해보겠습니다.

| 주어: 문장의 주인공이자 명령자

초등학교 때 주어를 문장의 주인공, 즉 '누가? 무엇이?'에 답하며 '은/는/이/가'가 붙는 말이라고 배웠습니다. 이 점은 변하지 않습니다. 중학교 과정에서 우리가 주목할 점은, 이 주인공의 자리에 더 이상 한 단어 명사만 위치하지 않는다는 것입니다. 중학교에서 만나는 영어 문장의 주어는 복잡하고 다양한 형태를 띱니다.

1. 동사가 주어가 되는 동명사, to부정사

앞에서 설명한 대로 중학교부터는 동사도 명사(행동의 이름)가 되면서 당당히 주어의 자리에 설 수 있습니다. 이 경우 반드시 기억해야 할 점이 있습니다. 동사가 명사의 모습으로 바뀌더라도, 목적어를 취하거나 부사의 수식을 받는 동사 본연의 성질은 그대로 유지된다는 점입니다. 따라서 동사가 주어가 될 때는 그 뒤에 딸린 목적어와 수식어까지 함께 묶여 하나의 긴 덩어리 주어를 이룹니다.

2. 문장이 주어가 되는 that절

'He is honest(그가 정직하다)'와 같은 문장 전체가 접속사 that과 함께 쓰이면 'That he is honest…(그가 정직하다는 것은…)'라는 하나의 거대한 주어가 될 수도 있습니다.

3. 진짜 주어를 숨기는 가짜 주어 it

하지만 주어가 무한정 길어질 수는 없습니다. 영어는 문장의 머리인 주어가 무거워지는 것을 피하고, 핵심 정보를 담은 동사를 가능한 빨리 제시하려는 속성이 있습니다. 주어가 길어지면 문장의 전체 의미를 한눈에 파악하기 어려워지므로, 영어는 가짜 주어 'it'을 사용하는 효율적인 전략을 선택합니다. 길어진 진짜 주어, 즉 진주어 (to부정사구, that절 등)를 문장 맨 뒤로 보내고 비어 있는 주어 자리에 형태만 갖춘 가주어 it을 세워두는 것이지요. 이때 문장의 동사는 가주어 it에 맞춰 형태를 정합니다. 가주어 it이 사용된 문장의 동사는 항상 단수 형태를 취하게 되며, 이는 중학교 내신과 서·논술형 시험에서 매우 중요하게 다루는 핵심 문법 중 하나입니다.

That he is honest is true.
진주어

→ **It** is true **that he is honest**.
가주어　　　　　진주어

정의 및 특징	• 문장에서 행동이나 상태의 주체가 되는 말 • 우리말의 '은/는/이/가'에 해당 • '누가?' '무엇이?'라는 질문의 답 • 명사는 물론 명사처럼 쓰이는 **긴 단어 덩어리도 주어가 됨(동명사, to부정사, that절)** • **긴 덩어리 주어인 경우 가짜 주어 it을 문장 맨 앞에 두고 진짜 주어를 뒤로 보냄(가주어 it-진주어)**
문장 속 주어	• **She** is a great dancer. ←한 단어 명사 주어 (**그녀는** 훌륭한 댄서이다.) • **Reading books** is my hobby. ←동명사 주어 (**책을 읽는 것은** 나의 취미이다.) • **It** is fun **to play soccer**. ←가주어 it, 진주어 to부정사 (**축구하는 것은** 재미있다.) • **It** is important **that you do your best**. ←가주어 it, 진주어 that절 (**최선을 다하는 것은** 중요하다.)

| 동사: 문장의 설계도를 결정하는 지휘자

모든 문장에는 반드시 하나의 동사가 있습니다. 동사는 문장의 핵심 의미를 전달하여 심장과 같습니다. 심장이 뛰지 않으면 생명체가 아니듯, 동사가 없으면 문장이라고 부를 수 없습니다. 따라서 문장 성분을 분석할 때, 주어를 찾은 뒤 혹은 주어를 찾기 위해 가장 먼저 해야 할 일은 동사를 찾는 것입니다. 품사로서의 동사가 움직임이라는 단순한 단어의 신분을 의미했다면, 문장 성분으로서의 동사는 훨씬 더 막강한 역할을 합니다.

1. 문장의 설계도를 결정하는 유일한 뼈대

자신이 어떤 동사냐에 따라 뒤에 올 나머지 성분들(목적어, 보어)을 모두 결정해버리는 지휘자 역할을 합니다. 동사를 보면 그 문장의 전체 구조가 보이기 시작하지요.

예를 들어, 동사가 'go, live, work'와 같은 자동사라면 '~을/를'이라고 해석되는 목적어 없이 문장을 끝내거나 부가어만 붙여도 되도록 설계합니다. 동사가 'is, become, look, feel'과 같은 연결동사라면 '이 동사만으로는 부족해. 동사 뒤에 주어의 상태를 설명할 보어를 꼭 데려오라'고 지시합니다.

또한 'like, eat, study'와 같은 타동사라면 '~을/를'에 해당하는 목적어가 반드시 필요함을 보여주고 'give, send, show'와 같은 수여동사라면 '~에게'와 '~을/를'에 해당하는 목적어 2개가 필요함을 알려줍니다. 마지막으로 'make, find, call'과 같은 동사는 목적어뿐만 아니라 목적어를 보충 설명할 목적격 보어까지 필요함을 나타냅니다.

2. '진짜 동사'와 '가짜 동사'를 구분하는 기준점

중학교 문장이 복잡하고 어려워지는 이유는 'to write, writing, written'처럼 명사나 형용사로 탈바꿈한 가짜 동사들이 문장 곳곳에 숨어 있기 때문입니다. 문장 성분 동사는 이렇게 변신한 가짜 동사들을 제외하고 문장의 시간을 책임지며, '~다'로 끝나는 유일한 서술어를 의미합니다. 문장 분석의 90%는 이 진짜 동사 하나를 정확히 찾아내는 것에서 시작됩니다.

· The boy **writing** a letter **is** my brother.
　　　　　가짜 동사: 형용사 역할　　　진짜 동사
(편지를 **쓰고 있는** 소년은 내 남동생**이다**.)

· **To find** the answer **is** hard.
가짜 동사: 명사 역할　　　　　진짜 동사
(그 답을 **찾는 것은** 어렵**다**.)

3. 동사 덩어리를 찾는 것이 성공의 지름길

초등학교 때는 'like'처럼 주로 한 단어의 동사가 쓰입니다. 그러나 중학교에서 문장 성분 동사는 여러 단어가 합쳐진 덩어리인 경우가 훨씬 많습니다. 이 덩어리 전체를 하나의 동사 뼈대로 묶을 줄 알아야 합니다.

- She **is studying** math.
  동사 덩어리: 진행형
  (그녀는 수학을 **공부하고 있는 중이다**.)

- He **will come** back.
  동사 덩어리: 조동사+본동사
  (그는 다시 **돌아올 것이다**.)

- This book **was written** by him.
  동사 덩어리: 수동태
  (이 책은 그에 의해 **쓰여졌다**.)

- I **have been dancing** for 3 hours.
  동사 덩어리: 완료형
  (나는 3시간 동안 **춤을 추고 있다**.)

정의 및 특징	• 문장에서 주어의 동작이나 상태를 **서술하는 말**('~다'로 끝남) • 문장의 뼈대 중 유일하게 **시제(시간)와 태(능동/수동)를 나타냄** • 문장 뒤에 올 문장 성분(목적어, 보어)을 결정하는 **설계자 역할**을 함 • 동사 덩어리(동사구)로 존재함 **(조동사+동사, be+ing, be+p.p., have+p.p.)** • **문장 속 진짜 동사이며 to부정사, 동명사 등 가짜 동사(준동사)와 구별해야 함**
문장 속 동사	• The baby **smiled**. ← 자동사, 목적어, 보어 불필요, 1형식 (그 아기는 **미소지었다**.) • He **is** very smart. ← 연결동사, 보어 필요, 2형식 (그는 매우 **똑똑하다**.) • She **speaks** English. ← 타동사, 목적어 필요, 3형식 (그녀는 영어를 **말한다**.) • I **will give** him the book. ← '~에게, ~을/를'의 목적어 2개 필요, 4형식 (나는 그에게 그 책을 **줄 것이다**.) • We **found** the book easy. ← 목적어와 목적격 보어 필요, 5형식 (우리는 그 책이 쉽다는 것을 **알게 되었다**.)

| 목적어: 동사의 행동 대상

중학교 영어에서는 목적어를 단순히 '~을/를'이라고 해석하면 설명하기 힘들어집니다. 그 이유는 앞서 주어에서 살펴본 것과 같습니다. 목적어 자리에 앉는 명사의 형태가 무척 다양해질 뿐만 아니라 동사에 따라 목적어의 형태가 정해지기 때문입니다.

1. 긴 덩어리의 명사가 목적어

명사만 가능한 목적어 자리는 주어 자리를 채웠던 다양한 형태의 명사들이 그대로 옮겨와 차지하게 됩니다.

① to부정사 목적어: ~하는 것을

· I want to **go home**.

(나는 **집에 가는 것을** 원한다. / 나는 집에 가고 싶다.)

② 동명사 목적어(동사+ing): ~하는 것을

· I enjoy **playing the guitar**.

(나는 **기타 연주하는 것을** 즐긴다.)

③ that절 목적어: ~라는 것을

· I know **that tomorrow is a holiday**.

(나는 **내일이 휴일이라는 것을** 안다.)

2. 동사가 목적어의 형태를 결정

중학교 시험에 자주 등장하는 단골 손님입니다. 'want'와 'enjoy'는 둘 다 목적어를 갖는 타동사이지만 뒤따르는 목적어의 형태가 다릅니다.

I want to go home. (○)

I want going home. (×)

I enjoy playing guitar. (○)

I enjoy to play guitar. (×)

이처럼 동사에 따라 목적어로 to부정사를 좋아하는지, 동명사를 좋아하는지 그 취향이 정확하게 정해져 있습니다. 물론 to부정사와 동명사 모두를 가리지 않고 목적어로 취하는 동사도 있습니다.

동사의 종류	예시	암기법
to부정사만 목적어로 쓰는 동사	promise (**약속**하다) / plan (**계획**하다) expect (**기대**하다) / refuse (**거절**하다) Want / wIsh (원하다) Hope (희망하다) Ask (요청하다) Threaten (위협하다) Choose (고르다) Agree (동의하다) Need (필요하다) Intend (의도하다) Decide (결정하다) Offer (제공하다)	**앞글자 암기법** **약속**을 **계획**해서 **기대**했는데 **거절**하면, **WHAT CAN I DO**? **의미 암기법** 'go to school'이라는 표현에서 알 수 있듯이 **to**라는 단어는 화살표(→)처럼 **앞으로 나아가는 느낌**을 줍니다. 그래서 **앞으로 할 일**을 나타내는 동사들은 to부정사를 목적어로 삼습니다.

동명사만 목적어로 쓰는 동사	Mind (꺼리다)
	Enjoy (즐기다)
	Give up (포기하다)
	Avoid (피하다)
	Finish (끝내다)
	Admit (인정하다)
	Postpone / Put off (연기하다, 미루다)
	Stop (멈추다) / Suggest (제안하다)
	Consider(고려하다)
		앞글자 암기법
		MEGAFAPS-C(메가팝스-씨)
		
		의미 암기법
		동명사는 행위 자체를 하나의 점처럼 콕 집어 말하는 느낌이 있습니다. 이때 행위는 이미 해본 **과거의 경험이나 현재 혹은 일반적으로 하고 있는 행위와 사실**을 나타냅니다.
		· I finish painting the wall.
		  (나는 벽에 페인트칠하는 것을 끝낸다.)
		· I enjoy swimming.
		  (나는 수영하는 행위를 즐긴다.)

둘 다 쓰는 동사	like (**좋아**하다) / love (**사랑**하다) hate (**싫어**하다) start, begin (**시작**하다) continue (**계속**하다)	**의미 암기법** 예시 단어의 의미를 엮으면 '한번 **좋아**하고 **사랑**하거나, **싫어**하기 **시작**하면, **계속** 할 수밖에 없다'

3. 전치사의 목적어

목적어는 동사 뒤에만 오는 것이 아닙니다. 'in, on, at, for'와 같은 전치사 역시 반드시 뒤에 목적어를 데리고 와야 합니다. 전치사의 목적어 자리에 '공부하다'와 같은 동사(동작의 의미)를 넣고 싶다면 반드시 동명사 형태가 되어야 한다는 원칙입니다(137쪽 참조). 전치사 뒤에는 to부정사나 동사원형이 올 수 없다는 원칙을 꼭 기억해주세요.

· Thank you **for having** me.

　(**초대해주셔서** 감사합니다.)

· He is good **at baking**.

　(그는 **빵 굽기를** 잘한다.)

4. 목적어가 2개

'give, show, tell, send' 같은 동사들은 목적어를 2개나 필요로 합니다. '누구에게(간접목적어)' '무엇을(직접목적어)' 주는지 모두 말해야 하기 때문이지요.

· My mom gave **me a present**.
　　　　　　　간접목적어　직접목적어
　(우리 엄마는 **나에게 선물을** 주셨다.)

· My teacher read **us a book**.
　　　　　　　　간접목적어 직접목적어
　(우리 선생님께서 **우리에게 책을** 읽어주셨다.)

정의 및 특징	• 문장에서 **동사(타동사)의 행동 대상**이 되는 말 • 우리말의 '**을/를**'에 해당하며 '**누구에게**'도 포함 • 목적어 자리에는 **명사의 성질을 가진 것**만 올 수 있음 • **긴 덩어리**가 목적어로 쓰임(**to부정사, 동명사, that절**) • 동사의 종류에 따라 목적어로 **to부정사만 혹은 동명사만 와야 하는 규칙**이 있음 • 전치사 뒤에 오는 명사(혹은 동명사)도 **전치사의 목적어**라고 부름 • give, show, read 등은 '**~에게(간접목적어), ~을/를(직접목적어)**' 목적어 2개를 갖기도 함
문장 속 목적어	• She plays **the piano**.　← 명사 목적어 　(그녀는 **피아노를** 연주한다.) • I want **to sleep**.　← to부정사 목적어 　(나는 **자는 것을** 원해.) • We finished **cleaning the room**.　← 동명사 목적어 　(우리는 **방 청소를** 끝냈어.) • I think **that you are right**.　← that절 목적어 　(나는 **네가 옳다고** 생각해.) • I am looking **for my wallet**.　← 전치사 for의 목적어 　(나는 **내 지갑을** 찾고 있어.) • We sent **her a letter**.　← 간접목적어: her, 직접목적어: a letter 　(우리는 **그녀에게 편지를** 보냈어.)

▮ 보어: 문장을 완성시키는 '보충의 말'

초등학교 때 보어를 'My father is…'에서처럼 be동사만으로 문장이 불완전할 때 그 뒤에 붙어 주어의 신분(명사)이나 상태(형용사)를 보충해주는 필수 뼈대라고 배웠습니다. 이처럼 주어를 보충하는 말을 '주격 보어'라고 부르며 '주어=보어'의 관계가 성립됩니다.

• My father is **a doctor**. (주어의 신분 보충)

• He is **tired**. (주어의 상태 보충)

이 기본 개념은 중학교에서도 똑같이 중요합니다. 하지만 중학교 과정에서는 다음 세 가지 중요한 보어의 성질이 추가됩니다.

1. 동작이 보어가 되다: to부정사, 동명사

주어의 신분이나 상태뿐만이 아니라, 주어가 하는 동작 자체가 보어가 될 수 있습니다.

- My hobby is **to read a book**. (to부정사 보어)
- My hobby is **reading books**. (동명사 보어)

2. 목적어를 보충하는 보어: 목적격 보어

이 부분은 중학교 문법에서 아주 중요하지만, 동시에 많은 학생이 해석에 어려움을 겪는 지점이기도 합니다. 따라서 목적어와 목적격 보어를 잘 구분하는 능력이 꼭 필요합니다. '목적격 보어'란 이름 그대로 목적어를 보충해주는 말입니다. 즉, 목적어의 신분, 상태 또는 동작을 설명하며, '목적어=보어'라는 핵심 관계를 만들어냅니다.

- We call him **a genius**. (목적어 'him = 보어 'a genius')
- We name the dog **Happy**. (목적어 'the dog' = 보어 'Happy')

3. 동사에 따라 결정되는 목적격 보어의 형태

목적격 보어 자리에는 단순히 한 단어 명사나 형용사만 오는 것이 아닙니다. 목적어가 어떤 동작을 하는지도 보충 설명해야 할 때가 많기 때문입니다. '나는 그가 청소하도록 시켰다'는 예문이 있다고 해봅시다. 이때 '청소하다(clean)'라는 동사가 보어 자리에 와야 하는데, 문장 성격에 따라 '동사원형(clean), to부정사(to clean), 현재분사

(cleaning), 과거분사(cleaned)'처럼 다양한 모습으로 변신해서 옵니다. 이것이 목적격 보어를 포함하는 5형식 문장 분석이 어려운 이유입니다.

하지만 이 개념이 갑자기 튀어나온 것은 아닙니다. 이미 '품사' 편에서 동사가 옷을 갈아입고 명사나 형용사 역할을 한다고 말했습니다. 바로 그 동사의 변신 원리가 이 목적격 보어 자리에 그대로 적용되는 것이지요. 이때 다양한 보어의 형태를 결정하는 그 열쇠는 바로 문장의 진짜 동사가 쥐고 있습니다. 즉, 목적어가 할 동작을 보어로 쓸 때, 그 보어의 형태는 전적으로 진짜 동사의 성격에 따라 결정되는 것입니다.

목적격 보어	동사 종류	예문
to부정사	대부분의 5형식 동사 want, sell, ask, allow…	· I want you **to learn** English. (나는 네가 영어를 **배우기를** 원해.)
동사원형	사역동사(~하게 시키다) make, have, let	· She made me **wash** the dishes. (그녀는 나에게 **설거지하도록** 시켰다.)
	지각동사(~가 …하는 것을 보다, 듣다…) sound, feel, smell, see, hear, watch	· He heard someone **scream**. (그는 누군가가 **소리지르는 것**을 들었다.)
과거분사	사역동사(~하게 시키다) make, have, let	· Bob made the car **cleaned**. (Bob은 차를 **씻기도록** 했다/세차했다.)
	지각동사(~가 …하는 것을 보다, 듣다…) sound, feel, smell, see, hear, watch	· I heard my name **called**. (나는 내 이름이 **불리는** 것을 들었다.)
현재분사 (생생한 묘사)	지각동사 sound, feel, smell, see, hear, watch	· I saw him **running**. (나는 그가 **달리고 있는 중인 것**을 보았다.)

| 정의 및 특징 | <ul><li>문장의 불완전한 **의미를 보충하여 완성시키는 필수 뼈대**</li><li>주어를 보충 설명하면 **주격 보어** (2형식, 주어=보어))</li><li>**긴 덩어리가 주격 보어로 쓰임(동명사, to부정사)**</li><li>목적어를 보충 설명하면 **목적격 보어**(5형식, 목적어=목적격 보어)</li><li>**긴 덩어리가 목적격 보어로 쓰임(현재분사, 과거분사, to부정사, 동사원형)**</li><li>목적격 보어의 형태는 문장의 진짜 동사가 결정함(**사역동사, 지각동사 등**)</li></ul> |

| 문장 속 보어 | • She is **a teacher**. ← 주격 보어, 명사, she=a teacher
(그녀는 **선생님**이다.)
• You look **happy**. ← 주격 보어, 형용사, you=happy
(너는 **행복해** 보인다.)
• My hobby is **to make** paper toys. ← 주격 보어, to부정사
My hobby is **making** paper toys. ← 주격 보어, 동명사
(내 취미는 종이 장난감을 **만드는 것**이다.)
• We call him **a walking dictionary**. ← 목적격 보어, 명사, him=a walking dictionary
(우리는 그를 **걸어 다니는 백과사전**이라고 부른다.)
• He makes me **happy**. ← 목적격 보어, 형용사, me=happy
(그는 나를 **행복하게** 한다.)
• My mom told me **to study** hard. ← 목적격 보어, to부정사
(우리 엄마는 나에게 **공부를** 열심히 하라고 말씀하셨다.)
• I heard someone **sing** my favorite song. ← 목적격 보어, 동사원형, 지각동사
I heard someone **singing** my favorite song. ← 목적격 보어, 현재분사
(나는 누군가 내가 가장 좋아하는 **노래를 부르는 것을** 들었다.)
• My sister let me **use** her car. ← 목적격 보어, 동사원형, 사역동사
(우리 언니는 내가 그녀의 차를 **쓰는 것을** 허락했다.) |

▌부가어: 문장을 풍성하게 꾸미는 장식

말 그대로 부가어는 문장의 필수 뼈대(주어, 동사, 목적어, 보어)는 아니지만, 문장에 추가되어 '언제, 어디서, 어떻게, 왜' 등의 구체적인 정보를 더해 문장을 보다 풍성하게 만들어줍니다. 초등학교 때 우리는 보어와 부가어를 구별하는 법을 배웠습니다.

보어: 문장을 완성시키는 필수 성분으로 삭제하면 문장이 어색하고 불완전

부가어: 문장을 꾸며주는 선택 성분으로 삭제해도 문장은 여전히 완전

보어와 부가어는 해당 성분을 삭제했을 때 문장이 불완전해지느냐 아니느냐로 구별합니다. 이 삭제 테스트는 중학교의 그 어떤 복잡한 문장에서도 통하는 황금 열

쇠입니다. 중학교 과정에서 만나게 되는 길고 복잡한 부가어 덩어리들을 하나씩 살펴보겠습니다.

1. to부정사가 부가어가 되다: 부사구

품사 편에서 to부정사는 명사 역할과 형용사 역할을 한다고 배웠습니다. 여기에 더해, to부정사는 부가어 역할도 할 수 있습니다. 이때는 문장에서 주로 '왜?'라는 질문에 대한 답으로 목적을 설명하는 역할을 합니다.

- He studies hard **to pass the exam**.

  (그는 시험에 **통과하기 위해서** 열심히 공부한다.)

※ 삭제 테스트: 'to pass the exam'을 빼도 'He studies hard'라는 완벽한 문장이 남습니다.

2. 문장 전체가 부가어가 되다: 부사절

중학교 문장을 길게 만드는 최종 보스입니다. 'when, because, if' 같은 접속사 뒤에 주어와 동사로 이루어진 완전한 문장 하나가 통째로 부가어 덩어리가 됩니다. 이 부가어 덩어리가 다른 문장을 꾸며주는 역할을 합니다.

- **When I met him**, I was happy.

  (**내가 그를 만났을 때**, 나는 행복했다.)

- I was happy **because I met him**.

  (**내가 그를 만났기 때문에** 나는 행복했다.)

※ 삭제 테스트: 'when I met him'이나 'because I met him'을 통째로 덜어내도, 'I was happy'라는 핵심 뼈대는 무너지지 않습니다.

정의 및 특징	• 문장의 필수 뼈대는 아니지만, 문장에 추가 정보를 더해주는 선택 성분 • 문장에서 '언제, 어디서, 어떻게, 왜' 등의 정보를 담당함 • **삭제 테스트로 구별 가능(빼도 문장의 뼈대가 무너지지 않음)** • 한 단어 부사, 전치사구뿐만 아니라 to부정사 덩어리도 부가어 역할을 함 • **접속사+주어+동사 형태**의 긴 문장이 통째로 부가어 역할을 함
문장 속 부가어	• She smiled **brightly**. ←한 단어 부사, '어떻게' (그녀는 **밝게** 미소 지었다.) • He runs **every morning**. ←부사구, '언제' (그는 **매일 아침** 달린다.) • They had lunch **at the restaurant**. ←전치사구, '어디서' (그들은 **식당에서** 점심을 먹었다.) • I went to the library **to borrow a book**. ←to부정사, '왜' (나는 **책을 빌리기 위해서** 도서관에 갔다.) • **If you are busy**, I will call you later. ←부사절, '언제' (**만약 네가 바쁘다면**, 내가 나중에 전화할게.) • I stayed home **because it was raining**. ←부사절, '왜' (**비가 왔기 때문에** 집에 있었다.)

현재 내신과 입시 영어가 요구하는 핵심은 문해력입니다. 시험이라는 냉혹한 평가 시스템에 진입하는 중학교부터는 문장을 정확히 읽어낼 논리적인 도구, 즉 문법을 갖춰야 합니다. 어학원에서 동네 영어 학원으로 발길을 돌리는 사례는 순수한 영어 감각만으로는 점수를 받을 수 없다는 현실을 단적으로 보여주고 있습니다. "중학교 때 문법을 끝내야 한다" "고등학교 가서 문법 꺼내면 늦는다"는 말은 결코 선행을 부추기는 공포 마케팅이 아닙니다. 고난도 지문을 꿰뚫을 문해력을 중학교 때 완벽히 다져놓아야만 고등학교 영어에서 승부를 볼 수 있다는 점을 강조하는 것이지요.

지금까지 그 문해력을 기르기 위한 중학교 영어 교과의 핵심 단어, 문장 그리고 전치사를 소개했습니다. 특히 중학생들이 가장 헷갈려하면서 시험에 단골로 출제되는 핵심 전치사와 동사구들을 엄선했습니다. 이 내용들은 중학교 3년은 물론 고등학교 과정까지 아우르는 든든한 밑거름이 될 것입니다.

chapter

3

수학

지금의 공부가
고등학교 수학 성적을 바꾼다

누구나 알고 있는 공식,
'중학교 A ≠ 고등학교 1등급'

매년 5월은 회귀본능이 발동하는 시기인가 봅니다. 그즈음 고등학교 첫 중간고사를 마친 졸업생들이 삼삼오오 다시 학교를 찾아옵니다. 중학교 시절이 너무 그립다면서 말이지요. 너무 반가운 얼굴들이라 교사들도 기쁘게 아이들을 맞이합니다. 그런데 고등학교 생활은 어떤지, 공부는 할만 한지 근황을 묻는 말에 아이들의 반응이 극과 극으로 나뉩니다.

"저 첫 시험부터 수학 1등급 받았어요! 대박이죠?" 하며 여전히 어깨뽕이 들어가 있거나 "전 수학 3등급 나왔어요. 수시는 말아먹은 것 같은데, 정시로 갈아탈까요?"라고 말하며 1학년임에도 정시 파이터(정시만을 위해 공부하는 사람)를 고민합니다. 졸업한 지 얼마 지나지도 않았는데, 중학교에서는 같은 점수대에 있던 아이들이 고등학교에서는 왜 이렇게 다른 점수를 받아 들게 되었을까요?

대부분 고등학교 내신 시스템에 대해 알고는 계실 거라 생각합니다. 예전에는 내신 성적이 9등급으로 나뉘었지만, 2022 개정 교육과정부터는 5등급 체계로 바뀌었지요. 특히 수학의 경우는 성적표에 석차 등급과 함께 성취기준이 찍혀 나옵니다. 석차등급은 1~5등급(상대평가)이고 성취기준은 A~E(절대평가)입니다. 9등급에서 5등급으로 바뀌면서 겉보기에는 내신이 느슨해졌다고 생각하기 쉽습니다만, 오히려 원점수와 함께 정확한 퍼센트가 기재되기 때문에 더 촘촘하게 기록되는 것이 현실입니다. 이전에 1등급은 넘사벽이고 2~3등급은 어느 정도 하는 아이들이라는 인식이 있었다면, 지금은 등급 자체가 크게 의미 없어졌다고 할 수 있습니다.

입시 전형을 잘 알면 다른 길이 있지 않을까 생각할 수도 있을 텐데요. 대다수의 아이들이 생각하는 학생부 전형은 세특(교과 세부 능력 및 특기 사항)에 신경을 많이 써야 합니다. 고등학교 입학하자마자 진로를 정해 1학년부터 3학년까지 일관성 있게 기록하기 위해 노력해야 하지요. 하지만 사는 게 마음대로 되지 않는 것이 고등학생이라고 다를까요. '내 꿈은 이거야!'라고 정했다고 해서 그 꿈이 3년 내내 바뀌지 않으리라는 보장도 없고 그 꿈에 맞는 수능 점수를 받기도 쉽지 않은 일입니다. (최저를 맞추지 못해 불합격하는 사례는 정말 많습니다.) 그렇다면 교과 전형은 어떨까요? 성적만 잘 받으면 된다고 알려진 전형이지만 학생부 전형이 힘든 아이들이 몰리기 때문에 기준보다 훨씬 높은 수능 점수나 내신을 받아야 합니다.

매년 입시 체계는 바뀝니다. 고민해야 할 것들이 늘어나지요. 하지만 시시각각의 변화에만 집중하지 말고 본질을 보세요. 중요한 것은 딱 한 가지라는 사실을 깨닫게 될 겁니다. 바로 '좋은 성적을 받는 것'. 학생부 전형이든 교과 전형이든 또는 정시 파이터든 중요한 것은 성적입니다. 그러니 지금은 입시 제도를 연구하는 것보다 '고등학교 공부를 잘하기 위해 지금부터 어떻게 공부해야 하는지'를 고민해야 합니다.

　그런데 앞서 말한 졸업생들처럼 중학교 때 수학에 자신감이 넘쳤던 아이라면, 당연히 자신이 고등학교에서도 좋은 성적을 받을 거라 생각했을 겁니다. 그런데 왜 상위권은커녕 절반밖에 안 되는 성적을 받고 좌절하고 있는 걸까요? 이 질문에 대한 답을 찾기 위해서는 반대로 생각해보는 것도 도움이 될 것 같습니다. 고등학교에서는 절반 정도의 성적밖에 못받을 아이들이 어떻게 중학교에서는 A를 받을 수 있었을까요? (절대평가라는 제도적 차이는 일단 제외하고 생각해보겠습니다.)

　학원 강사들이 모여 있는 인터넷 사이트를 보면 이런 질문이 심심치 않게 올라옵니다.

　"중학생들 성적 확 올리려면 어떻게 해야 할까요? 애들 정말 너무 공부 안 하네요."

　이런 글에는 댓글도 참 많이 달리는데, 대부분 비슷한 내용입니다.

　"주변의 학교를 5개 정도 추리세요. 그리고 그 학교들의 내신 기출 문제를 10년 치 정도 구해서 외울 때까지 풀리세요. 무조건 오릅니다."

　중학생들을 대상으로 하는 학원에서는 내신 기출 확보에 최선을 다합니다. 범위도 그리 넓지 않은 중학교 수학에서 학교 기출이라 하면 거의 정해진 문제들입니다. 정해진 문제를 외울 때까지 풀리는데 성적이 안 오르면 이상한 일이지요. 고기가 바글바글한 곳에서는 낚시의 기술이 따로 필요 없습니다. 바가지로 퍼 올리기만 해도 고기는 바로 잡히니까요. '빡세게' 시키는 학원, 기출 자료를 많이 주는 학원이 인기가 있는 이유입니다.

　하지만 고등학교 시험에는 통하지 않는 방법입니다. 중학교에서 제대로 공부법을 익히지 않은 아이들은 모의고사 문제에서까지 뽑아 오는 고등학교 문제를 감당하기 힘듭니다. 다시 말해 중학교에서 기출 풀이를 단순하게 반복하거나, 문제 푸는 방법을 통으로 암기하여 A를 받던 아이들은 범위가 넓고 난도가 높은 고등학교 문제를 풀어낼 수 없다는 뜻입니다. 고기가 없는 곳에서는 열심히 바가지로 퍼 올리는 방법이 통하지 않습니다. 미끼를 잘 뿌린 다음 촘촘한 그물을 던지고서 힘껏 쳐올려야 고기를 잡을 수 있듯이, '공부하는 법'을 제대로 익힌 아이여야 고등학교에서 상위권을 유지할 수 있습니다.

그렇다면 대체 그 수학이라는 고기를 잘 잡는 방법은 무엇일까요? 그 방법을 어디서 배워야 하며, 중학생 때부터 연습한다고 해서 고등학교까지 통한다고 확신할 수 있을까요?

고등학교 수학과 중학교 수학은 분명 다르다

• • • • • •

우리나라의 교육과정은 나선형 구조이기 때문에 고등학교 수학이라고 해서 갑자기 어려워지거나 이해 불가한 내용이 쏟아지는 것은 아닙니다. 중 3학년 수학과 고등 1학년 수학의 내용이 크게 다르지 않은 것을 보면 알 수 있습니다. 하지만 출제되는 문제를 살펴보면 그 성격에서 차이가 납니다.

고등학교 수학을 잘하기 위해서는 '수해력'을 갖춰야 한다

고등학교 수학이 중학교 수학과 다른 점은 일단 '언어의 양'이 확연히 많아진다는 것입니다. 문제 길이가 확 늘어나기 때문에 문제를 정확히 이해하는 능력이 있어야 어떤 개념을 사용할지 판단할 수 있습니다. 즉, 문제를 해석하는 능력인 '수해력'이 풀이 방향을 결정하고, 거기서부터 풀이가 시작됩니다. 예를 들어보겠습니다.

 어느 학급의 학생 20명을 대상으로 과목A와 과목B에 대한 선호도를 조사하였다. 이 조사에 참여한 학생은 과목A와 과목B 중 하나를 선택하였고, 과목A를 선택한 학생은 9명, 과목B를 선택한 학생은 11명이다. 이 조사에 참여한 학생 20명 중에서 임의로 5명을 선택할 때, 선택한 5명의 학생 중에서 적어도 1명이 과목B를 선택할 확률을 구하시오.

이 문제는 2025 수능 수학 영역의 '확률과 통계' 문제와 유사한 형태로, 중학교에서도 쉽게 볼 수 있는 유형입니다. 그런데 처음부터 '숫자'를 '공식'에 대입하며 얼렁뚱땅 문제를 푸는 것에 익숙해진 아이들은 문제를 이해할 생각은 하지 않습니다. 그런 아이들 중에는 문제에서 "과목A와 과목B 중 하나를 선택했다"는 내용을 읽어도 '과목A와 B 둘 다 선택한 경우가 있는 것'으로 문제를 풀어버리곤 합니다. 문제 자체를 받아들이는 데 오류가 있는 겁니다. 설명을 안 듣는데 익숙한 아이들이 문제도 제대로 안 읽는 것이지요. 고등학교 수학 문제는 '소설'처럼 읽어야 합니다. 한 단어 한 단어가 모두 힌트이기에 단 하나도 빠뜨리지 않고 상상하며 꼼꼼히 읽어야 문제를 제대로 풀 수 있습니다.

개념을 '어떻게 써야 하는지 판단하는 능력'이 수해력이고 수해력의 기본은 '빠른 개념 인출'이다

중학교 수학과 고등학교 수학의 문제들은 개념을 다루는 방식이 완전히 다릅니다. 중학교 수학은 '개념을 알고 계산할 수 있는가'에 초점이 맞춰져 있습니다. 실제로 중 2학년까지 연산이 꽤 큰 비중을 차지합니다. 물론 서술형 문제나 활용형 문제도 있지만, 기본적으로는 교과서에 나온 개념을 이해하고, 그에 맞는 문제 유형을 연습하면 대부분 시험에서 좋은 점수를 받을 수 있습니다.

반면 고등학교 수학은 문제를 읽음과 동시에 관련 개념을 떠올릴 수 있어야 하며, 그 개념을 어떻게 쓸지 판단할 수 있어야 합니다. 아래 예시를 보면 무슨 말인지 이해가 가실 겁니다. 같은 이차방정식 단원이어도 중학교와 고등학교에서 다루는 방식이 완전히 다릅니다.

[문제] 이차방정식 $9x^2-(m-2)x+4=0$이 완전 제곱식이 되도록 하는 m의 값을 구하시오.

중학교 수학 문제는 이렇습니다. 이차방정식이 '완전 제곱식이 되는 조건'만 알면 풀리는 연산 문제입니다. 즉, 알아야 하는 개념은 '완전 제곱' 하나이지요. 그러나 고등학교 문제는 다음과 같습니다.

[문제] 이차방정식 $x^2-ax-3a=0\,(a>0)$의 서로 다른 두 실근 α, β에 대하여 $|\alpha|+|\beta|=8$일 때, $\alpha^2+\beta^2$의 값을 구하시오.

문제에 나오는 모든 글자가 조건이자 개념입니다. '서로 다른 두 실근' '절댓값' '두 근의 제곱의 합을 구하는 방법'이라는 개념을 다 알고 있어야 이 문제를 해결할 수 있습니다. 얼핏 잘못 생각해서 α, β를 직접 구하려고 덤비는 순간, 주어진 시간은 사라져버립니다. 모든 개념을 정확하게 알고, 그 개념들을 빠르게 조합하고, 가장 빠른 풀이 방법을 생각해낼 수 있어야 좋은 점수를 받을 수 있다는 뜻입니다.

중학교에서는 암산이 빠르거나 계산이 정확한 학생이 좋은 평가를 받기도 합니다. 하지만 고등학교에서 단순 계산은 컴퓨터처럼 정확한 것이 아니라면 큰 강점이 되지 않습니다. 그저 기본일 뿐입니다. 고등학교에서는 단순히 '공식을 외우고 적용하는 것'을 넘어서, '왜 그 공식이 나왔는지' '문제 상황을 어떻게 해석하는지' '여러 가지 방법 중 어떤 방법을 써야 빠르게 문제 해결이 가능한지' 등을 모두 알아야 합니다. 게다가 예제를 제외한 문제 대부분은 곧바로 풀이가 떠오르지 않는 경우가 많습니다. 문제를 찬찬히 뜯어보며 끝까지 생각할 수 있는 끈기도 필요합니다. 중학교 시기에 이런 것까지 연습이 되어 있어야 고등학교에서도 두각을 드러낼 수 있습니다.

| 중학교 수학과 고등학교 수학의 양은 말 그대로 비교 불가다

중학교 교실에 들어서면 아이들은 대부분 놀고 있습니다. 학기 말뿐만 아니라 시험 기간도 예외가 아닐 정도로요. 반면 고등학교는 완전히 다른 풍경입니다. 물론 학교마다 분위기 차이는 있겠으나 쉬는 시간 수학 문제집에 머리 박고 미친 듯이 문제만 풀고 있는 아이가 한 교실에 대여섯 명은 됩니다. 진도에 여유가 생겨 자습 시간을 주면 포기한 두어 명만 엎드려 자고 모두들 열심히 공부합니다. 평소에 공부해두지 않으면 엄청난 양의 공부를 단기간에 모두 챙기기 불가능하기 때문입니다.

단원 개수만 살펴보면 중학교와 고등학교가 비슷합니다. 하지만 고등학교 수학은 난도도 높은 데다 대부분의 학교가 1, 2학년 동안 3년 과정을 모두 배우고 내신 시험을 칩니다. 게다가 3학년은 1, 2학년에 배운 모든 내용으로 수능까지 준비해야 합니다. 내신과 수능이 별개는 아니지만 그래도 수능은 유형이라는 게 있으니 따로 준비해야 하는 것이지요. 당연히 중학교 때보다 몇 배나 많은 양을 쳐내야 합니다.

학부모 입장에서는 '그러니까 고등학교 수학을 미리 좀 봐두면 낫지 않나' 생각합니다. 하지만 가볍게 훑고 지나가는 식의 '속도 중심'의 선행은 오히려 해가 됩니다. 중학교 선행을 다 했다면서 분수 계산도 하지 못하는 아이가 있는 것처럼 말이지요. 더군다나 고등학교 수학은 단순히 공식만 알아서 풀 수 있는 구조가 아닙니다. 개념이 충분히 이해되지 않은 채 넘어가면 문제를 풀 때 각각의 개념이 전혀 연결되지 않아 결국 처음부터 다시 해야 합니다. 다 배웠는데 '하지 않은 것'과 같은 신기한 상태가 되는 겁니다.

선행은 분명히 도움이 됩니다. 정확히 말하면 '제대로 된 선행'을 할 때 도움이 됩니다. 하지만 선행보다 우선시해야 할 것은 수학을 잘 해내기 위한 능력을 키우는 것입니다. 개념을 공부하면서도 문제 풀이를 염두에 두어야 하고, 문제 풀이를 하면서도 개념의 새로운 쓰임새를 찾을 수 있어야 합니다. 그리고 그 많은 양을 치고 나갈 수 있을 만큼의 끈기와 집중력을 키우는 것이 경쟁력 있는 준비 방법입니다.

수능은 1993년에 시작되어 이미 30년을 훌쩍 넘었습니다. 그리고 그 세월만큼 기출 문제도 쌓여 있습니다. 수능 출제 시에는 기본적으로 지난 기출이 제외되므로 매해 새로운 유형이 등장합니다. 중학교 때부터 '수학을 잘하는 방법'을 제대로 익혀두지 않으면 고등학교 3년 동안 어려운 데다 낯설기까지 한 문제들로 가득한 수능 수학을 잘 해내기는 어렵습니다.

중학교 수학은 혼공이 좋을까? 사교육이 좋을까?

● ● ● ● ● ●

지난 중간고사에서 80점을 받았던 학생B가 기말에는 60점을 받았습니다. 채점된 시험지를 확인하고 들어가는 B에게 가볍게 농담을 던졌습니다.

"이번엔 공부를 좀 안 한 것 같네?"

B가 휙 몸을 돌리더니 차갑게 말했습니다.

"아니에요. 과외 선생님 때문이에요!"

"응? 과외 선생님이랑 무슨 일이 있었어?"

"과외를 바꿨는데 이번 선생님은 계획도 안 짜주고, 숙제 검사도 대충하고 완전 별로예요. 엄마한테 과외 바꿔달라고 할 거예요!"

처음에는 자신의 성적 하락을 과외 교사 탓으로 돌리는 B를 이상하다고 생각했습니다. 하지만 중학교에서 몇 년을 지내다 보니 B 같은 아이가 생각보다 정말 많았습니다. 시험 기간에도 아이들이 풀고 있는 것은 대부분 학원 교재이거나 과외 교사의 볼펜 글씨가 가득한 문제집이었습니다. 공부 왜 안 하냐며 잔소리라도 할라치면 "학원에서 다해서 지금은 할 것이 없다"고 말하는 아이도 정말 많았습니다.

반면 월등히 뛰어난 실력인데 자기주도 학습을 하고 있다는 아이들도 있었습니다. 넘사벽이라고 해야 할까요. 학원은 한 번도 가지 않았지만 혼자서 인강의 도움을 받아 선행까지 하는 아이들이었습니다. 그들 중에는 일반 전형으로(순수 자기 실력으로) 특목고에 진학한 아이들도 꽤 있습니다. 그런데 그 아이들이 혼자서 공부하는 데는 그만한 이유가 있었습니다.

- 스스로 계획을 짜고 집에서 공부하니 이동 시간, 학원비가 절약된다.
- 빠르게 또는 느리게(내 속도에 맞게) 진도를 조절할 수 있다.
- 스스로 계획, 반성을 하다 보니 자기 자신에 대해 잘 알게 된다(메타인지가 잘됨).
- 억지로 하지 않으니 즐겁게 공부할 수 있다.

아이들이 먼저 말하지는 않았지만 제가 파악한 특징도 있습니다. "어떻게 스스로 그렇게 혼자 할 수 있었어?"라고 물으면 그 아이들은 대부분 이렇게 대답했습니다. "누나가 그렇게 하면 된다고 했어요." "오빠 공부하는 걸 보고 따라 했어요."

혹 똑똑한 형제 자매가 있는 것도 아니고, 스스로 의지도 기초도 없는 아이인데 학원마저 가지 말라고 하면 어떻게 하라는 건지 의문이 드는 분도 있을 텐데요. 학원을 다니는 것이 나쁘다는 말이 아닙니다. 오히려 저는 공부를 너무 안 하는 아이들에게 는 "제발 네게 맞는 학원을 좀 찾아가"라고 말합니다. 학원은 '공부하는 방법을 전혀 모르는 아이'나 '아무것도 하지 않으려는 아이'에게는 반드시 필요하기 때문입니다.

하지만 아이들에게 학원을 다니는 이유를 물어보면 대부분이 '불안해서'라고 말합니다. 누군가가 자신을 책임져줬으면 하는 생각으로 다니고 있는 거지요. B처럼 다른 사람에게만 의존하면 자신의 성적은 '과외 교사 또는 학원 강사의 역량'에 따라 달라질 수밖에 없습니다. 교수자를 잘 선택했더라도, 뭔가 일이 생겨 같이 공부할 수 없게 되면 또 다른 대단한 사람을 찾아 헤매야 하겠지요. 마치 음식점 주인이 주방장의 음식 솜씨에 매출이 흔들리는 것을 보고 있는 꼴입니다. 하지만 그런 마음으로 학원을 다니기 시작하면 당연히 자신의 '수학 공부 주도성'을 완전히 잃어버리게 됩니다. 학원 없이는 아무것도 못 하는 상태가 되는 겁니다. 수학 공부는 '스스로 하고 싶어야' 그리고 '풀 수 있다는 자신감이 있어야' 끝까지 잘 해낼 수 있습니다.

| 무엇이든 '자기주도적'이어야 효과가 있다

중요한 것은 사교육을 이용하느냐 마느냐가 아니라, 학원을 '의지'하느냐 주도적으로 '이용'하느냐입니다. 그렇다면 주도적으로 학원을 이용한다는 것은 구체적으로 어떤 의미일까요? 먼저 자기주도 학습에 대한 오해를 풀어야겠습니다.

'자기주도 학습'이란 무조건 '혼자 하는 공부'가 아닙니다. 오히려 학원이나 과외 또는 인강을 주도적으로 찾아 자신이 모자란 부분을 메우는, '스스로 조율하는 공부' 가 자기주도 학습입니다.

학원은 기본적으로 '학생을 공부시키려는 곳'이기에 아이들이 받을 수 있는 도움은 많습니다. 일단 공부량이 늘어나니 스스로 연필도 잡지 않는 아이에게는 좋습니다. 게다가 '학원 강사가 모르는 것을 바로바로 해결해주기 때문'에 도움이 되기도 하고요. 해답지 한 줄 한 줄 사이의 공백을 풀어서 설명해주기 때문에 이해가 쉽게 되지요. 또한 '열심히 하는 다른 아이들을 눈으로 볼 수 있는 곳'입니다. 이는 제가 생각하는 학원의 가장 큰 장점입니다.

학교에서는 그리 열심히 공부하지 않지만 학원에 가면 하루에 10장 이상 문제집을 푸는 아이들이 많습니다. 그 현장을 직접 보면서 '자신의 일주일 치 공부량'이 '저 아이의 하루치 공부량'밖에 되지 않는다는 걸 실감하게 되는 것이지요. 특히 친구에게 가장 민감한 시기인 중학생 때에 그런 건강한 자극은 더욱 열심히 공부할 수 있는 계기가 되기도 합니다. 즉, 사교육을 통해 적절한 자극이나 도움을 받아 자신을 더욱 채찍질할 수 있다면 자기주도 학습이 제대로 되고 있다고 생각해도 무방합니다.

| 사교육에 관한 솔직한 조언

제 의견을 정리해보자면 이렇습니다. 솔직히 말해 부모가 핸드폰을 사준다고 해서나 친구를 따라가는 것으로는 제대로 사교육의 성과를 내기 힘듭니다. 초등학생은 모르겠지만 중학생부터는 스스로의 의지가 없이는 절대 잘 해낼 수 없기 때문입니다. 하지만 의지가 생겼다면 사교육의 도움을 받는 것은 필요합니다.

단, 무조건 학원의 커리큘럼에 따르는 것으로 자신의 공부를 마무리해서는 안 됩니다. '혼자 하면 위험하니 이 커리큘럼을 따르라'는 메시지만 좇다 보면 자신이 뭘 하고 있는지, 무엇이 약한지 전혀 알 수 없습니다. 특히 방학 특강 같은 경우 매일 6~7시간 수업을 하는 곳도 있습니다. 수업 중간중간에 끼여 있는 자습 시간에 한숨 자기도 하고 멍도 때리며 시간을 채우는 겁니다. 6시간이나 학원에 매여 있었으니 집에 와서는 더 이상 복습할 기운도 없겠지요. 가장 중요한 것이 배운 것을 스스로 복습하는 과정인데 말입니다. 몸도 힘들고 효율도 떨어지는 이런 시간 채우기 수업은 지양해야 합니다.

그러니 사교육을 생각할 때는, 자신만의 공부 시간이 충분히 확보되는지를 최우선으로 두어야 합니다. 내 공부 시간이 전혀 없을 만큼 버거운 숙제를 내주는 학원이나 과하게 수업을 권하는 학원은 고민할 필요가 있다는 거지요. 제 생각에는 하루 한 시간 정도 분량의 숙제로 강제성을 주는 학원을 다니며, 스스로 공부하는 시간을 되도록 많이 확보하는 편이 일반적인 중학생에게 가장 적절한 사교육 이용법이 될 것 같습니다.

중학교 A가 고등학교 1등급으로 이어지려면

●●●●●●

아이가 중학교에서 A를 받고 있다고 해서 마냥 마음을 놓아도 될까요? 그런 아이들 중 꽤 많은 아이가 고등학교에서 수포자가 된다는 것은 이미 입증된 사실입니다. (A 수준 아이들이 전체의 40% 정도이니 고등 1~3등급에 깔리는 것은 당연한 일이기도 합니다.) 그렇다면 어떻게 해야 지금의 상승세를 고등학교까지 계속 이어나갈 수 있을까요? 같은 시대를 살아가는, 비슷한 환경에서 공부하는 지금 아이들에게 꼭 필요한 수학 공부 방법을 정리했습니다.

| 도움을 받아야 하는 것:
수학 개념을 깊이 이해하는 경험

혼자서 공부하면서도 우수한 성적표를 가져오는 아이를 보면 참으로 기특할 겁니다. 학교에서도 그런 학생을 보면 '저 집 부모는 얼마나 행복할까'라는 생각이 들기도 하니까요. '수학'에 흥미가 있고 기초가 잘되어 있는 아이라면 중 1학년 수학까지는 혼공도 충분합니다. 이후 과정에 비해 중 1학년 수학은 그저 연산 정도에 지나지 않기 때문입니다.

중 2학년 수학을 배우면서부터는 조금 사정이 달라집니다. 수학적 의미에 대한 이해가 필요한 '함수'가 등장하기 때문인데요. 물론 수학 이해력이 뛰어난 아이라면 백번 양보해 중학교 과정까지는 혼공도 괜찮습니다. 하지만 고등학교 내용을 배우기 시작할 때는 반드시 전체적 흐름과 숨겨진 수학적 의미에 대해 전문가의 설명을 들어야 합니다. 강의를 듣고 전체적인 맥락에서 이해를 해야 시간도 아끼고 효율도 올릴 수 있습니다. 요즘은 훌륭한 강의를 손쉽게 접할 수 있는 시대입니다. 스스로 끈기 있게 공부할 수 있는 아이라면 꼭 인강과 병행해 공부하기를 권합니다.

| 도움을 받아야 하는 것:
자신의 능력을 최대치로 끌어내는 경험

이전에는 '헬스장'이라고 부르던 곳이 요즘은 'PT센터'라고 불리고 있습니다. '그저 운동을 하는 것'보다는 '같은 시간이어도 효율을 극대화할 수 있는 코치의 도움'을 받는 것을 선호하는 사람들이 늘어났기 때문입니다. 코치가 아주 대단한 것을 가르쳐주는 것은 아닙니다. 하지만 혼자라면 중단할 시점에 "하나만 더! 마지막 3개!"라고 외치는 것, 올바른 운동법을 알려주는 것이 코치의 역할입니다. 그 덕분에 근육량이 늘어난 것을 체험해본 사람이라면 PT에 서슴없이 지갑을 열게 되는 것이지요. 중학생 때도 이런 경험이 필요합니다. 자아 정체감이 형성되는 청소년기에 자신의 능력을 극대화하는 경험을 하는 것은, 이후 자신의 모든 것을 짜내야 하는 고등 시기에 큰 도움이 됩니다.

| 도움을 받아야 하는 것:
상황과 상관없이 꾸준히 공부하는 경험

혼공으로 점수를 잘 받는 아이들을 살펴보면 시험 대비를 벼락치기로 하는 아이들이 많습니다. 하지만 당연하게도 벼락치기로 쌓은 지식은 시험지를 제출함과 동시에 머릿속에서 사라지기 마련입니다. 아이를 잘 관찰해 휴일, 학교 행사가 있는 날, 주말 등도 꾸준히 공부를 하는지 확인하세요. 사실 어른도 직장의 업무가 아니고서야 매일 어떤 일을 꾸준히 하는 것은 어려운 법입니다. 아이를 학원에 보내는 이유도 매일 꾸준히 공부할 수 있도록 도와주기 때문입니다. 꾸준히 공부하는 습관이 중학생 때 자리 잡지 않으면, 그 습관 위에 열정까지 더해야 하는 고등학교에서 고전을 면하기 어렵습니다.

| 스스로 해야 하는 것:
수해력 만들기

수해력이라고 하면 다들 독해력의 문제라고 고민하는 경우가 많습니다. 하지만 중학생 정도라면 (느린 학습자 등 특수한 경우를 제외하고는) 기본 언어 능력을 갖춘 상태입니다. 즉 수해력 부족의 이유는 독해력과 별개이며, 다음 세 가지로 정리할 수 있습니다. 첫 번째 문제의 질문 중에 포함되어 있는 기본 개념을 모르거나, 두 번째 기본 유형 문제를 많이 풀지 않아 자동적으로 사고가 시작되지 않거나, 세 번째 '문제를 풀어내야겠다'는 의지 없이 문제를 대충 읽는 데서 비롯된 결과입니다.

수해력 만들기1. 수해력을 위한 개념 쌓기

개념을 정확히 아는지 확인하기 위해 문제를 푸는 것일까요? 문제를 풀기 위해 개념을 공부하는 것일까요? 이에 대한 답은 없습니다. 하지만 적어도 중학교 수학에서는 개념을 알기 위해 문제를 푼다는 쪽이 맞습니다. 중학교 수학 문제는 상당히 단순하기 때문에 푸는 방법만 외워도 쉽게 답을 낼 수 있습니다. 때문에 자칫하면 주객이 전도되어 문제를 풀어내는 것으로 공부를 마무리하는 경우가 많지요. 그리고 그런 방법으로 공부한 아이들이 고등학교에서 수포자가 되는 것은 기정 사실입니다. 다음 예를 살펴보면 무슨 말인지 바로 알 수 있습니다.

[문제] x와 y가 반비례 관계라고 할 때, 다음 칸을 채우시오.

x	1	2	3	4	100
y	100				

반비례 관계라는 것은 x가 2, 3, 4배…가 될 때 y는 $\frac{1}{2}, \frac{1}{3}, \frac{1}{4}$배…가 되는 관계입니다. 개념을 아는지를 묻는 문제인데, 풀이 방법만 배운 아이들은 '$x \times y$의 값이 무조건 똑같다'라는 것만 외워서 풉니다. 사실 $x \times y$의 값이 일정하다는 것이 반비례의 성질이기는 하나, 아이들은 그런 성질을 이해하기보다 '반비례=곱하기'만 외워서 문제를 풉니다. 답은 맞혔지만 "반비례 관계가 뭐야?"라고 물어보면 대답하지 못하는 아이가 대다수이지요. 정비례 기호를 알려주면서 "반비례 기호는 따로 없는데 어떻게 표현할 수 있을까?"라고 하면 "그런 거 안 배웠는데요"라고 하는 이유도 마찬가지입니다.

중학교 수학 개념을 정확하게 익히지 않으면 고등학교에서는 문제조차 읽어낼 수 없습니다. 즉, 수해력은 점점 떨어질 수밖에 없습니다. 그래서 다음 장에서 중학교 시기 반드시 자신의 입으로 말할 수 있어야 할 수학 개념을 수록해두었습니다. 어떤 내용을 장기 기억에 집어넣는 가장 효과적인 방법은 자주 인출하는 것입니다. 여기 나오는 개념들을 기억해두었다가 식사 중 또는 드라이브 중에 "중1에 '반비례'라는 게 나온다던데, 혹시 넌 그게 뭔지 알아?"라고 슬쩍 물어봐주세요. 이런 질문이 필수 개념을 아이의 장기 기억으로 이동시키는 데 큰 도움이 될 것입니다.

수해력 만들기2. 수해력을 위한 기본 유형 마스터

일대일로, 각자의 진도로 수업받는 학원에서는 다음과 같은 과정을 따라 공부하는 경우가 많습니다.

스스로 문제 읽고 풀기 → 모르겠으면 강사 호출하기 → 설명 듣고 알겠으면 다음 문제 풀기

이 과정에 길들여진 아이들은 문제를 열심히 읽지 않습니다. 대충 나와 있는 식에 숫자를 넣어서 답을 적습니다. 운이 좋으면 맞을 테고 틀려도 강사가 와서 풀어주니 크게 문제될 것은 없습니다. 혹시 한눈에 들어오는 식이 없다면 그냥 번쩍 손을 들면 됩니다. 이 또한 강사가 와서 읽고 풀어줄 테니까요. 아이들은 끄덕거리며 듣고 "네" 한마디만 하면 제대로 풀지 않아도 다음 문제로 넘어갈 수 있습니다. 반드시 문제를 풀어야겠다는 의지가 없으니 수해력은 만들어질 수 없습니다.

이런 습관은 중학생 때 고치지 않으면 고등학생 때까지 이어지는 것이 당연합니다. 문제를 열심히 읽지 않는 것은 귀찮아서일 때도 있지만, 사실 그 밑바탕에는 '나는 읽어봤자 이 문제를 풀 수 없어'라는 생각이 있기 때문인 경우도 많습니다. 단순한 예로 중학생에게 한 자리수 덧셈 문제를 준다고 해볼까요? 문제에 아무리 글이 많더라도 그 문제가 한 자리수 덧셈 문제인 걸 아는 한, 대충 읽고 못 푼다고 하지 않습니다. '당연히 풀 수 있다'는 생각을 가지고 있기 때문입니다. 즉, 풀 수 있다는 생각이 들어야 문제도 꼼꼼히 읽고 풀기 위해 생각을 할 수 있습니다. 이런 자신감을 키우기 위해서는 《초등 문해력 한 권》에서도 언급했듯 작은 성공이 누적되어야 합니다. 그렇

다면 중학교 수학에서는 이런 성공을 어떻게 만들 수 있을까요?

중학교 수학에서 가장 확실하게 성공 경험을 쌓는 방법은 '자기 수준에 맞는 유형 문제집'을 꾸준히, 그리고 익숙해질 때까지 푸는 것입니다. 유형 문제가 익숙해질 때까지 푸는 것은 셰프가 기본 요리를 마스터하는 것과 같습니다. 미슐랭 3스타 요리를 만들기 위해서는 순간적인 창의력도 있어야 하지만 가장 기본적인 재료 손질이나 기본 간 맞추기, 어울리는 재료 알아두기 등이 바탕이 되어야 합니다. 그리고 그 바탕이 넓고 깊을수록 더 창의적인 생각을 해낼 수 있습니다. 마찬가지로 수학 또한 기본 유형을 마스터해야 그것을 자유자재로 응용할 수 있고, 그 과정에서 수해력이 키워지는 것입니다.

유형 문제집은 예제에서 보여준 것과 같은 방식으로 풀면 정답이 나오는 문제들을 모아 둡니다. 그러니 예제를 잘 이해하면 다음 문제들은 풀릴 거라는 믿음을 가지고 문제를 대할 수 있습니다. 그렇게 유형을 하나하나 정복해가면서 자신감도 쌓입니다. 그후 여러 가지 유형이 섞여 있는 문제집에서 그것들을 인출해내며 자신의 능력을 확인하고, '여기 나오는 문제 정도는 내가 다 풀 수 있다'는 생각이 들면 문제에서 주는 힌트를 작은 것이라도 놓치지 않기 위해 꼼꼼히 문제를 읽게 됩니다.

| 스스로 해야 하는 것:
고등 패턴에 적응하기

오후 3~4시에 하교해서 집에서 한숨을 돌립니다. 그리고 이른 저녁을 먹고 학원을 가서 수업을 듣습니다. 학교도 가고 학원도 갔으니 집에 와서는 휴식 차원에서 유튜브를 봅니다. 12시쯤 정신 차리고 학원 숙제를 끄적거리다 잠에 듭니다. 방학 때의 생활도 별반 다르지 않습니다. 느지막이 일어나 오전은 느긋이 휴식을 취합니다. 그리고 점심을 먹고는 오후에 학원 가는 것으로 하루를 시작하지요. 제가 아는 요즘의

'적당히 공부하는' 중학생들의 패턴입니다.

이런 중학생의 생활 패턴을 고등학교까지 가져간다면 매주 쏟아지는 수행평가에 눈물 쏟기 일쑤일 겁니다. 고등학교 1학년 1학기에 자퇴 지원자가 많은 이유이기도 하지요. 태어나 처음 겪는 숨 막히는 일정에 아이들이 일찌감치 포기를 선언하는 겁니다. 고등학교는 시간 관리가 생명입니다. 내신, 모의고사, 학생부 관리를 다 해내기 위해서는 얼른 고등학교의 패턴을 파악한 후 마음의 준비와 함께 몸의 준비를 해야 합니다. 중학교 시절 이런 패턴에 조금씩 익숙해져야 타이트한 고등학교 생활을 무리 없이 이어나갈 수 있습니다.

물론 사춘기 아이들에게 이런 생활을 무작정 강요할 수는 없습니다. 스스로 필요성을 느끼고 변할 수 있도록 이런 종류의 책이나 유튜브의 입시 관련 정보 영상 또는 선배들의 조언 등을 잘 전달해주는 게 좋습니다. 더불어 중학교 시험 기간, 방학 동안 해야 할 공부를 알려주세요(194쪽 참조). 고등학교 진학 후 조금은 더 수월하게 상승세를 유지할 수 있을 것입니다.

공부할 때 무조건 써먹는
교과 핵심 개념

1학년

거듭 제곱

a를 여러 번(n번) 곱한 것을 '거듭제곱'이라고 한다.	a^n으로 나타낸다.
	a를 '밑'이라고 하고, n을 '지수'라고 한다.

소수/합성수

1보다 큰 자연수 중에서 1과 그 수 자신만을 약수로 가지는 자연수를 '소수'라고 하며, 소수도 아니고 1도 아닌 자연수를 '합성수'라고 한다.	소수는 '모든 수의 기본'이라는 뜻을 가지고 있다.
	자연수는 1과 소수 그리고 합성수로 이루어져 있다.
	어떤 자연수를 소수인 약수들만의 곱으로 나타내는 것을 '소인수분해'라고 한다.

소인수분해를 이용한 최대공약수/최소공배수

2개 이상의 자연수의 공통인 약수 중 가장 큰 수를 '최대공약수'라고 하며, 2개 이상의 자연수의 공통인 배수 중 가장 작은 수를 '최소공배수'라고 한다.

중학교에서는 초등학교 때 배운 방법(나눗셈) 외에 소인수분해를 이용해 최대공약수와 최소공배수를 구한다.

예를 들어, $2^3 \times 3^3 \times 5^7$과 $2^2 \times 3 \times 5^4$의 최대공약수는 공통으로 들어 있는 인수 중 가장 큰 것을 찾으면 되므로, $2^2 \times 3 \times 5^4$이다.

예를 들어, $2^3 \times 3^3 \times 5^7$과 $2^2 \times 3 \times 5^4$의 최소공배수는 이 두 수를 포함하는 배수 중 가장 작은 것을 찾으면 되므로, $2^3 \times 3^3 \times 5^7$이다.

정수/유리수

자연수와 0 그리고 음의 정수(자연수에 음의 부호를 붙인 것)를 합하여 '정수'라고 부른다.

$$\text{정수} \begin{cases} \text{자연수(양의 정수): } +1, +2, +3\cdots \\ 0 \\ \text{음의 정수: } -1, -2, -3\cdots \end{cases}$$

$\dfrac{(정수)}{(정수)}$ 꼴로 표현할 수 있는 수를 '유리수'라고 한다.

$$\text{유리수} \begin{cases} \text{정수} \begin{cases} \text{자연수(양의 정수)} \\ 0 \\ \text{음의 정수} \end{cases} \\ \text{정수가 아닌 유리수: } -\dfrac{1}{2}, -0.3, +\dfrac{2}{3}, +4.5\cdots \end{cases}$$

분수와 비교하자면, 분수는 분모와 분자에 어떤 수가 들어가도 상관이 없다. 유리수는 최종 정리한 식의 분모, 분자가 정수여야 한다. 예를 들어, $\dfrac{0.3}{0.5}$은 분모, 분자가 정수가 아니어서 유리수가 아닌 것처럼 보이지만, 정리하면 $\dfrac{3}{5}$이므로 유리수이다.

수직선/절댓값

직선 위에 기준이 되는 점 0을 잡고, 0의 오른쪽에 양수, 0의 왼쪽에 음수를 눈금으로 한 직선을 '수직선'이라고 하며, 기준점인 0에서 어떤 수까지의 거리를 그 수의 '절댓값'이라고 한다.

중학교 수학에서는 초등학교에서 배운 수직선에 음의 정수인 왼쪽을 붙인 꼴을 다룬다.

절댓값이라고 하면 대부분 '어떤 숫자든 양수로 만든다'고 착각하기 쉬운데, 정의를 잘 익혀둬야 응용 문제를 풀기 쉽다.

직관적인 이해를 위해 절댓값은 값이 크고 작음을 따지기보다 얼마나 떨어져 있는지를 보는 수치라고 설명한다.

문자

초등학교식 표현으로 □+3=5에서 □ 대신에 알파벳을 넣어 쓰는 것을 '문자를 사용한 식'이라고 한다.	정확한 수치를 몰라도 문자를 이용해 식을 만들 수 있다(예: 어떤 수보다 3 큰 수 = $x+3$).
	문자를 이용해 변하는 값을 쉽게 표현할 수 있다(예: 거리=속력×시간 $\Rightarrow d=vt$).
	문자를 이용해 여러 가지 상황을 하나의 식으로 표현할 수 있다(예: 한 변의 길이가 $x$cm인 정사각형 넓이$\Rightarrow x \times x = x^2$).

방정식

등식에 포함되어 있는 문자의 값에 따라 참도 되고 거짓도 되는 식. 이때, 식의 값을 참이 되게 하는 문자의 값을 '해' 또는 '근'이라고 한다.	방정식을 푼다는 것은, 문자(미지수)에 들어갈 값을 찾아내는 것이다. 예를 들어 $x+3=7$이라는 방정식을 푸는 것은 좌변과 우변이 같아지는 x의 값을 찾는 것이다.
	문자의 값에 어떤 값을 대입해도 항상 참이 되는 식은 '항등식'이라고 한다. 항등식은 항상 성립하는 식이기에 '양쪽 변이 무조건 똑같은 것'이라고 생각하면 문제 풀이가 쉽다.

등식의 성질

등식에서 좌변, 우변에 같은 수를 더하거나 빼거나 곱하거나 나누어도(0이 아닌 수) 등식은 성립한다는 성질이다.	등식의 양변을 양팔 저울이라고 생각하면, 한쪽에 추를 올려놓거나 뺄 때 다른 한쪽에도 똑같은 행위를 해야 저울이 기울지 않는다.
	직관적 이해를 위해 좌, 우변의 균형을 맞추기 위한 것이 등식의 성질임을 설명하기도 한다.

좌표평면

가로 방향의 수직선과 세로 방향의 수직선이 서로 수직으로 만나는 평면.	좌표평면에서 가로축을 x축, 세로축을 y축이라고 하며, 두 축이 만나는 점을 원점(O)이라고 한다.
	직관적 이해를 위해, 좌표평면은 어떤 점의 위치를 정확히 표현하기 위해 만든 '지도'로 설명할 수 있다.
	좌표평면에서는 어떤 점이든 순서쌍의 형태(x, y)로 그 위치를 정확히 표시할 수 있다.

사분면

x축, y축에 의해 4개의 부분으로 나누어진 좌표평면을 '사분면'이라고 한다.	오른쪽 윗부분부터 반시계 방향으로 제1사분면~제4사분면이라고 부른다.

각 사분면 위의 점은 부호가 각각 다르다.

사분면 이름	부호(x, y)
제1사분면	(+, +)
제2사분면	(−, +)
제3사분면	(−, −)
제4사분면	(+, −)

정비례/반비례

x가 2, 3, 4배… 커질 때, y도 2, 3, 4배… 커지는 관계가 있을 때, x와 y는 '정비례'한다고 한다.	정비례는 x가 커질 때, y도 같은 비율로 커지는 관계이다.
	정비례 그래프는 원점(0, 0)을 지나고 오른쪽 위를 향하는 직선 그래프이며 식은 $y=ax(a\neq0)$의 꼴이다.
x가 2, 3, 4배… 커질 때, y는 $\frac{1}{2}$, $\frac{1}{3}$, $\frac{1}{4}$배 …가 되는 관계가 있을 때, x와 y는 '반비례'한다고 한다.	반비례는 x가 커질 때, y는 같은 비율로 작아지는 관계이다.
	반비례 그래프는 좌표축에 접근하는 구부러진 곡선 한 쌍의 모양이며 식은 $y=\frac{a}{x}(a\neq0)$의 꼴이다.

평면과 공간에서 두 직선의 위치관계

평면에서 두 직선의 위치관계는 세 가지이다.

1. 한 점에서 만난다. 2. 일치한다.

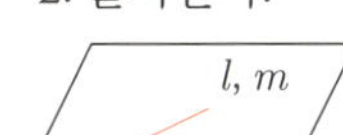

3. 평행하다.

공간에서 두 직선의 위치관계는, 한 평면 위에 두 직선이 있는지 아닌지에 따라 달라진다. 다른 평면 위에 있을 때 꼬인 위치가 생길 수 있음에 주의한다.

공간에서 두 직선의 위치관계는 네 가지 이다.

1. 한 점에서 만난다.　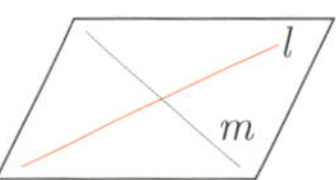

2. 일치한다.　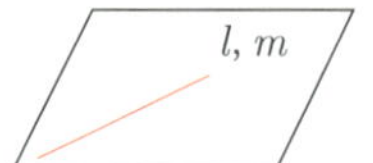

3. 평행하다.　

4. 꼬인 위치에 있다.　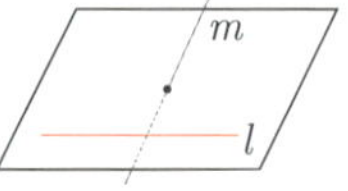

동위각/맞꼭지각/엇각

두 직선에 하나의 직선이 교차할 때, 같은 위치에 있는 각을 '동위각'이라고 한다.

두 직선이 한 점에서 만날 때, 서로 마주 보는 두 각을 '맞꼭지각'이라고 한다.

두 직선에 하나의 직선이 교차할 때, 서로 반대쪽에 있고 안쪽에 위치한 각을 '엇각'이라고 한다.

평행선의 성질과 함께 배우고 나면 대부분 '동위각은 모두 같다'라고 잘못 습득하는 경우가 많다. 동위각은 그저 '같은 위치상의 각'임에 유의한다.

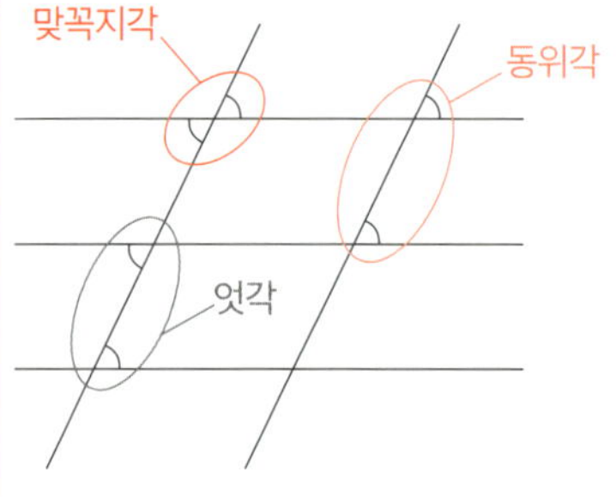

다면체

다각형의 면으로만 둘러싸인 입체도형. 다면체에는 각기둥, 각뿔, 각뿔대가 있다.

두 밑면은 평행하고, 옆면이 모두 직사각형인 도형을 '각기둥'이라고 한다. 밑면의 모양에 따라 삼각기둥, 사각기둥 등으로 부른다.

밑면은 다각형, 옆면은 이등변삼각형인 다면체를 '각뿔'이라고 한다.

각뿔을 밑면에 평행한 평면으로 잘라서 생기는 입체도형 중 각뿔이 아닌 나머지 부분을 '각뿔대'라고 한다.

삼각형의 합동조건

두 삼각형이 정확히 포개어지는 것을 '합동'이라고 하며, 세 가지 조건 중 하나만 만족하면 두 삼각형은 합동이다.

조건1. 세 변의 길이가 같다(SSS합동).
조건2. 두 변과 끼인 각이 같다(SAS합동).
조건3. 한 변과 양끝 각이 같다(ASA합동).

합동 기호는 '≡'이고, 삼각형ABC와 삼각형DEF가 합동임을 표시하는 기호는 '△ABC≡△DEF'이다.

삼각형의 성질에 관한 증명에서 합동조건은 기본으로 쓰이므로 반드시 암기하고 쓸 수 있게 훈련해야 한다.

호의 길이/부채꼴의 넓이

부채꼴 호의 길이는 중심각에 비례하므로 호의 길이(l)는 (원주 길이)$\times\frac{(중심각)}{360°}$, 부채꼴의 넓이(S)는 (원넓이)$\times\frac{(중심각)}{360°}$으로 구한다.

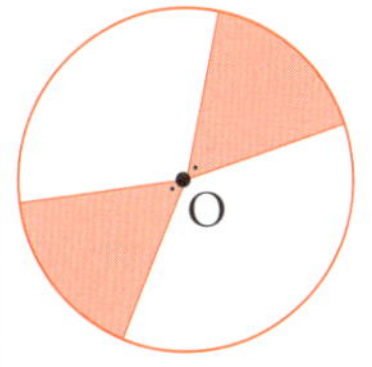

반지름 길이가 r, 중심각 크기가 x인 원에서 호의 길이는 $l=2\pi r\times\dfrac{x}{360°}$이다.

반지름 길이가 r, 중심각 크기가 x인 원에서 부채꼴의 넓이는 $s=\pi r^2\times\dfrac{x}{360°}$이다.

기둥의 부피/겉넓이(각기둥, 원기둥)

기둥의 겉넓이는 (밑넓이)×2+(옆넓이), 기둥의 부피는 (밑넓이)×(높이)로 구한다.

기둥의 겉넓이는 기둥의 표면적을 모두 더한다는 뜻이므로 밑넓이 2개와 옆넓이를 더하는 것임을 직관적으로 이해한다.

기둥의 겉넓이가 잘 이해되지 않을 경우에는 전개도를 적극적으로 활용한다. 전개도를 펼치면 2개의 밑면, 옆면 세 가지 도형으로 구성됨을 시각적으로 명확하게 알 수 있다.

뿔의 부피/겉넓이(각뿔, 원뿔)

뿔의 밑넓이를 S, 높이를 h라고 할 때 뿔의 부피는 $V=\frac{1}{3}Sh$, 뿔의 겉넓이는 (밑넓이)+(옆넓이)로 구한다.

엄밀한 증명은 고등학교 적분(구분구적법)으로 가능하기에 여기서는 직관적인 이해를 할 수 있도록 뿔의 부피는 기둥 부피의 $\frac{1}{3}$이라고 설명한다.

원뿔의 겉넓이를 구할 때는 전개도를 이용해 밑면이 원이고, 옆면은 부채꼴임을 설명한다.

구의 부피/겉넓이

구의 반지름의 길이를 r, 부피를 V, 겉넓이를 S라 하면 구의 부피는 $V=\frac{4}{3}\pi r^3$, 구의 겉넓이는 $S=4\pi r^2$이다.

구는 직관적으로 원을 쌓은 것이라 생각할 수 있다. 즉, 반지름이 0인 원부터 구와 같은 반지름인 것까지 쌓은 것의 2배가 구의 부피이다.

구의 겉넓이는 반지름의 제곱에 정비례하며 구의 가장 큰 단면인 원의 넓이(πr^2)의 4배와 같다.

대푯값

자료 전체의 경향 그리고 특징을 나타내는 값을 그 자료의 '대푯값'이라고 한다. 대푯값에는 평균, 중앙값, 최빈값 등이 있다.

자료를 작은 값에서 큰 값으로 나열했을 때 가장 중간에 있는 값을 '중앙값'이라고 한다.

자료에서 가장 많이 나타나는 값을 '최빈값'이라고 한다.

2학년

유한소수/무한소수

소수점 아래에 0이 아닌 숫자가 유한개인 소수를 '유한소수'라고 하며, 무한개인 소수를 '무한소수'라고 한다.

유한소수는 분모를 10의 거듭제곱 꼴로 고칠 수 있는 소수이다. 즉, 분모가 (10의 약수인) 2 또는 5만의 곱으로 이루어져 있어야 한다. $\frac{3}{2^3}$인 경우 분모와 분자에 5^3을 곱하여 분모를 10^3으로 고쳐 유한소수로 만든다.

무한소수에는 규칙이 있는 무한소수(순환소수), 규칙이 없는 무한소수(비순환소수)가 있다. 순환소수는 분수로 표현이 가능하므로 유리수, 비순환소수는 분수로 표현이 불가능하기에 무리수에 속한다.

순환소수

무한소수 중 소수점 아래의 어떤 자리에서부터 일정한 숫자의 배열이 무한히 되풀이되는 수를 '순환소수'라고 한다.

순환소수는 유리수이다.

순환소수는 되풀이되는 숫자에 윗점을 찍어 순환됨을 표현한다. $0.35\dot{6}$는 $0.356565656565656\cdots$이라는 뜻이다.

순환소수는 등식의 성질을 이용해 순환하는 부분을 없애 분수로 표현 가능하다.

지수법칙

$a^m \times a^n = a^{m+n}$

$a^m \div a^n = a^{m-n} \, (a \neq 0)$

$(a^m)^n = a^{m \times n}$

$(ab)^n = a^n \times b^n$

$\left(\dfrac{a}{b}\right)^n = \dfrac{a^n}{b^n} \, (b \neq 0)$

지수법칙은 '몇 번 반복하여 곱한 것'이라는 정의에 충실하면 직관적으로 이해 가능한 내용이다.

충분한 연습을 통해 빠르게 계산하도록 훈련해야 한다.

부등식의 성질

두 수(또는 두 식) 사이의 대소 관계를 나타내는 식. <, >, ≤, ≥ 같은 순서 관계 기호를 사용한다.

부등식의 성질1. 부등식의 양변에 같은 수를 더하거나 빼도 부등호 방향은 바뀌지 않는다.

부등식의 성질2. 부등식의 양변에 양수를 곱하거나 나눠도 부등호 방향은 바뀌지 않는다.

| | 부등식의 성질3. 부등식의 양변에 음수를 곱하거나 나누면 부등호 방향은 바뀐다. |
| | 부등식의 성질4. 같은 수를 비교할 때는 부등호 아래에 등호를 붙인 기호(≤, ≥)를 사용한다. |

연립 일차방정식

미지수가 2개인 두 일차방정식을 한 쌍으로 묶어 나타낸 것. 연립방정식의 풀이는 가감법이나 대입법을 사용한다.	기본적으로 연립방정식은 문자가 2개이기에 한 문자를 없애는 데 목표를 둔다. 그 방법으로 가감법과 대입법을 사용할 수 있다.
	가감법은 한 문자의 계수를 같게 해 더하거나 빼서 문자를 소거하는 방법이다. 예) $\begin{cases} 2x+y=6 \cdots ① \\ x-y=2 \ \cdots ② \end{cases}$ $①-(②×2): \begin{cases} 2x+y=6 \\ 2x-2y=4 \end{cases}$ $$3y=2$$ $$y=\frac{2}{3}$$ 이고 이때 구한 y의 값을 ②의 식에 대입하면 $x=\frac{8}{3}$ 이다.
	대입법은 한 문자를 다른 문자에 관해 정리한 후 나머지 식에 대입해 문자를 소거하는 방법이다. 예) $\begin{cases} 2x+y=6 \cdots ① \\ x-y=2 \ \cdots ② \end{cases}$ ②의 식을 x에 관해 정리하면 $x=y+2 \cdots ③$ ①의 식에 x 대신 $y+2$를 대입하면, $2(y+2)+y=6$ $$3y=2$$ $$y=\frac{2}{3}$$ 이고 이때 구한 y의 값을 ③의 식에 대입하면 $x=\frac{8}{3}$ 이다.

함수

변수 x, y에 대하여, x값에 따라 y값이 하나로 결정될 때, y를 x의 '함수'라고 하고, $y=f(x)$로 나타낸다.	'함숫값'은 x자리에 주어진 값을 대입한 값을 뜻한다.
	함수 $f(x)=\dfrac{3}{x}$ 에서 $x=-1$일 때의 함숫값은 $f(-1)=\dfrac{3}{-1}=-3$이다.

일차함수

$y=ax+b\,(a\neq0)$의 꼴로 나타낼 수 있는 함수. $y=ax+b$에서 a는 '기울기'라고 하고, b는 'y절편'이라고 한다.

미지수가 2개인 일차방정식 $ax+by+c=0$의 그래프는 일차함수 $y=-\dfrac{a}{b}x-\dfrac{c}{b}$의 그래프와 같다.

미지수가 x, y 2개인 일차방정식을 $y=(x$에 관한 일차식)으로 고치면 일차함수 꼴이 된다. 일차함수 꼴로 고치면 기울기와 y절편을 구하기가 쉽다.

직관적으로 (x에 관한 일차식)=0의 꼴이면 일차방정식, (x에 관한 일차식)=y이면 일차함수이다.

일차함수의 그래프

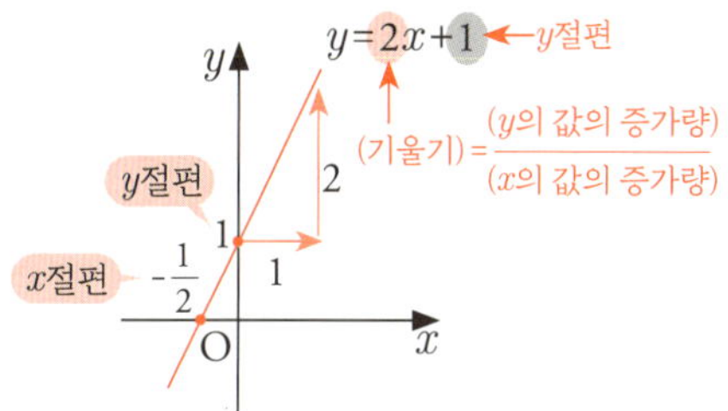

일차함수의 그래프는 모두 직선 모양의 그래프이다.

일차함수 그래프의 생김새는 식에 의해 결정되는데, 기울기 a가 양수이면 오른쪽 위로 향하고, 음수이면 오른쪽 아래로 향하는 그래프이다. 함수 식에서는 1차항의 계수이다.

y절편은 'y축을 끊는 곳'이라는 뜻인데, 이 그래프가 y축과 만나는 점이 $(0,\ b)$임을 나타낸다. 함수 식에서는 상수항이다.

이등변삼각형의 성질

삼각형의 세 변 중 두 변의 길이가 같은 삼각형을 '이등변삼각형'이라고 한다.

이등변삼각형의 성질1. 두 밑각의 크기는 서로 같다.

이등변삼각형의 성질2. 꼭지각의 이등분선은 밑변을 수직이등분한다.

각각의 성질은 이등변삼각형의 밑변의 중점과 꼭짓점을 이어서 만든 두 삼각형이 합동임을 이용해 증명한다.

직각삼각형의 합동조건

삼각형의 한 각이 직각인 삼각형을 '직각삼각형'이라고 한다.	직각 R을 가지고 있는 두 직각삼각형의 합동 조건은 두 가지이다. RHA합동(직각, 빗변, 나머지 한 각) RHS합동(직각, 빗변, 나머지 한 변)
	직각삼각형의 합동조건은 중 1학년에서 배운 삼각형의 합동조건에서 비롯된 것으로 R을 알게 되면 나머지 한 각도 알게 되는 것을 이용한다.

삼각형의 내심/외심

삼각형 ABC의 세 변이 모두 원 I에 접할 때 이 원을 삼각형 ABC의 '내접원'이라고 하며, 원의 중심을 '내심'이라고 한다. 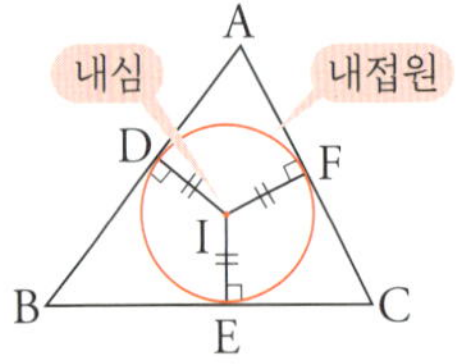	내심은 원의 중심이므로 내심에서 삼각형의 세 변까지의 거리가 모두 반지름으로 같다.
	삼각형의 세 내각의 이등분선은 한 점인 내심에서 만난다.
삼각형의 세 꼭짓점이 모두 원 O 위에 있을 때, 이 원은 삼각형 ABC의 '외접원'이라고 하며, 원의 중심을 '외심'이라고 한다. 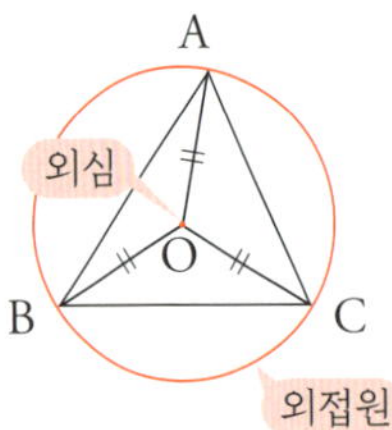	외접원의 반지름은 외심에서 삼각형의 각 꼭짓점까지의 거리이므로, 외심에서 각 꼭짓점까지의 거리는 모두 같다.
	삼각형의 세 변의 수직이등분선은 외심에서 만난다.

평행사변형의 성질

마주 보는 두 쌍의 변이 서로 평행한 사각형을 '평행사변형'이라고 한다.

평행사변형의 성질1. 두 쌍의 대변의 길이는 각각 같다.

평행사변형의 성질2. 두 쌍의 대각의 크기는 각각 같다.

평행사변형의 성질3. 두 대각선은 서로 다른 것을 이등분한다.

중학교에서는 모든 도형의 성질을 증명해야 한다. 평행사변형의 성질은 보조선 AC를 그어 만들어진 두 삼각형이 합동임을 이용해 증명한다.

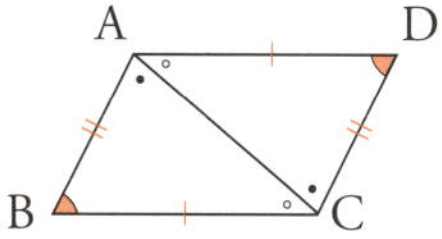

직사각형/마름모/정사각형의 성질

네 각이 모두 직각인 사각형을 '직사각형'이라고 한다.

직사각형의 성질. 두 대각선은 길이가 같고, 서로 다른 것을 이등분한다.

두 대각선으로 직각삼각형 2개를 만들어 합동임을 이용해 증명한다.

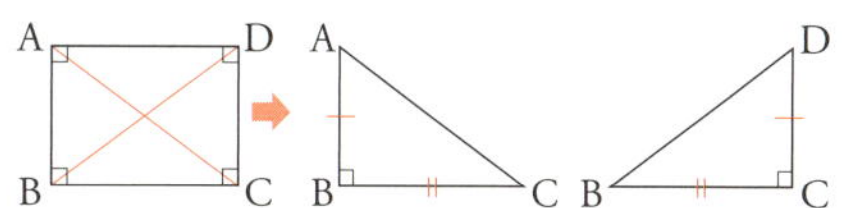

네 변의 길이가 모두 같은 사각형을 '마름모'라고 한다.

마름모의 성질. 두 대각선은 서로를 수직이등분한다.

보조선 AC를 그어 삼각형 ABC와 ADC가 합동임을 이용해 증명한다.

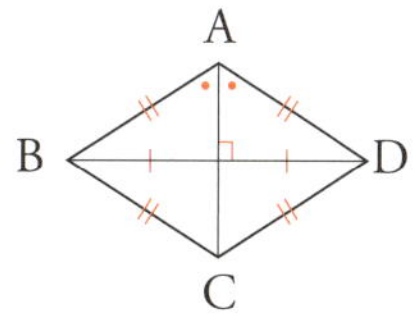

네 변의 길이가 모두 같고, 네 각이 모두 직각인 사각형을 '정사각형'이라고 한다.

정사각형의 성질. 직사각형이자 마름모이므로 두 대각선은 길이가 같고 서로 다른 것을 수직이등분한다.

한 도형을 일정 비율로 확대 또는 축소한 것이 다른 도형과 합동일 때, 이 두 도형은 '닮은 도형'이라고 한다. ('닮음의 관계에 있다'고 한다.)

닮음의 관계에 있는 두 평면도형에서 대응변의 길이의 비는 일정하게 유지된다. 대응각의 크기는 각각 같다.

일상생활에서는 '닮음'을 크기가 다르고 생김새만 같은 것이라 생각할 수 있지만, 수학에서는 크기와 모양이 완전히 똑같은 '합동'도 닮음비가 1:1인 닮음이다.

서로 닮은 두 도형의 닮음비가 $a:b$이면 넓이의 비는 $a^2:b^2$이고, 부피의 비는 $a^3:b^3$이다.

삼각형의 무게중심

삼각형의 세 중선(꼭짓점과 대변의 중점을 이은 선분)의 교점을 '무게중심'이라고 한다.

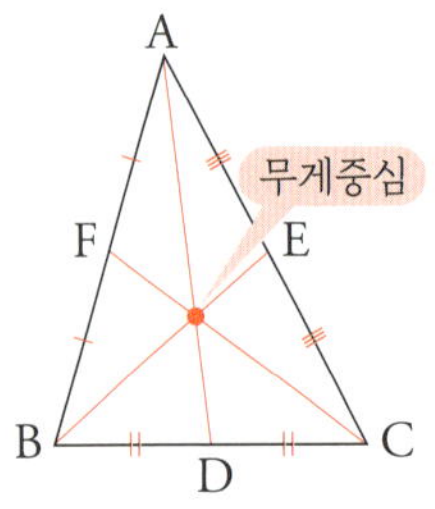

삼각형의 세 중선은 무게중심에서 만나고, 이 무게중심은 세 중선의 길이를 $\overline{AG}:\overline{GD}=\overline{BG}:\overline{GE}=\overline{CG}:\overline{GF}=2:1$로 나눈다.

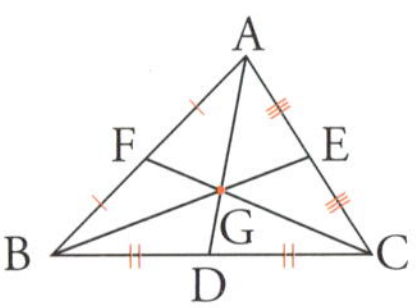

무게중심의 가장 큰 특징은 꼭짓점에서 대변에 이르는 거리까지 2:1의 비율을 유지한다는 것이다.

피타고라스의 정리

직각삼각형에서 빗변의 길이의 제곱은, 나머지 두 변의 길이의 제곱의 합과 같다는 것이 '피타고라스의 정리'이다.

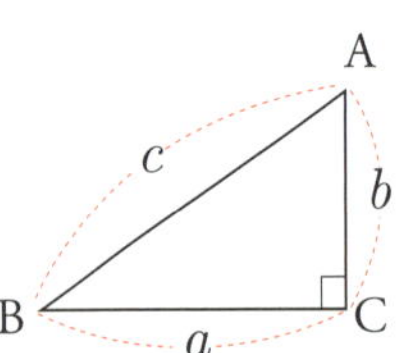

피타고라스의 정리는 직각삼각형이라면 모두 만족하는 성질이다. 따라서 세 변의 길이를 a, b, c라고 할 때, $a^2+b^2=c^2$을 만족하게 되면, 그 삼각형은 c를 빗변으로 하는 직각삼각형이라 할 수 있다.

사건A가 일어날 확률은 $\dfrac{(A가\ 일어나는\ 경우의\ 수)}{(모든\ 경우의\ 수)}$ 이다. 이때 A는 전체 중 일부의 경우이므로 확률은 0과 1 사이의 수이다.

전체 사건의 경우의 수가 10일 때, 사건A가 일어날 경우가 3이라고 하자. (즉, 일어나지 않을 경우의 수는 7이다.)

사건A가 일어날 확률: $\dfrac{3}{10}$,

사건A가 일어나지 않을 확률: $\dfrac{7}{10}$ 이다.

(사건이 일어나지 않을 확률)
= 1-(사건이 일어날 확률)
= $1-\dfrac{3}{10}$ 으로 구할 수도 있다.

제곱근

$x^2=a$가 될 때, x는 a의 '제곱근'이라고 한다.	일반적으로 양수의 제곱근은 양수와 음수 2개가 있고, 그 두 수의 절댓값은 서로 같다(예: 4의 제곱근 +2, -2).
	음수의 제곱근은 다루지 않는다.

무리수/실수

유리수가 아닌 수, 즉 $\frac{(정수)}{(정수)}$의 꼴로 표현할 수 없는 수를 '무리수'라고 한다.	실수의 분류 실수 { 유리수 { 정수 { 양의 정수(자연수) / 0 / 음의 정수 } 정수가 아닌 유리수 } 무리수
유리수와 무리수를 통틀어 '실수'라고 한다.	수직선 위의 모든 수는 실수와 대응된다. 즉, 무리수도 수직선 위에 있다.
	무리수의 작도는 피타고라스의 정리를 이용해 다음과 같이 한다. 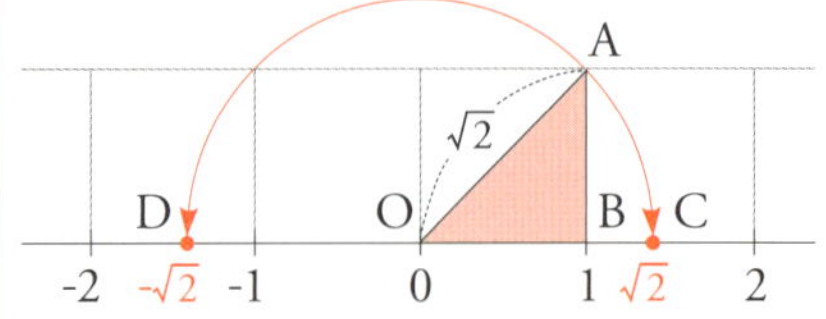

분모의 유리화

분모에 무리수가 있을 때, 분수의 성질을 이용하여 분모를 유리수로 만드는 것.	분모의 유리화를 하는 이유1. 분모를 정수로 바꾸어야 통분이 쉬워진다. $\dfrac{1}{\sqrt{2}} + \dfrac{1}{\sqrt{7}} = \dfrac{\sqrt{2}}{2} + \dfrac{\sqrt{7}}{7} = \dfrac{7\sqrt{2}+2\sqrt{7}}{14}$
	분모의 유리화를 하는 이유2. 분모에 무리수가 있으면 정확한 크기 파악이 불가능하다. $\dfrac{1}{\sqrt{2}} = \dfrac{1}{1.414\cdots}$ 이므로 크기를 짐작할 수 없다.

다항식의 곱셈

하나 이상의 항이 덧셈으로 연결된 식을 '다항식'이라고 한다. (항이 하나인 경우를 특별히 '단항식'이라고 한다.) 다항식의 곱은 분배법칙을 이용하는 것과 같은 방법으로 전개한다.

$$(a+b)(c+d) = \underset{①}{ac} + \underset{②}{ad} + \underset{③}{bc} + \underset{④}{bd}$$

각 항을 정리한 것이 아래의 곱셈 공식이다. 1초만에 계산이 가능하도록 무한히 연습해야 한다.

곱셈 공식

(1) $(a+b)^2 = a^2 + 2ab + b^2$
$(a-b)^2 = a^2 - 2ab + b^2$

(2) $(a+b)(a-b) = a^2 - b^2$

(3) $(x+a)(x+b) = x^2 + (a+b)x + ab$
$(ax+b)(cx+d) = acx^2 + (ad+bc)x + bd$

인수분해

다항식을 둘 이상의 다항식의 곱으로 나타낼 때 곱해진 각각의 식을 처음 식의 '인수'라고 하며, 곱으로 나타내는 것을 다항식의 '인수분해'라고 한다.

인수분해와 전개는 서로 반대 작업이다. 전개가 괄호를 풀어 헤치는 작업이라면, 인수분해는 흩어져 있는 식을 괄호로 묶는 과정이다.

$$x^2 + 6x + 8 \xrightleftharpoons[\text{전개}]{\text{인수분해}} (x+2)(x+4)$$

기본적인 인수분해

(1) $a^2 + 2ab + b^2 = (a+b)^2$
$a^2 - 2ab + b^2 = (a-b)^2$

(2) $a^2 - b^2 = (a+b)(a-b)$

(3) $x^2 + (a+b)x + ab = (x+a)(x+b)$
$acx^2 + (ad+bc)x + bd = (ax+b)(cx+d)$

이차방정식

$ax^2 + bx + c = 0$ 형태로 나타낼 수 있는 방정식(단 $a \neq 0$. a, b, c는 상수)을 '이차방정식'이라고 한다.

일차방정식이 (x에 관한 일차식)=0 꼴이므로 이차방정식은 (x에 관한 이차식)=0 꼴이라고 생각하면 된다. 이를 잘 풀어놓은 꼴이 $ax^2 + bx + c = 0$(단 $a \neq 0$)이다.

이차방정식을 인수분해하면 (일차식A)×(일차식B)=0의 꼴로 나타낼 수 있다. 이때, 두 식의 곱이 0이므로 (일차식A)=0과 (일차식B)=0에서 해를 각각 구하면 이 값이 이차방정식의 해이다.

이차방정식의 기본 풀이는 인수분해에 근간을 두고 있다. 인수분해가 자유자재로 되지 않는 상태라면 이차방정식에서 빠른 풀이가 힘들 것이므로 다시 인수분해로 돌아가서 충분히 연습한 후에 다시 방정식에 도전해야 한다.

근의 공식

$ax^2+bx+c=0$ 식을 제곱근을 이용해 푸는 방법으로 근을 구하면 $x=\dfrac{-b\pm\sqrt{b^2-4ac}}{2a}$ 를 얻을 수 있다. 이를 '근의 공식'이라고 한다.

근의 공식으로 인수분해가 불가능한 이차방정식의 근을 빠르게 구할 수 있다.

근의 공식이 어떻게 생겨났는지 유도하는 방법은 단답형 빈칸 채우기 단골 문제이므로 처음부터 끝까지 스스로 유도할 수 있게 공부해두는 것이 좋다.

이차함수

y가 x에 대한 이차식 $y=ax^2+bx+c(a,b,c$는 상수, $a\neq0)$로 나타낼 수 있을 때, 이 함수를 x에 대한 '이차함수'라고 한다.

$(x$에 관한 일차식$)=y$이면 x에 관한 일차함수인 것과 마찬가지로, $(x$에 관한 이차식$)=y$이면 x에 관한 이차함수이다.

$y=ax^2+bx+c$의 그래프를 좌표평면 위에 그리면 위나 아래로 볼록한 곡선 모양이다. 식에서 상수항 c는 y절편이며 그래프가 y축과 만나는 점이다.

이차함수의 그래프

$y=a(x-p)^2+q$의 그래프는 $y=ax^2$의 그래프를 x축 방향으로 p만큼, y축 방향으로 q만큼 평행이동한 그래프이다.

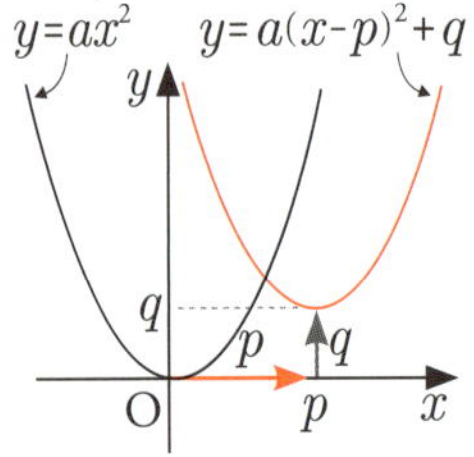

$y=ax^2$의 그래프는 원점을 꼭짓점으로 하고, 아래로 볼록($a>0$일 때)하거나 위로 볼록($a<0$일 때)한 그래프이다. 이 그래프를 가로로(x축 방향으로) p만큼, 세로로(y축 방향으로) q만큼 움직이면 이차함수 $y=a(x-p)^2+q$의 그래프가 그려진다. 즉, $y=ax^2+bx+c$의 꼴 이차함수의 식이 주어질 때는 $y=a(x-p)^2+q$ 꼴로 바꾸면 그래프를 쉽게 그릴 수 있다.

이차함수 $y=a(x-p)^2+q$는

① $a>0$일 때, $x=p$에서 최솟값 q를 갖고, 최댓값은 없다.

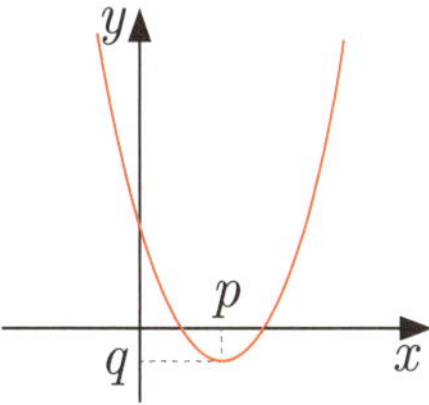

② $a<0$일 때, $x=p$에서 최댓값 q를 갖고, 최솟값은 없다.

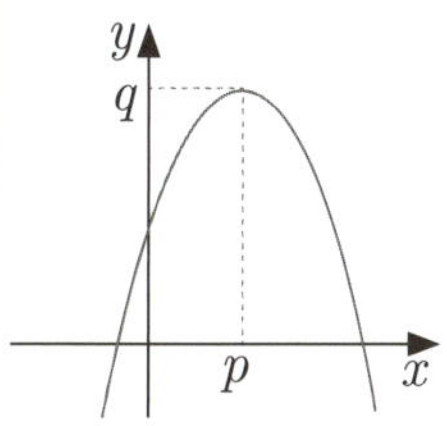

$y=ax^2+bx+c$의 꼴에서 $y=a(x-p)^2+q$의 꼴로 바꾸는 것이 익숙해져야 최댓값, 최솟값을 빠르게 구할 수 있다.

바꾸는 식을 암기하지 말고, 직접 식을 변형하고 그래프를 그릴 수 있어야 범위가 주어진 그래프에서도 최댓값, 최솟값을 구하기가 쉽다.

방정식과 함수 그래프의 호환을 충분히 연습해둔다.

삼각비

직각삼각형에서 '직각이 아닌 한 예각의 크기'에 따라 '세 변의 길이의 비'를 정한 것.

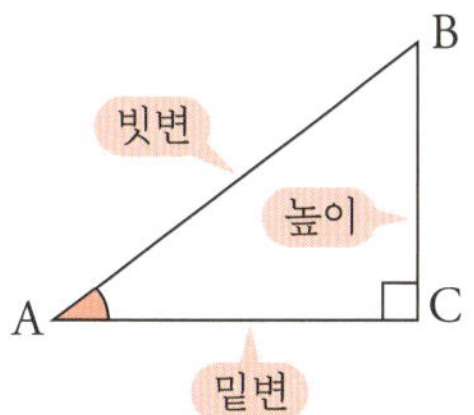

직각삼각형에서 세 변을 빗변, 높이, 밑변으로 두면 기준각A의 크기에 따라 $\dfrac{(높이)}{(빗변)}$, $\dfrac{(밑변)}{(빗변)}$, $\dfrac{(높이)}{(밑변)}$의 값이 정해져 있다는 뜻이다.

삼각비의 값을 $\dfrac{(높이)}{(빗변)}$ = 사인$(\sin A)$, $\dfrac{(밑변)}{(빗변)}$: 코사인$(\cos A)$, $\dfrac{(높이)}{(밑변)}$: 탄젠트$(\tan A)$라고 한다.

각A의 크기가 같으면 삼각형의 크기가 달라도 삼각비는 같다.

특수 삼각비

삼각비 중에서도 매우 자주 사용되는 삼각비는 기준각이 $30°$, $45°$, $60°$일 때이다.

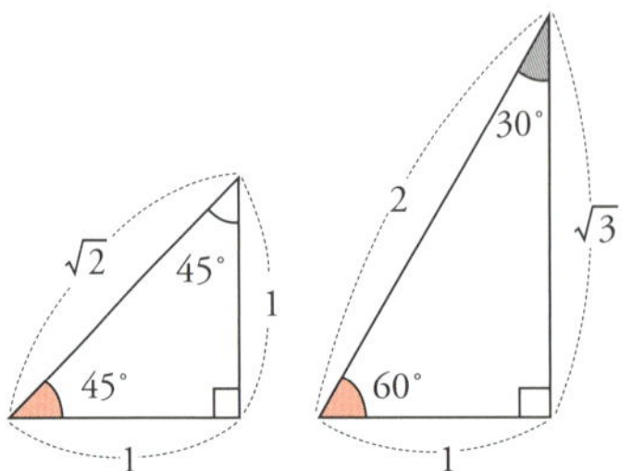

30°, 45°, 60° 삼각비의 값

	30°	45°	60°
sinA	$\dfrac{\sqrt{1}}{2}$	$\dfrac{\sqrt{2}}{2}$	$\dfrac{\sqrt{3}}{2}$
cosA	$\dfrac{\sqrt{3}}{2}$	$\dfrac{\sqrt{2}}{2}$	$\dfrac{\sqrt{1}}{2}$
tanA	$\dfrac{1}{\sqrt{3}}$	1	$\sqrt{3}$

자주 사용되는 만큼 필수 암기 사항이다. 'sinA, cosA는 분모가 2이고 분자가 증가하거나 감소한다. tanA= $\dfrac{\text{sinA 값의 분자}}{\text{cosA 값의 분자}}$'로 쉽게 기억할 수 있다.

삼각비를 이용한 삼각형의 넓이

삼각비를 이용하면, 삼각형에서 두 변의 길이와 끼인각의 크기를 알 때 삼각형의 넓이(S)를 구할 수 있다.

일반적으로 삼각형의 넓이는 $S=\dfrac{1}{2}bc\sin A$이다.

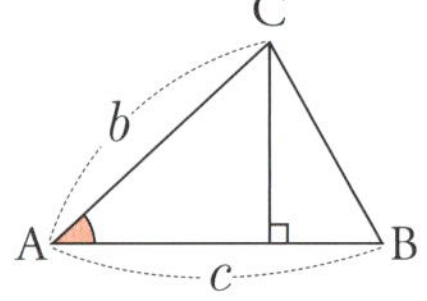

각 A가 90°보다 크다면 삼각형의 넓이는 $S=\dfrac{1}{2}bc\sin(180-A)$이다.

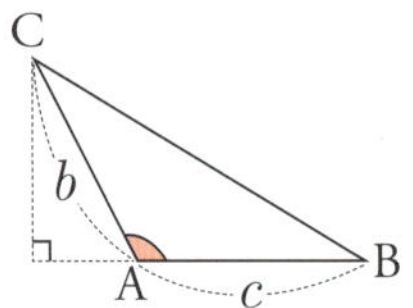

증명은 일반적인 방법만 알아도 충분하다. 아래 그림에서 수선을 내려 h라 두면, $\sin A=\dfrac{h}{b}$ 이다. 이 식을 변형하면 $h=b\sin A$이므로, 삼각형의 넓이는 $S=\dfrac{1}{2}bc\sin A$이다.

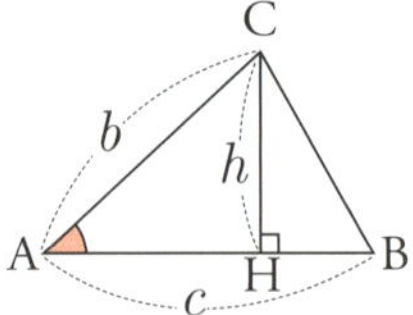

원과 접선

원 밖의 한 점에서 그 원에 그은 두 접선의 길이는 같다.

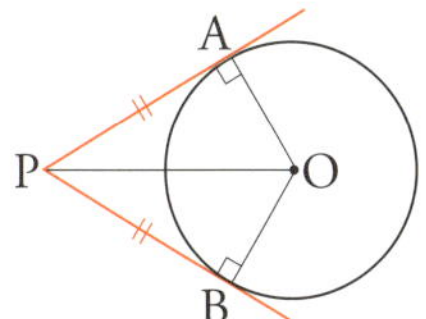

이 성질은 원에 외접하는 도형과 관련해 자주 출제되는 내용이다.

[예] 원 O에 외접하는 □ABCD (네 점 P, Q, R, S는 각각 원 O의 접점)일 때, 사각형의 두 대변의 합이 같다($\overline{AB}+\overline{CD}=\overline{AD}+\overline{BC}$)는 것을 증명하시오.

[풀이] $\overline{AB}$, $\overline{BC}$, $\overline{CD}$, $\overline{DA}$가 각각 원 O의 접선이므로 원 밖의 한 점 A에서 그은 접선의 접점 P, S까지의 길이가 같고 나머지 점도 같은 방법으로 접점까지의 길이가 같다. 이를 이용해 증명 가능하다.

증명. △PAO≡△PBO(RHS합동)

∠PAO=∠PBO(직각)

빗변 $\overline{PO}$(공통)

$\overline{OA}=\overline{OB}$(반지름)

현의 수직이등분선/현의 길이

(1) 원에서 현의 수직이등분선은 그 원의 중심을 지난다. (2) 원의 중심에서 현에 내린 수선은 그 현을 수직이등분한다.

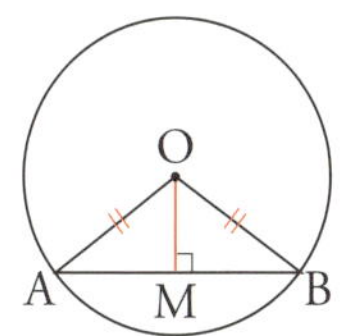

(2)의 증명. △OAB가 이등변삼각형이므로 이등변삼각형의 성질에 따라 $\overline{AM}=\overline{BM}$이다.

한 원에서 중심으로부터 같은 거리에 있는 두 현의 길이는 같다. (한 원에서 길이가 같은 두 현은 원의 중심에서 같은 거리에 있다.)

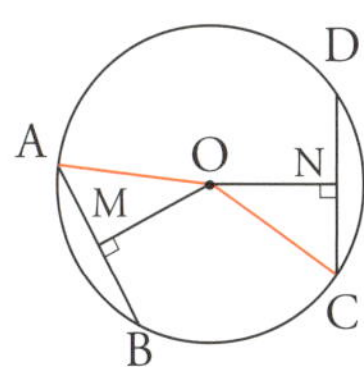

증명. △OAM≡△OCN(RHS합동)

∠OMA=∠ONC=90°

$\overline{OA}=\overline{OC}$(반지름)

$\overline{OM}=\overline{ON}$(가정)

∴ $\overline{AM}=\overline{CN}$

각 변을 2배 하면, $\overline{AB}=\overline{CD}$

원주각의 성질1

원에서 한 호에 대한 원주각의 크기는 모두 같다. 원주각은 중심각의 절반 크기이다.

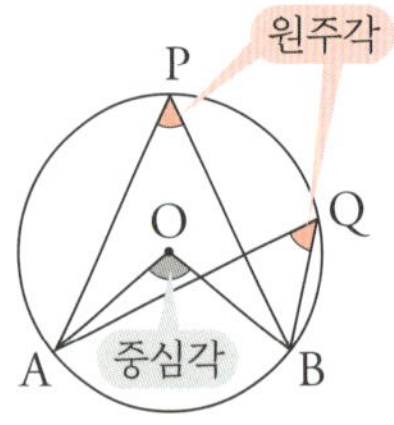

중심각의 성질과 마찬가지로 길이가 같은 호에 대한 원주각의 크기는 같다(크기가 같은 원주각에 대한 호의 길이는 같다).

원에서 한 호에 대한 중심각은 하나뿐이지만 원주각은 무수히 많다.

반원에 대한 중심각은 180°이므로 반원에 대한 원주각은 90°이다.

원주각이 중심각의 절반 크기인 것은 중심을 지나는 보조선을 그어 삼각형 닮음으로 증명 가능하다.

원주각의 성질2

원에 내접하는 사각형에서 마주 보는 두 내각의 크기의 합은 180°이다.

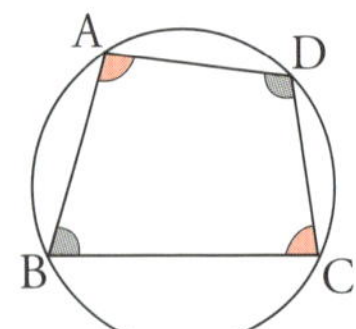

원 위에 4개의 점이 있을 때 점을 이어 만든 사각형은 원에 내접한 사각형이 된다. 원에 내접한 사각형의 마주 보는 내각을 서로 '대각'이라고 한다.

원과 사각형도 필수적으로 암기해야 하는 성질이다. 그림을 유심히 보아두어야 한다.

원의 접선과 그 접점을 지나는 현이 이루는 각은 그 각 안쪽 호에 대한 원주각의 크기와 같다.

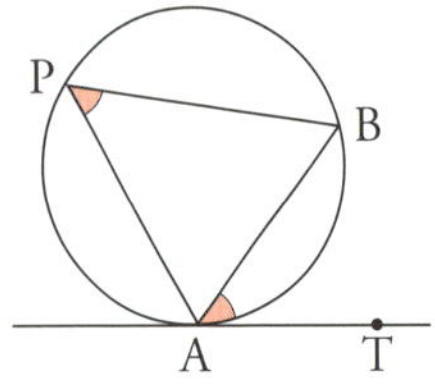

$\angle APB = 90°$인 경우를 직관적으로 먼저 받아들이면 그 외의 경우도 증명을 이해하기 쉽다. ($\angle BPA$는 반원인 $\overset{\frown}{AB}$의 원주각이므로 90°이다.)

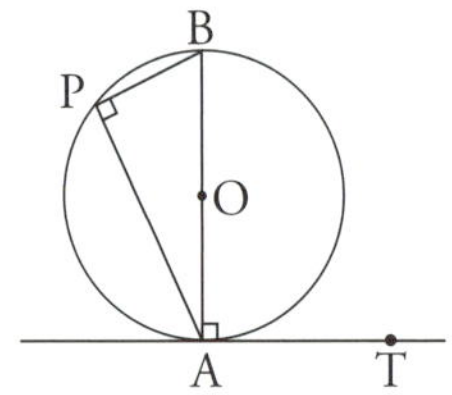

<table>
<tr><td colspan="2">산포도</td></tr>
<tr>
<td rowspan="3">자료가 흩어져 있는 정도. 분산, 표준편차를 이용해 산포도를 측정할 수 있다.</td>
<td>편차를 통해 자료와 평균이 얼마나 차이가 나는지 알 수 있다.
편차=(각 자료)−(평균)</td>
</tr>
<tr>
<td>분산은 편차 제곱의 평균이다. 차이가 나는 정도의 평균이라 생각하면 이해가 쉽다.

$$분산 = \frac{(편차)^2의\ 합}{(자료의\ 개수)}$$</td>
</tr>
<tr>
<td>일반적으로 분산은 편차 제곱의 평균이어서 그 값이 크다. 제곱근을 씌워 알맞은 크기로 계산하면 편리하다.
표준편차=$\sqrt{(분산)}$</td>
</tr>
</table>

<table>
<tr><td colspan="2">산점도</td></tr>
<tr>
<td rowspan="2">두 변하는 양 x, y를 순서쌍 (x, y)로 표현하여 좌표평면(제1사분면) 위에 나타낸 그림.</td>
<td>그림이 오른쪽 위로 올라가면 양의 상관관계(관련이 많다), 오른쪽 아래로 내려가면 음의 상관관계(관련이 적다)라고 한다.
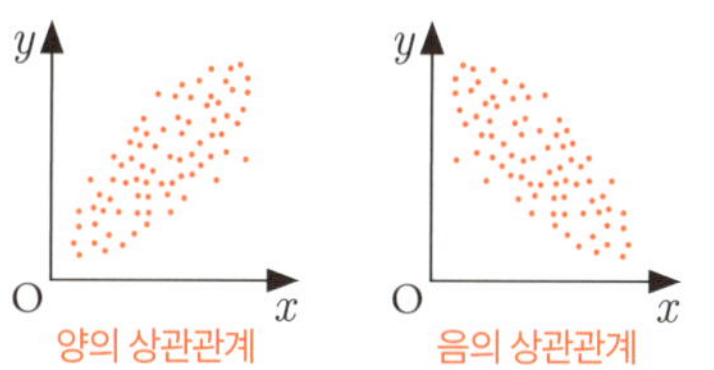
</td>
</tr>
<tr>
<td>기울기가 느껴지지 않는 그래프는 상관관계가 없다고 말한다.
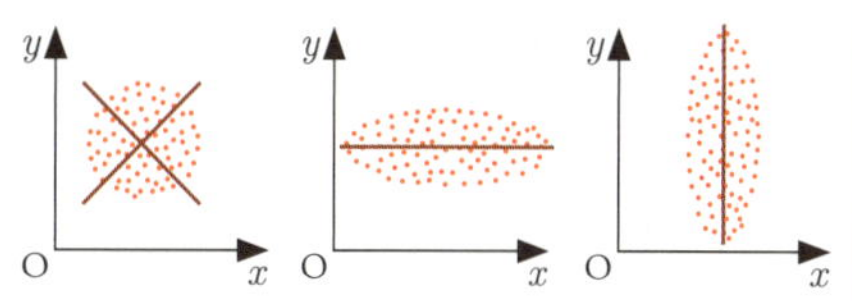</td>
</tr>
</table>

다시 중학생으로 돌아가 수학을 공부한다면

중학교 입학을 앞둔 초등 6학년 겨울방학이었습니다. 교육열이 높았던 제 어머니는 잘 가르친다는 영어 학원에 대한 이야기를 듣고는 새벽에 줄을 서가며 제 수업을 등록했습니다. 처음 배운 영어는 상당히 흥미로웠고, 나름 좋은 점수도 받았습니다. 그러다 보니 학원에서는 수학도 같은 수준으로 등록을 하라고 권했지요. 그렇게 떠밀려 수학 상위반에 들어갔습니다. 그 반의 수업 교재는 극심화 문제집인 《A급 수학》이었습니다. 개념 설명도 없이 숙제만 제 손에 쥐여졌습니다. 당연히 해답지는 뜯겨 나간 상태였고(당시에는 인터넷에 해답지가 돌던 때가 아니라 구할 방법도 없었습니다), 거의 손도 못 대고 끄적거리다 가져간 문제집은 빨간 소나기만 채워져 되돌아왔습니다. 그 상황이 싫었지만 더 어이없었던 건 반 친구들은 그 말도 안 되는 걸 또 해내고 있었다는 겁니다. 진짜 자괴감이 밀려오더군요.

아직도 그때 배웠던 단원이 기억납니다. 중 2학년 <함수>였습니다. 기울기가 뭔지, y절편이 뭔지 제대로 설명도 해주지 않은 채 열 줄이 넘는 문제를 풀어 오라고 하는데, 지금 아이들처럼 저도 "진짜 무슨 소린지 하나도 모르겠네!"라는 말을 했습니다. 그렇게 저는 선행을 하다 처음으로 수학을 놓았습니다. 하지만 학교에서까지 그러는 것은 제 자존심이 허락하지 않았습니다. 학원의 무리한 선행에서는 마음을 놓았지만, 대신 중학교에 입학한 이후 수학 수업에 있는 힘껏 집중했습니다. 그렇게 시간을 들이다 보니 드디어 함수가 이해되기 시작하더군요. 자신감이 생긴 저는 집에서 기초 문제집을 풀며 복습하기 시작했고, 다시 정상 궤도에 오를 수 있었습니다.

무엇이든 늘 처음은 어렵고 힘듭니다. 특히 외계어 같은 수학은 더욱 그렇고요. 하지만 꽤 많은 시간을 공부에 쏟는 경험을 하고, 자신보다 더 공부에 진심인 아이들을 관찰하다 보면 수학을 잘할 수 있는 방법이 눈에 보이기 시작합니다. 그래서 지금부터 말씀드리는 건, 제가 다시 그 시절로 돌아가 중학생이 된다면 이렇게 공부하겠다 싶은 방법입니다. 그 시절의 저만큼 수학이 힘든 아이들에게 알려주고 싶습니다. 할 수 있는 한 가장 쉽게 수학을 잘할 수 있는 방법을요.

평소에는 이렇게 공부하겠다

● ● ● ● ● ●

| 어느 수준의 학생이든 학교 수업을 최우선에 두어야 한다

이유에는 여러 가지가 있습니다만, 가장 결정적인 이유는 교사가 시험을 출제한다는 것입니다. 교과서가 주 교재인 학교 수업이지만 수업은 교과서만으로 진행되지는 않습니다. 집중을 위해 활동을 하기도 하고, 모자란 문제 수를 채우기 위해 보충

프린트를 추가하기도 하지요. 그러니 수업에서 다루는 내용은 '교사의 의도대로 편집된 교과서'라고 생각할 수 있습니다.

시험 문제도 마찬가지입니다. 가르치지 않은 것을 출제할 수는 없으니, 시험 출제는 '가르친 것' 위주로 하게 됩니다. 학원에서는 시험 대비를 위해 각 학교의 기출 문제를 많이 풀립니다. 하지만 학원 강사가 직접 학교 수업을 듣지 않는 한 수업에서 어떤 내용이 빠졌고, 어떤 내용을 강조했는지는 알 수 없습니다. 게다가 아무리 기출 분석을 한들 작년 교사와 올해 교사가 다르면 의미가 없습니다. 물론 하지 않는 것보다는 낫겠지만, 그러려면 엄청난 양의 문제를 풀어야 하는 것은 물론이고 그 모든 것을 암기해야겠지요. 학교 수업을 제대로 들었다면, '기본+수학 교사가 강조한 것'만 보면 되는 일인데 말입니다.

두 번째 이유는, 학교 수업이 개념 설명 위주로 진행되기 때문입니다. 학원들은 아이들의 시험 점수가 스펙이 됩니다. 당연히 개념을 이해시키기보다는 지금 당장의 점수만을 생각하며 아이들이 문제를 '풀 수 있게' 만드는 데만 집중합니다. 그래서 대부분의 학원은 아이들에게 "일단 풀어봐. 그리고 안 되면 푸는 방법을 알려줄게"라고 합니다. 문제 풀이를 연습하기에는 아주 좋지만 제대로 된 개념 설명을 듣기가 어렵습니다. 개념이 제대로 잡혀 있지 않은 채 문제 풀이법만 익히면 지금 당장은 어떨지 모르나 고등학교에서 고전을 면하기 어렵습니다.

그렇다면 학교 수업을 잘 듣기 위해서는 어떻게 해야 할까요? 먼저 그 수업 시간에 집중할 수 있는 기본 몸 상태를 만들어야 합니다. 너무 당연한 이야기이지만 기본이 안 된 아이가 너무 많습니다. 게임하다 늦게 자는 아이, 다이어트한다며 굶는 아이, 쉬는 시간에 축구하느라 체력을 모두 써버린 아이. 모두 수업 집중력을 끌어올리기 어렵습니다.

수업에 집중할 수 있게 기본 몸 상태를 만들었다면, 그다음은 교사가 무슨 이야기를 하는지 '알아들으려고 노력'해야 합니다. 수업 시간에 교실을 둘러보면 모든 아이가 수업을 듣고 있는 것처럼 보입니다. 하지만 한 명 한 명 자세히 들여다보면 절반 이상은 듣지 않고 있습니다. 만약 수업 집중력이 떨어진다면 스스로 '이거 시험에 나올 거야'라고 생각하거나 '딱 5분만 집중해보자'고 다짐해야 합니다. 45분 내내 집중하기는 힘들지만 5분은 가능합니다. 집중하려는 의지가 없으면 몇십 년 동안 서당 개가 된다 해도 간단한 더하기조차 불가능합니다. 수학은 흘려듣기로 공부할 수 없다는 것이 특징입니다.

만약 내용을 이해하지 못해 못 듣는 경우에는 이렇게 해보기를 권합니다.

1. 수업 시작 전 예습하기

거창하게 할 필요는 없습니다. 말이 예습이지 그저 수업 시작 전 1~2분간 책을 들춰 보는 것이지요. '오늘 뭐 배우지?' '교과서에 나오는 이 개념은 처음 보는 건데 무슨 뜻일까?' 일단 한 번 관심을 가지고 생각해보는 것만으로도 수업 시간 집중도를 높일 수 있습니다.

2. 그 시간 공부는 그 시간에 끝내기

예습보다 더욱 중요합니다. 중학교 수학 수업 시수는 자유학기를 제외하고는 대부분 4시수(일주일에 4일은 수학 수업이 있다는 뜻)입니다. 이렇게 거의 매일 수업이 있으면 진도가 어마어마하게 빠릅니다. 한 단원이 일주일 만에 끝나기도 하고, 100개가 넘는 문제를 풀기도 합니다. '이따 하지 뭐' 하는 순간 '못하는 것'이 됩니다. 특히 시험 기간에 몰아서 하기는 포기를 부르는 가장 빠른 길입니다.

제가 본 수학을 잘하는 아이들은 백이면 백, 수업 시간에 해야 할 공부를 끝냅니다. "교과서 90쪽부터 92쪽까지 푸세요"라고 말하면, 잘하는 아이들은 있는 힘껏 집중해서 그것을 끝내고 일어납니다. 하지만 제대로 하지 않는 아이들은 90쪽에서 약간 끄적거리다가 친구와 이야기하며 시간을 써버리거나 시간이 부족하다 싶으면 멈춰버립니다.

활동지나 숙제를 주는 경우도 마찬가지입니다. 잘하는 아이들은 활동지를 다 못 채웠거나 숙제가 주어진 경우 쉬는 시간을 할애해서라도 끝내버립니다. 매 수업 시간을 '불태웠다'며 집중하는 아이들과 대충 하는 둥 마는 둥 하는 아이들의 시험 점수는 말하지 않아도 얼마나 다를지 알 수 있을 겁니다. 그리고 이렇게 매 수업 시간에 집중하다 보면 예습과 복습도 확연히 쉬워집니다.

| 노트 한 권에 자신이 공부한 내용을 모두 모은다

행정고시, 사법고시 등 어려운 시험에 패스한 사람들이 입을 모아 칭찬하는 공부법이 있습니다. 바로 노트나 책 한 권에 자신이 공부한 내용을 모두 모으는 단권화입니다.

일단 수학 교과서나 문제집의 목차를 보며 단원의 제목을 씁니다. 그리고 수업 시간에 들은 내용이나 개념서 내용을 바탕으로 개념을 정리합니다. 이때 절대 빼곡하게 글씨를 쓰지 마세요. 내용을 계속 추가할 것이기 때문에 여백을 많이 남겨두고 목차 순으로 자신이 이해한 개념을 정리하는 겁니다. (앞 장에서 소개한 필수 개념들을 바탕으로 정리하면 더 수월할 겁니다.) 이것으로 1차 정리는 끝났습니다.

그런데 2차부터가 더 중요합니다. 다른 수업을 듣거나, 문제집을 풀면서 더 알게 되는 것들은 계속 생겨납니다. 그런 내용을 노트에 계속 추가하는 겁니다. 앞서 문제집을 세 번 풀라고 말씀드렸습니다. 이렇게 문제집을 풀고 틀리면서 알게 된 내용을 한 노트에 정리해두면 나중에 문제집을 직접 찾지 않더라도 편하게 복습할 수 있습니다.

유의할 사항이 있다면, 이 개념 노트는 일반적인 오답 노트가 아니라는 점입니다.

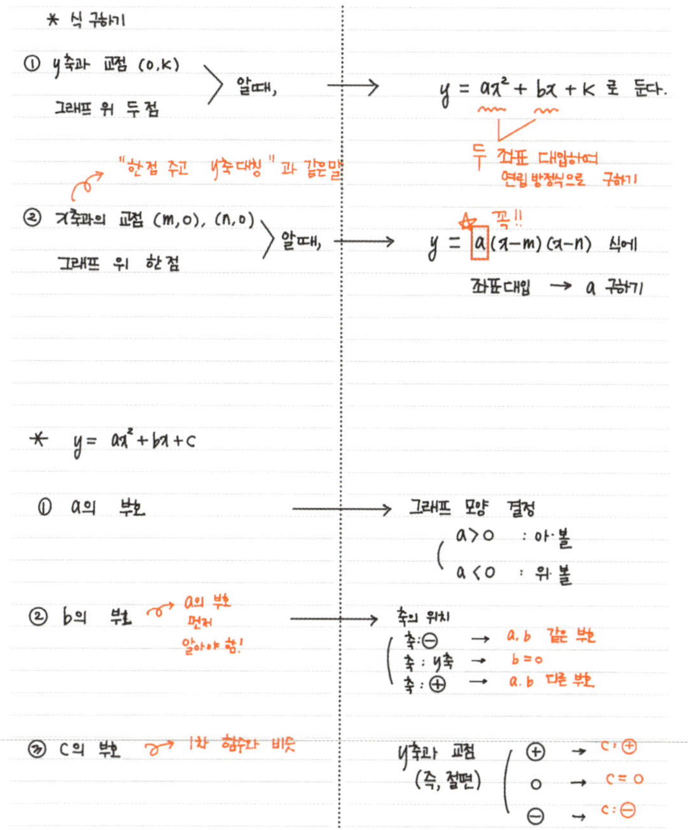

오답 노트는 문제를 모두 옮겨 적고 풀이를 적어야 하기에 많은 에너지가 듭니다. 하다 제풀에 지쳐 포기하는 경우도 많지요. 하지만 개념 노트는 문제를 다 쓰는 것이 아니라 문제에서 자신이 놓친 조건이나 풀지 못한 이유 그리고 꼭 기억하고 싶은 문제의 아이디어를 써두는 겁니다. 비슷한 표현이 나오거나 비슷한 조건을 다르게 생각하는 경우를 대비하는 것이지요. 만약 문제가 너무 어려워서 세 번 이상 풀어도 스스로 풀기 어렵고, 꼭 문제 전체를 기억하고 싶다면 오답 노트를 만들지 말고 그 문제를 오려 보관하는 편이 좋습니다. 그리고 될 수 있는 대로 자주 눈에 익혀야 합니다. 정리에 올인하지 말고, 내 머릿속에 집어넣는 데 올인하세요. 아무리 정리가 잘된 오답 노트라도 보지 않으면 아무 소용이 없습니다.

자신만의 개념 노트를 만들었다면 매일 수학 공부를 하기 전이나 아침 식사를 할 때 또는 자기 전 등 시간을 정해 한 번 이상 보기 바랍니다. 공부한 내용을 장기 기억에 넣는 방법 중 가장 효과적인 것은 반복 학습입니다. 이렇게 한 학기씩 정리하면 누구보다 탄탄하게 고등학교 수학까지 잘 해나갈 수 있습니다.

| 매일 일정량의 수학 문제를 풀고 틀린 문제를 익힌다

고등학교에서 수학을 가르칠 때입니다. 그 당시만 해도 야간 학습이 자율이 아니었습니다. 학교에서는 상위 몇 퍼센트의 아이들을 위한 '정독실'을 운영하기도 했는데요. 잘하는 아이들을 모아뒀으니 일반 교실보다는 훨씬 학습 분위기가 좋았습니다. 하지만 그중에서도 가장 집중하는 아이는 늘 전교 1등을 하는 학생C였습니다. 의대에 합격한 후 이런 이야기를 하더군요.

"공부는 제가 제일 잘하는데, 제일 많이 하고 오래 하는 것도 저였어요."

전교 1등이라면 조금 여유를 부렸을 법도 한데 말이지요. 공부에서 '많이 하는 놈을 따라잡을 수 없다'는 말이 괜히 나온 것이 아님을 알 수 있습니다.

중학생도 마찬가지입니다. 제가 방과후 보충반 수업을 하면서 느낀 것은 딱 하나입니다. '안 하니까 못 하는구나!' 수학을 못하는 아이들은 잘하고 싶어 하지만 노력은 하지 않습니다. 핸드폰은 놓지 못하면서 100점이 찍힌 시험지만 부러워합니다. 잠자는 시간까지 아껴가며 공부하는 아이들의 노력에는 관심이 없습니다. 아니 어떨 땐 그런 행동이 비정상이라며 비웃기까지 합니다. 그리고는 유전자 탓을 하며 자신의 성적을 비관하지요.

수학을 잘하고 싶으면, 많이 해야 합니다. 진리입니다. 하지만 많이 하는 게 버겁다면, 일단은 매일이라도 해야 합니다. 중학생이 실력을 유지하기 위해 매일 해야 하는 공부의 양은 일반적으로 문제집 3장 정도입니다. 문제 수로 치면 30~40개가량이고요. 물론 학원에서는 이보다 훨씬 많이 시키기도 하지만 중학교에서 상위권을 지키기 위해서는 이 정도면 충분합니다.

단, 여기서 말하는 '문제 푸는 것'이란 다른 이의 도움을 받지 않고 스스로 고민해서 푼 후에, 틀린 문제들에 대해 공부를 하고, 처음부터 끝까지 자기 힘만으로 다시 풀 수 있게 만든 상태가 되는 것을 말합니다. 학원에서 문제 100개 이상의 풀이를 듣고 오더라도 스스로 풀 수 있는 문제는 10개도 안 될 겁니다. 강의를 들은 직후라도 말입니다. 그러니 학원 수업이나 인강 등을 '듣는 것' 말고 자기 손을 움직여 푸는 문제가 매일 30~40개 정도는 되어야 합니다.

혹 어떤 문제집을 풀지, 어떻게 풀어야 할지 모르겠다는 아이들을 위해 문제집 소개와 함께 자세한 공부법에 대해 알려드리겠습니다.

개념서 ▷ 유형 문제집 ▷ 응용(심화) 문제집

중학생에게 가장 적합한 개념서는 《개념원리 중학 수학》이나 《수학의 바이블 개념ON》입니다. 개념의 모든 유형을 펼쳐서 설명해두었고 문제 수도 적절합니다. 혹 문제가 너무 많아 부담스러운 아이에게는 《개념쎈 중등 수학》을 추천합니다. 문제량이 적은 편이라 개념만 정리하려는 경우에 적당합니다.

개념서를 볼 때는 개념 부분만 보지 말고 옆에 붙어 있는 설명을 꼭 읽어야 합니다. 소설책 보듯 열심히 상상하면서 읽다 보면 개념이 조금 정겹게 느껴지며 재미를 느낄 수 있습니다. 혹 읽었을 때 무슨 소리인지 모르겠다면, 일단 개념 바로 밑에 나와 있는 예제를 풀어보세요. 예제가 풀리지 않으면 풀이를 보면서 똑같이 따라 써봅니다. 그리고 한 줄 한 줄 왜 그렇게 되는지 생각해보면 개념이 이해가 될 겁니다. 그래도 이해가 안 된다면 단원을 표시해두었다가 EBS 강의를 활용하세요. 강의는 끝까지 듣는 것(완강)을 목표로 하지 말고 이해가 안 되는 개념의 강의만 골라 보는 편이 훨씬 도움이 됩니다. 혼자서 이해하려고 끙끙대다가 강사의 설명을 들으면 '아하!' 소리가 절로 나올 겁니다.

유형 문제집은《쎈 중등 수학》을 추천합니다. 이 문제집이 자신과 잘 맞지 않다고 생각되는 아이들은《개념+유형 실력향상 파워 중학 수학》이나《유형만렙 중학 수학》도 좋습니다.《개념원리 RPM 중학 수학》은《쎈 중등 수학》에서 C단계만 제외한 느낌이라 기본 문제만 풀고 싶은 아이에게 적당합니다.

《쎈 중등 수학》은 유형별로 정리가 아주 잘 되어 있습니다. 유형 설명 한 번만 잘 읽어보면 그 아래 이어진 문제 3~4개는 쉽게 풀려 성취감을 느끼기에 좋습니다. 혹《쎈 중등 수학》이 너무 어렵다고 느껴지면《개념+유형 기초탄탄 라이트 중등 수학》도 좋습니다.

개념서를 한 번 본 상태라면《쎈 중등 수학》의 B~C단계를 세 번 이상 푸는 것을 권합니다. 이때 푼다는 것은 단순히 문제를 풀기만 하는 것이 아니라 틀린 문제를 확인하는 과정까지를 말하는 겁니다. 모르는 문제여도 세 번 이상 반복 학습하면 결국은 이해가 됩니다. 문제집을 세 번 이상 풀라고 하면 아이들은 대부분 놀란 표정을 짓곤 하지만 본인들도 풀어보면 압니다. 세 번을 풀지 않으면서 머릿속에 다 넣는 것은 불가능한 일이라는 것을요. 생각보다 오래 걸리지 않습니다. 처음 풀 때 한 달이 걸렸다면 두 번째 풀 때는 2주면 되고, 세 번째 풀 때는 1주 정도밖에 걸리지 않을 겁니다. 점점 시간은 짧아지고 머릿속에 저장되는 내용은 늘어납니다. 공부하는 양에 비해 실력이 빠르게 늘어 성취감도 가질 수 있습니다.

이렇게 여러 번을 풀기 위해서는 문제집에 바로 풀지 않고 풀이 노트를 따로 마련하는 것이 좋습니다. 풀이 노트는 '수학 노트'라고 나온 노트(가운데 세로로 나눈 줄이 있는 것)를 쓰는 것도 좋고, 일반 노트를 반 접어서 쓰는 것도 좋습니다.

1. 풀이 노트에 문제 풀기

먼저 문제를 풀 때는 노트에 문제 번호를 쓰고 문제를 풉니다.

[문제8] $A=\sqrt{7}+\dfrac{1}{\sqrt{2}}$, $B=\dfrac{3}{\sqrt{7}}-2\sqrt{2}$일 때, $3\sqrt{2}A+\sqrt{7}B$의 값을 구하시오.

[문제9] 다음 등식을 만족시키는 a, b가 유리수일 때, 유리수 $a+b$의 값을 구하시오.

$$\frac{12}{\sqrt{2}}+\frac{15}{\sqrt{5}}+\sqrt{2}(3-\sqrt{40})=a\sqrt{2}+b\sqrt{5}$$

2. 빠른 답지로 채점하기

그날 정한 범위까지 문제를 다 풀면 빠른 답지(해설 없이 답만 나와 있는 답지로 문제집 앞부분에 거의 붙어 있음)를 보고 채점합니다. 이때, 틀린 문제는 물론이고 맞혔지만 풀이가 애매하거나 답을 찍은 문제를 골라 문제집에 표시해둡니다. 즉, 문제집은 깨끗한 상태로 두고 몇 번 틀렸는지 얼마나 헷갈렸는지만 표시하는 겁니다. 나만의 기호를 만들어 각 문제에 표시해두면 다음에 풀 때 '이번엔 틀리지 말아야지!' 생각하며 조금 더 신경 써서 풀 수 있습니다. 중요한 것은 문제를 푸는 것이 아니라 다시 풀게 하는 '피드백'입니다.

3. 틀린 문제는 노트에 다시 풀면서 틀린 이유 찾기

틀린 문제는 다시 한번 풀어봅니다. 그리고 어디서 막혔는지 떠올려봅니다. 개념을 제대로 몰랐던 것인지, 유형을 잘 몰랐던 것인지 풀이 방법이 생소했는지 말입니다.

개념이 부족했다면 개념 노트에 다시 한번 진하게 표시해두고, 문제집에서 어떤 조건이 이 개념을 말하는 것인지 꼭 적어둡니다. 아주 중요합니다! 유형을 잘 몰랐다면 문제집에서 대표 유형을 다시 살펴봅니다. 어떤 것에서 막혔는지 살피며 그것 또한 개념 노트에 정리해둡니다.

[틀린 문제] $a+b=\dfrac{1}{2}$, $a-b=-1$일 때, a^2-b^2+4a+4의 값을 구하시오.

[개념 노트]

※ 인수분해 공식을 이용한 계산	
1) 완전 제곱식 이용	
$a^2+2ab+b^2=(a+b)^2$	
$a^2-2ab+b^2=(a-b)^2$	ex) $10^2+6×10+3^2$

2) 제곱의 차 이용	
$a^2-b^2=(a+b)(a-b)$	ex)$50.5^2-49.5^2$
3) 인수분해 안 되면 직접 대입	$a+b=\dfrac{1}{2}$, $a-b=-1$일 때, a^2-b^2+4a+4?
	⇨ 공통인수가 나올 것 같지 않으면, 일부만 인수분해 하지 말 것! 이럴 땐, 한 문자 내림차순 유형으로‼
4) 무리수 소수, 정수부분 이용 문제	$\sqrt{2}$의 소수부분 x
$\sqrt{5}$의 정수부분 : 2	⇨ $x=\sqrt{2}-1$
$\sqrt{5}$의 소수부분 : $\sqrt{5}-2$	⇨ $(x+1)^2=2$ 이용하는 경우 많음‼

이외의 원인이라면 해답지와 자신의 풀이를 한 줄씩 비교하며 어디서 막혔는지 찾아냅니다. 몰랐던 부분이나 생각해내지 못했던 부분 혹은 정확하게 숙지하지 못했던 개념을 확인하여 색깔 펜으로 풀이 노트에 적습니다.

4. 빈 노트에 문제 다시 풀기

틀린 이유를 찾고 노트 정리까지 끝나면 해당 문제를 빈 노트에 처음부터 끝까지 다시 풀어봅니다. 그리고 다음 문제로 넘어갑니다.

여기까지가 첫 번째 문제 풀이 과정입니다. 두 번째, 세 번째 풀이 때도 1~4를 반복하되 첫 번째 과정에서 틀렸거나 애매했던 문제를 풀어봅니다.

문제를 두 번째 풀 때는 조금 다르게 풀어야 합니다. 이전에 틀렸고 시간을 들여 공부했기 때문에 풀이가 기억나는 것도 있을 겁니다. 그런데 최대한 풀다가 또 틀렸다면 이번에는 첫 번째 풀이 때보다 더 시간을 들여 고민해야 합니다. 개념 노트를 한 번 더 찾아보고, 기록해둔 풀이 아이디어도 적용해봅니다. 그래도 모르겠다면 이전처럼 다시 한 번 해답지와 비교하며 놓친 부분을 공부합니다.

세 번째쯤 풀게 되면 두 번 틀린 문제도 슬슬 외워질 겁니다. 그래도 문제를 처음 본 것처럼 다시 한번 풀어보세요. 세 번 이상 풀어야 문제를 보기만 해도 답이 떠오르는 경지에 오를 수 있습니다.

아이들은 대부분 '문제를 푸는 것'을 공부라고 생각합니다. 하지만 문제를 푸는 것 자체로는 공부가 되지 않습니다. 그저 내가 알고 모르는 것을 가리는 것밖에 되지 않지요. 해답지를 눈으로만 읽고 넘어가면 다음번에 당연히 또 틀립니다. 시간만 낭비할 뿐입니다. 틀렸을 때는 '다음에는 절대 틀리지 않겠어! 이 문제가 시험에 나오면 이 조건을 꼭 기억해야지!'라는 생각으로 기를 쓰며 기억하려고 노력해야 합니다.

유형 문제집을 여러 번 풀어서 문제만 봐도 '이 문제는 이렇게 푸는 거지'라고 알 정도가 되면 응용 또는 심화 문제집을 풀어야 합니다. 응용 또는 심화 문제집은 유형 문제집을 풀고 난 직후에 풀어도 좋지만 저는 시간이 여유로운 방학을 이용하기를 권합니다. 이에 관해서는 뒤에서 자세히 설명하겠습니다.

시험 기간에는 이렇게 공부하겠다

중학생들은 대부분 시험 보기 전 한 달 정도를 '시험 기간'이라고 부릅니다. 학원에서는 주말 호출을 시작하고, 아이들은 칠판에 디데이(D-day)를 적어나가기 시작합니다. 하지만 솔직히 수학 시험 공부를 위해 한 달이라는 기간이 필요한지는 잘 모르겠습니다.

매일 수학 문제를 30~40개씩 풀고 확인하는 아이라면 시험 기간은 2주 정도면 충분합니다. 이 생각에 확신을 가지게 된 것은 최상위권 학생들과 이야기를 나누며 그들도 비슷한 생각을 하고 있다는 것을 알게 되었기 때문입니다. 늘 전교 1등을 놓치지 않는 학생D 또한 그랬습니다.

"전 시험 기간에는 수학 공부 안 해요. 수학 공부는 평소에 하는 거죠."

반면 대부분의 아이들은 시험 기간 동안 학원에서 기거하다시피 오랜 시간을 머뭅니다. 뭐가 그렇게 배울 게 많냐고 물어보면 대부분 같은 대답입니다.

"문제 1000개를 풀어야 시험 준비가 끝난대요. 그날 할 거 다 못하면 집에도 못 가요. 주말에는 9시간씩 있었어요."

그 대답에 놀라다가도 어쩌면 기초가 전혀 없는 아이들에게는 양치기 공부가 효과적이겠다는 생각도 했습니다. 하지만 문제는 아이들의 태도입니다. 학원에 잡혀 짧은 시간 그렇게 많은 문제를 풀면 아이들은 문제를 (맞혀야 집에 갈 수 있으니) 맞고 틀리는 것에만 관심을 가질 뿐입니다. 즉, 문제들과 안면 트는 일만 반복하고 있는 겁니다. 늘 하는 말이 "아는 문제인데 못 풀었어요"인 이유겠지요. 달리는 기차 창밖으로 풍경 바라보듯 문제를 알아가는 것은 제대로 공부 방법을 익히고 문제를 풀어내는 데 아무 도움이 되지 않습니다.

| 범위 내 모르는 것 없이 시험장에 들어간다

시험 대비를 위해 가장 중요한 것입니다. 정해진 시험 범위에서 모르는 것이 없는 상태까지 공부해야 합니다. 즉, '기출 문제 100개 구경하고 시험 보기'가 목표가 되어서는 안 된다는 뜻이지요.

아이들은 청개구리처럼 공부합니다. 평소에는 수행평가 준비를 한다고 당장 급한 미술이론이나 가정 같은 암기 교과를 공부합니다. 시험 기간에는 수학만 잡고 발을 동동 구릅니다. 그런데 생각해보세요. 중학교 내신에 들어가는 비율은 모든 교과가 같습니다. 수학을 2주 잡고 공부하는 것과 가정을 2주 잡고 공부하는 것, 어느 쪽이 더 극적인 효과를 낼 수 있을까요?

기초가 없는 상태에서 수학을 잡고 있으면 1점도 더 받기 어렵습니다. 특성화고를 가기 싫다면서 시험 기간에 수학을 잡고 있는 것은 아무 효과가 없다는 뜻입니다. 수학을 잘하고 싶으면 시험 기간이 아닌 평소에, 방학 때 열심히 해야 합니다. 수학이라는 교과에 있어 시험 기간은 여태 공부해온 것을 복습하고 실전 준비를 하는 기간이니까요.

그렇다면 평소에 수학을 잘 공부해두었다면 시험 준비는 어떻게 해야 할까요? 시험 기간을 시험 전 2주로 잡고 정리해보겠습니다.

평소에 체크해둔 '틀린 문제' 다시 풀기

매일 3~4장씩 풀며 체크해둔 유형 문제집이 있을 겁니다. 문제집을 이전에 세 번을 풀어둔 상태라면 그때 세 번 연속 틀렸던 문제부터 다시 풀어봅니다. 중학교 시험은 어차피 절대평가입니다. 크게 어렵지 않습니다. 시간이 남는다면 응용 문제집까지 풀어보는 것도 좋습니다. 하지만 시간이 많지 않다면 정리해둔 아이디어만 다시 공부해도 충분합니다. 즉, 평소 풀던 유형 문제집에서 틀린 문제를 다시 풀어보고 정리해둔 개념 노트를 다시 한번 복습하면 됩니다.

학교 교재 다시 보기

시험 보기 일주일 전에는 학교 교재 위주로 공부합니다. 중학교에서는 부교재를 사용하지 않는 경우가 많지만 대부분 프린트는 있습니다. 시험 범위에 해당되는 교과서와 프린트를 모아 처음 보는 느낌으로 노트에 모두 풉니다. 그리고 이전에 틀린 문제나 이번에 틀린 문제를 체크해둡니다. (이런 연습이 가능하려면 평소 교과서에 바로 풀지 않고 노트에 풀어두는 게 더 좋습니다.) 그리고 유형 문제집을 풀 때처럼 개념 노트에 정리해가면서 틀리는 문제가 없어질 때까지 다섯 번은 풀어봅니다.

중학교 시험에서 A를 받는 것은 크게 어려운 일이 아닙니다. 하지만 100점은 결코 쉽지 않습니다. 100점을 받으려면 수업 시간에 교사가 했던 말들을 완벽하게 숙지하고, 학교 수업 교재에서 나온 문제는 눈 감고 풀 수 있을 정도로 준비하며, 시중의 유형 문제집을 마스터해야 합니다. 이중 가장 중요한 것이 바로 '학교 수업 교재를 눈감고도 풀 수 있을 정도로 준비'하는 것입니다.

고등학교에서 중학교로 옮겨온 직후 가장 많이 들은 말이 "고등학교만큼의 난이도로 출제하면 평균 30점도 안 나올 거다"였습니다. 첫 시험이 끝나고 바로 수긍했지요. 중학교 시험 문제는 웬만하면 가르친 데서 출제합니다. 그리고 배운 개념을 완벽하게 알고 있는가로 채점하는 경우가 많습니다. 물론 교사의 철학이나 학교 분위기에 따라 달라질 수 있지만 어쨌든 학교 수업 교재를 완벽하게 공부하는 것은 시험 준비 중 최우선으로 해야 할 일입니다.

| 열심히 공부해도 실전 연습이 필요하다

중학교에 올라와 처음 시험을 보는 1학년 아이들에게 시험 계획을 짜보라고 한 적이 있습니다. 엄청 열심히 고민하길래 어떻게 하는지 들여다봤더니 시험이 끝나고 뭐 먹으러 갈지를 고민하고 있더군요. 생각보다 아이들은 정말 시험에 관심이 없습니다.

시험을 친다고 하면 일단 좋은 점수를 받고 싶은 의지가 있어야 합니다. 그리고 '실전 연습'이 필요합니다. 아무리 열심히 준비하고 공부를 많이 해도 결국 시험 울렁

증으로 시험을 망치는 아이들도 많습니다. 멘탈이 약해서, 갑자기 기억이 나지 않아서, 시간이 너무 부족해서. 여러 이유가 있지만 결국 그것도 연습이 되지 않아서입니다. 실전 연습에 대해 이야기할 때면 대다수 아이들이 "시간 재면서 문제 풀면 돼요?"라고 단순한 질문을 던집니다. 물론 시간 내에 다 푸는 것도 중요하지만 조금 더 구체적으로 말하면, 현장에 있다고 생각하고 그 순간에 고민되는 것들을 계획해두는 것이 좋습니다.

문제 푸는 순서

중학교 내신 시험은 대체로 객관식과 서답형(단답형과 논술형을 포함한 형태)으로 구성됩니다. 물론 학교에 따라 객관식이 없거나 단답형이 없는 경우도 있습니다만 어떠한 구성이든 시험장에 들어가기 전 어떤 문제부터 풀지, 시간은 어떻게 분배할지 미리 생각해두어야 합니다. 채점을 하다 보면 객관식은 다 풀고 맞혔는데 서답형 답안지가 백지인 경우가 종종 있습니다. 시간 분배를 잘못하면 문제를 다 풀지 못할 수도 있다는 말입니다. 평소 열심히 하는 아이도 예외는 아닙니다. 시험 때 시간 분배를 잘하려면 일단, 문제를 유형과 난이도에 따라 네 가지로 분류해봅니다.

- 객관식 하
- 객관식 상
- 서답형 하
- 서답형 상

참고로 문제의 난이도는 배점과 같다고 생각하면 됩니다. 쉬운 문제에 많은 점수를 부여하는 것은 교육청에서 금지하는 사항이거든요. 대체로 객관식은 4~5점, 서답형은 6~10점 정도로 배점이 됩니다. 서답형 배점이 아주 클 것 같지만 곁가지 문제를 생각하면 객관식과 크게 차이가 나지는 않습니다.

문제를 분류했다면 이제 자신의 성향에 따라 시험 시간에 어떤 문제부터 풀지 미리 정해둡니다.

성향	풀이 순서
긴장을 많이 하는 아이	시험 자신감을 유지할 수 있게 객관식 하 → 서답형 하 → 객관식 상 → 서답형 상
서답형 쓰기에 자신 없는 아이	서답형 쉬운 문제에서 점수를 확보할 수 있게 서답형 하 → 객관식 하 → 객관식 상 → 서답형 상
객관식에 강한 아이	객관식 문제에서 점수를 확보할 수 있게 객관식 하 → 객관식 상 → 서답형 하 → 서답형 상

시간 분배

다음으로 계획할 것은 어디까지 몇 분을 사용할지 시간을 배분해두는 겁니다. 예를 들어 자신감을 위해 난도가 낮은 문제부터 푼다고 계획을 세워보겠습니다. 시험 시간 총 45분 중 마지막 점검(검산)에 쓸 10분을 제외하면 남은 시간은 35분, 이 안에 문제를 모두 풀어야 합니다. 초반에 '객관식 하' '서답형 하'를 푸는 데 15분만 쓰겠다고 생각해두고 시간을 계산해 적어둡니다. (실전에서는 시험에 집중해야 하므로 중간에 문제를 풀면서 시간 계산을 하는 것은 무리입니다. 실전 연습을 충분히 한 다음 실제 시험에서는 시험지를 받은 직후 시험지 맨 위에 '하 10:15, 상 10:35, 검 10:45'처럼 시각을 적어두세요.)

	풀이 순서	시간	시각 (시험이 10시에 시작한다고 가정)
1	객관식 하	15분	10:00~10:15
2	서답형 하		
3	객관식 상	20분	10:15~10:35
4	서답형 상		
5	검산	10분	10:35~10:45

이렇게 시간 분배 계획을 세웠다면 최소 하루나 이틀 전, 기출 문제를 이용해 계획한 대로 시험 보는 연습을 해야 합니다. 기출 문제는 인터넷을 이용해 구하세요. 배분한 시간에 맞게 서답형까지 완벽하게 쓰는 것을 최소 세 번은 연습해서 시험 자신감을 만들어둡니다.

세 가지 유형으로 문제 푸는 순서를 설명하고, 그중 한 유형으로 시간 분배 계획을 세워봤습니다. 그러나 시간 분배는 상당히 개인적인 부분입니다. 그렇기에 시험을 보면서 자신에게 맞게 개선해나가는 것이 중요합니다. 이번 시험을 보면서 전혀 맞지 않다고 생각된다면 다음 시험에서는 다르게 시도해보는 것이지요. 중학교 때부터 이런 시행착오를 거치며 자신에게 맞는 시간 분배 방식을 찾아두면 고등학교 시험뿐 아니라 수능도 긴장하지 않고 응시할 수 있습니다. 실수로 시험을 망치는 사고를 예방하는 가장 효과적인 방법입니다.

서답형은 많이 쓰기보다 알맞게 써야 한다

중학교 시험에 대해 걱정하는 이유를 들어보면 서답형 문제 때문인 경우가 많습니다. 초등학교 문제는 단순히 답을 찾거나 '식'을 쓰는 것이 일반적이었기에, 중학교에서 처음 만나는 서답형에 고민합니다. 중 1학년들이 인생 처음으로 쓴 서답형 답안지 중에는 이런 풀이가 유독 많습니다.

이 답안은 만점을 받았습니다. 이유는 '과정에 오류가 없고 중요 개념이 다 들어 있기' 때문입니다. 하지만 이렇게 쓰는 것이 바람직하지는 않습니다. 답안 작성에서 '길고 자세하게 쓰는 것'은 중요하지 않으니까요. 이렇게 이야기하듯 길게 쓰다 보면 시간이 절대적으로 부족해집니다. 검산하는 데 써야 할 시간을 낭비하게 되는 것이지요. 서답형 풀이에서는 딱 두 가지만 유의해서 쓰면 됩니다. 첫 번째는 채점 기준에 맞게 쓰기, 두 번째는 감점 요인 조심하기입니다.

채점 기준에 따라

서답형을 쓸 때는 서답형 채점 기준에 맞게 써야 합니다. 물론 한글이 필요할 때도 있지만 과하게 쓸 필요는 없습니다. 수학식만으로 풀이를 쓴 후, 전개에 논리적 비약이 일어날 경우 한글로 보충한다고 생각하면 됩니다. 즉, 풀이를 쭉 썼는데 그걸 읽는 사람이 '이 줄에서 이 다음 줄로 넘어갈 때 왜 갑자기 이렇게 된거야?'라는 의문을 갖지 않게 쓰는 것이 포인트입니다. 문제 유형에 따라 많이 다르기 때문에 교과서나 문제집에 '서답형'이라고 되어 있는 문제의 풀이를 직접 써보고 스스로 점검해 보는 수밖에 없습니다. 단원에 따라 반드시 들어가야 하는 용어나 이유가 있으니 말입니다. 해답지와 비교하며 자신에게 모자란 부분을 메우는 식으로 연습하는 것이 좋습니다.

감점 기준에 유의하며

문제 내용에 따라 채점 기준은 다르지만 감점 기준은 대부분 비슷합니다. 일반적인 기준은 다음과 같습니다.

- 계산을 실수한 경우
- 핵심어를 누락한 경우
- 기호, 단위, 표기, 정의 등을 잘못 쓴 경우

"선생님, 저 이거 계산 실수한 건데요. 핵심 아이디어는 맞으니까 1점만 깎으시면 안 돼요?" 라고 말하는 아이들이 종종 있습니다. 계산 과정에 부분 점수가 부여된 문제가 있습니다.

[문제]

지수, 하니, 유빈이의 키의 평균은 168cm이고, 지수는 유빈이보다 6cm가 더 크다. 하니의 키가 172cm일 때, 지수의 키는 몇cm인지 구하시오.

지수의 키를 x, 유빈이의 키를 y라고 두면,　　　　← [1점]

$$\begin{cases} \dfrac{x+172+y}{3}=168 \ \cdots \ ① \\ x=y+6 \quad \cdots \ ② \end{cases}$$

　← [1점]
　← [1점]

① $x+172+y=394$ ✓　　　　← [2점]

　　$x+y=112$

②를 이용하여 ①을 풀면, ✓　　　　← [2점]

$(y+6)+y=112$

$2y=106$

$y=53$

y의 값을 ②에 대입하면 ✓　　　　← [2점]

$x=53+6$

$\therefore x=59$ ✓　　　　← [1점]　　$\dfrac{3점}{10점}$

이 예시를 보면 계산 과정에 7단계로 점수가 부여됩니다. 만약 일곱 번째 단계에서 계산을 틀리면 1점이 감점되는 것이지요. 하지만 이 예시처럼 네 번째 단계에서 계산이 틀리면 다음 다섯~일곱 번째까지 틀리는 겁니다. 이런 풀이는 10점 만점에 3점만 받을 수 있습니다. 계산 실수를 방지하려면 적어도 중 2학년까지는 연산 연습이 필요합니다.

핵심 개념을 빠뜨리는 경우도 많습니다. 예를 들어 방정식 활용 문제는 '미지수를 무엇으로 두는지'를 꼭 적어야 합니다. 수업 시간에 교사가 서답형 작성 요령을 설명할 때 주의 깊게 듣고, 해답지에 어떻게 쓰여 있는지 잘 보고, 그대로 적는 연습을 해야 합니다.

[문제] 전체 일의 양을 1로 놓고, 상연과 은중이 하루에 할 수 있는 일의 양을 각각 x, y
라고 한다.

[답] x: 상연이 하루에 할 수 있는 일의 양

　　y: 은중이 하루에 알 수 있는 일의 양

$\vdots$

기호, 단위, 표기, 정의 등을 잘못 쓰기도 합니다만 다행히 아이들 대부분은 초등학교 때 기호, 단위, 표기 쓰는 법을 잘 배우고 오는 듯합니다. 하지만 '정의'는 그렇지 못해 문제가 될 때가 있습니다.

[문제] 정비례의 정의를 쓰시오.

[답] 정비례 : x가 2배, 3배, 4배, … 증가할 때, y도 2배, 3배, 4배, … 증가하는 관계

그런데 어떤 학생이 이렇게 정의를 적었습니다. "x가 2배, 3배, 4배, … 증가할 때, y도 2배, 3배, 4배 증가하는 관계." 당연히 감점했는데 학생이 거칠게 항의하더군요. '…' 하나 빠진 게 뭐라고 감점을 하느냐고요. 어떻게 생각하시나요?

정비례는 'x와 같은 비율로 y가 변화하는 것'을 뜻하는 용어입니다. 그 학생이 쓴 대로 '…'이 빠지면 'x는 증가하는데 y는 더 이상 증가하지 않는다'는 뜻이 됩니다. 당연히 정의가 아니지요. 하찮아 보이는 이런 기호가 정의를 왜곡시키는 경우가 있습니다. 이런 감점을 당하지 않으려면 수학 교과서에서 박스 처리되는 정의, 정리, 성질 등의 내용을 토씨 하나 틀리지 않게 외워서 써보는 연습을 하는 것이 중요합니다.

▎서답형은 곧바로 풀이를 써야 한다

서답형 문제는 배점이 크게 느껴집니다. 때문에 완벽하게 쓰고 싶은 아이들은 다른

아이들이 풀고 검산하는 데도 빠듯한 시간에 그 긴 풀이를 두 번씩이나 씁니다. 시험지에 초고를 쓰고, 답안지에 옮겨 적는 것이지요. 절대적으로 지양해야 할 일입니다.

서답형 문제는 읽음과 동시에 풀이 아이디어를 시험지에 쓰고, 그걸 보면서 답안지에 바로 풀이를 써내려가야 합니다. 중간에 틀린 부분이 있다면 두 줄 긋고 다시 쓰면 됩니다. 만약 처음부터 완전히 잘못 썼다면 크게 엑스(×) 자를 긋고 다른 여백에 풀이를 쓰세요. 그리고 채점자가 알아보기 쉽게 '이쪽에 ○번 풀이를 썼습니다'라고 적어두면 됩니다. 답안지 칸을 잘못 보고 다른 칸에 풀이를 쓴 경우도 마찬가지입니다. 잘 보이도록 큰 글씨로, 화살표로 바뀐 것을 표시해두면 교사가 알아서 채점합니다(단, 교사가 인지할 수 있게 표시해야 하며, 빨간색 펜은 사용하지 않아야 합니다. 교사가 인지하지 못할 경우, 시험에서 쓰라고 하는 펜을 사용하지 않은 경우는 채점되지 않습니다.)

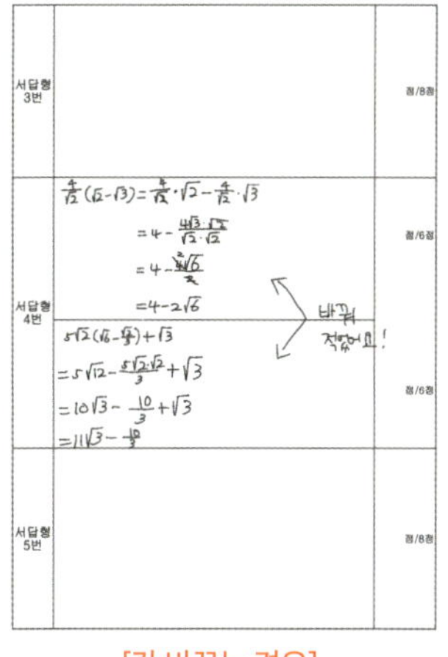

[칸 바꾸는 경우]

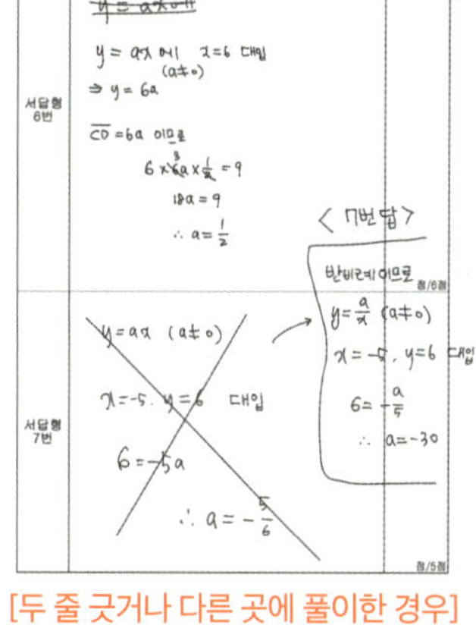

[두 줄 긋거나 다른 곳에 풀이한 경우]

서답형이 포함된 중학교 시험은 시간이 관건입니다. 어떻게 해서든 시간 안에 모든 것을 써내기 위해 계획을 세우고 연습하는 과정이 필수이며, 시험 시간은 1초도 대충 쓰지 않고 최선을 다해 집중하는 자세가 필요합니다.

방학 때는 이렇게 공부하겠다

중학교 수업은 생각보다 많지 않습니다. 1학년은 자유학기제가 있고, 2, 3학년도 진로체험 외부활동, 체육대회 주간, 현장체험학습 주간 및 각종 행사들이 즐비합니다. 이런 날들을 초등학생 때처럼 마음껏 즐기며 보내면 공부할 시간은 절대적으로 부족할 수밖에 없습니다.

게다가 중학생들에게 시험은 '공부하는 이벤트' 같은 이미지가 큽니다. 시험 기간이면 디데이를 세어가며 시험 날만을 기다리다(?) 시험이 끝나는 순간 다시 공부에서 멀어지며 편안한 일상으로 돌아갑니다. 그런데 더 문제가 되는 것은 이런 시험이 한 학기에 두 번밖에 없다는 사실입니다. 1년 중 3분의 1만 학원에서 '좀 듣다 오는' 공부를 하고, 나머지는 편하게 시간을 보낸다는 뜻이지요. 학원 다녀와서는 드러누워 유튜브 보다 잠들고, 주말마다 친구들과 인생 네 컷 찍고 마라탕을 먹는 게 일상이 되어서는 안 됩니다. 그 시절만의 즐거움을 누리는 것도 중요하지만 그렇게 남는 시간을 모두 노는 데 써버리면 고등학교 진학 후 너무 힘들어집니다. 고등학생이 되어 후회하지 않으려면 미래의 나를 위해 지금 여유의 50% 이상은 공부에 투자해야 합니다.

학기 중에 나름 열심히 공부했다면 방학을 맞이한 시점에서는 해야 할 것이 두 가지입니다. 첫 번째는 이전 학기 내용의 심화 공부이고, 두 번째는 다음 학기 예습입니다. 이전 학기 중에 유형 문제집을 여러 번 풀며 개념 노트를 정리했다면 이제 '문제만 봐도 어떻게 푸는지 알겠다' 싶은 경지가 되어 있을 겁니다. 그러면 방학 기념으로 아껴뒀던 심화 문제집을 풉니다. 주어진 시간이 많은 방학이 심화 공부에 가장 적절한 때입니다. 오전은 아예 '심화 문제집 푸는 시간'으로 정해두고 2~3시간 일정하게 수학에 머리를 적셔보기 바랍니다. 저는 심화 문제집 중에서 《일품》이 괜찮다고 생각하는데요. 선행 개념이 들어 있지 않으면서 사고력을 기르기에 적합해 보여서입니다. 《일품》을 풀 때는 내 실력 상승을 위한 것인 만큼 조금 더 정성을 들여야 합니다. 일단 문제를 풀기 전 전략을 세워야 하고, 조금 더 오래 고민하는 시간을 가져야 합니다.

심화 문제를 풀 때는 유형 문제와 다른 전략이 필요합니다. 유형 문제는 개념이 1~2개밖에 들어 있지 않아 푸는 방법만 알면 정말 쉽게 풀립니다. 반면 심화 문제는 이와 다르게 여러 가지 개념이 한꺼번에 들어 있는 경우가 많습니다. 게다가 그 개념을 어떻게 조합하여 풀어야 하는지 방법도 다양하고요. 아이들은 복잡한 문제를 볼 때 아는 게 나오면 일단 덤비는 경우가 많지만, 확실한 계획을 세우지 않고 풀기 시작하면 시간은 시간대로 쓰고 오답을 내게 됩니다. 심화 문제를 풀 때는 먼저 어떻게 풀 것인지 계획을 세워야 합니다. 예를 들어보겠습니다.

[문제] 어느 놀이공원의 입장료는 한 사람당 3000원이고, 30명 이상은 입장료가 30% 할인된 단체 입장권을 구매할 수 있다고 한다. 30명 미만의 단체는 몇 명 이상부터 30명의 단체 입장권을 구매하는 것이 유리한지 구하시오.

이 문제를 풀 계획은 다음과 같습니다.

1. '무엇을 구할 것인지' 목표를 정하기

문제에서 '몇 명 이상부터'라고 되어 있으니 그 몇 명을 x라고 두고, x를 구하는 것을 목표로 정합니다. 물론 '30명 미만의 단체'이므로 30명보다 x명 적다고 둘 수도 있습니다.

2. 조건을 따져보기

문제에 나와 있는 모든 단어가 문제의 힌트(조건)라고 생각해야 합니다. 각각의 단어에서 어떤 개념을 가져올 수 있을지 생각해봅니다. 1번에서 구하는 사람 수를 x명이라고 두었다고 할 때, 각 문장에서 떠올릴 수 있는 개념을 적어보겠습니다.

어느 놀이공원의 입장료는 한 사람당 3000원이고,　→ x명의 입장료: $3000 \times x$

30명 이상은 입장료가 30% 할인된 단체 입장권을 구매할 수 있다고 한다.

30명 미만의 단체는　　　　　　　　　　　　　　→ $x < 30$

몇 명 이상부터 30명의 단체 입장권을 구매하는 것이 유리한지 구하시오.

→ x명이 정상적으로 내는 입장료: $3000 \times x$

→ 30명 단체 할인 입장료: $(3000 - 900) \times 30$

3. 개념을 이용해서 어떤 방법을 쓸지 생각하기

앞서 1에서 이야기했듯 처음부터 입장하는 사람의 수를 x라고 둘 수도 있고, 30명보다 몇 명이 적은지, 즉 30명보다 x명이 적다고 둘 수도 있습니다. 이 단계에서는 '어떤 방법을 쓰는 것이 빨리 푸는 데 유리한지'를 생각합니다. 일단 전자라고 하면 'x명이 정상적으로 내는 입장료: $3000 \times x$' '30명 단체 할인 입장료: $(3000 - 900) \times 30$'이라고 했고, '유리한 것'은 돈을 적게 낸다는 뜻이므로 '(x명의 입장료) > (30명 할인 입장료)에 해당하는 부등식을 세우면 되겠다'라는 계획을 세우는 겁니다.

이렇게 계획(1~3)을 세우면 풀이를 시작하고, 답이 나오면 조건에 어긋난 부분이 없는지 확인합니다. 이로써 풀이가 끝납니다.

계획 단계도 학원에서 배울 수 있는 게 아닌가 궁금한 분들이 있을 텐데요. 이 단계를 학원에서 '보여줄 수는' 있습니다. 하지만 아이가 직접 계획하는 것을 도와줄 수는 없습니다. 중학교 수학은 '암기하는 것'만 해도 점수가 잘 나오는 데다가 학부모와 학생은 생각할 시간이 주어지는 것보다 진도를 빼는 것을 선호하기 때문입니다. 하지만 고등학교에서 수학으로 고전하지 않기 위해서는 반드시 계획을 세우는 연습이 필요합니다. 한 문제에 30분 이상을 투자하더라도 직접 계획을 세우고 실행하고 답을 찾는 과정을 통해 문제를 해결하는 경험을 해보세요. 이 연습을 하기 전과 후로 수학 실력이 나뉜다고 할 정도로 강렬한 경험이 될 것입니다.

혹 문제에서 힌트조차 눈치채지 못할 정도로 너무 어렵게 느껴진다면, 자신이 무엇을 놓치지는 않았는지 개념 노트와 앞에 풀었던 유형 문제들을 다시 한번 살펴보기를 바랍니다. 여태 봐온 유형의 문제를 응용해서 풀 수 있는 것이 아니라면 완전히 새로운 내용일 수 있습니다. 이제 '완전히 새로운 유형을 자세히 설명해줄 선생'인 해답지와 만날 차례입니다. 내가 생각하지 못했던 아이디어, 신기한 풀이 등을 보면 '대박' 소리가 절로 나올 겁니다. 이 내용들을 개념 노트에 차곡차곡 채우며 수학 전투력을 높이기를 권합니다.

만약 중학생으로 돌아가 중학교 수학을 공부한다면, 저는 머리가 잘 돌아가는 오전에는 심화 문제를 가지고 끙끙대는 시간을 가지겠습니다. 오후에는 편하게 인강을 들으면서 예습을 하고요. 그리고 저녁에는 오후에 들었던 인강 내용과 관련된 개념서를 풀겠습니다.

예습이라고 해서 대충 맛만 보는 식으로 공부해서는 안 됩니다. 설렁설렁하는 공부는 안 하니만 못한 공부입니다. 뭐든 처음 보는 것은 신기하지만 어렵고 낯설기도 합니다. 개념서를 충분히 여러 번 봐서 학기가 시작됐을 때 부담 갖지 않고 수업을 들을 수 있는 정도면 충분합니다.

선행, 언제 시작하고 어디까지 해야 할까?

● ● ● ● ● ●

고등학교 생활은 늘 긴장감이 흐릅니다. 학생부 전형을 염두에 두고 있다면 학교생활에 올인해야 하지요. 진로 관련 동아리 활동도 해야 합니다. 틈틈이 진로와 관련된 책도 읽어 생기부에 채울 거리를 만들어야 합니다. 게다가 고교학점제가 시행되고부터는 한 교과에 여러 교사가 들어오는 경우가 있습니다. 이런 경우 교사에 따라 수행평가를 달리 준비해야 합니다. 3월부터 3, 6, 9월에 모의고사가 있고 4, 7, 10, 12월에는 중간고사와 기말고사가 있습니다. 코 박고 수행평가만 준비하다가 고개 드니 시험 기간인 셈이지요.

게다가 학교에서 치르는 모든 시험은 등급이 매겨져 입시에 적용됩니다. 단 한 번이라도 정신줄을 놓으면 평균 등급은 추락합니다. 게다가 중학교와는 달리 90점을 넘는다고 해도 A를 받지 못하는 경우도 생길 수 있습니다. 2022 개정 교육과정에는 같은 수학 교과여도 학교마다 평가기준을 다르게 둘 수 있기 때문이지요. 여기서 '다르다'는 '추정분할점수'로 처리할지 '고정분할점수'로 처리할지를 의미합니다. 예를 들어 추정분할점수로 처리한다면 각 시험의 난도와 학생 수준을 반영해 평가별로 등급이 다르게 부여됩니다. 고정분할점수로 처리한다면(예를 들어 90, 80, 70, 60처럼) 사전에 고정된 점수 기준으로 등급이 부여되고요. 즉, 같은 점수를 받아도 학교의 성적 처리 방식, 같은 학년 학생들의 수준에 따라 등급이 달라질 수 있습니다.

이런 압박 내신에서 마음 편하게 생활하는 아이는 거의 없습니다. 자발적 수포자인 아이도, 수업 시간 내내 엎드려 자는 아이도 마음은 계속 불편합니다. 그때 가서 '어떻게 되겠지'라는 마음으로 방관하거나 '큰일났다' 걱정만 할 것이 아니라 지금부터 차근차근 고등학교를 준비해야 합니다.

▌2022 개정 교육과정을 미리 살펴보면

2025년도 이후 고등학교에 입학하는 아이들은 2022 개정 교육과정에 따라 공부하게 됩니다. 2022 개정 교육과정에서 고등학교 수학이 변화된 부분이 무엇인지 살펴보겠습니다.

개정 교육과정에서는 교과 이름도 변경되고 선택의 범주도 바뀌게 됩니다. 선택할 수 있는 교과는 학교에 따라 다르지만 일반적으로 다음 표에 있는 교과 정도라고 생각하면 됩니다. (표에는 일반 선택과목까지만 정리했습니다. 성적 산출 방법은 교과나 영역별로 다릅니다.)

학년(과정)	2015 개정 교육과정	2022 개정 교육과정	내용
1학년(공통)	수학(상)	공통수학1	다항식, 방정식과 부등식, 경우의 수, 행렬
	수학(하)	공통수학2	도형의 방정식, 집합과 명제, 함수와 그래프
2~3학년(일반 선택)	수학1	대수	지수로그함수, 삼각함수, 수열
	수학2	미적분1	함수의 극한연속, 미분, 적분
	확률과 통계	확률과 통계	순열과 조합, 확률, 통계

성적 산출 방법	① 원점수
	② 성취도 5단계(A/B/C/D/E)　　　①~③ 모두 표기
	③ 석차등급(1~5등급)

그렇다면 수능은 어디서 출제될까요? 수학 영역은 예전 문과 수학인 '일반선택' 범위(회색)에서 출제됩니다. 이전 교육과정에서 이과냐 문과냐를 고민해야 했던 것보다는 마음이 조금은 더 편할 수 있겠으나 진로에 따라서는 진로 선택과목이 나뉘

니 중학교 시기부터 진지하게 자신의 진로를 생각해보는 것도 필요합니다. 특히나 요즘은 대학에서 학생부 전형으로 뽑는 인원이 많습니다. 중학생 때 미리 진로를 정한 후 고등학교에 입학해야 그에 맞게 생기부도 챙기고 선택과목도 정할 수 있어 조금이라도 혼란을 줄일 수 있습니다.

수능 출제 범위가 예전 문과 수학이라고 하니 시험 범위가 줄어든 게 아니냐며 기뻐하는 아이들도 있을 거라고 생각합니다. 하지만 시험 범위가 좁을수록 난도는 올라갑니다. 범위가 적은데 문제마저 쉬우면 변별이 힘들기 때문이지요. 킬러 문항을 없애라는 교육부의 지시 덕에 '준' 킬러 문항이 늘어났습니다. '점수를 주는 문제'는 없고 대부분 '생각을 요하는 문제'가 되었다는 뜻입니다.

모의고사를 들여다보면

중 3학년 2학기 기말고사 후에는 수업이 참 힘듭니다. 중학교 수학을 복습하면 안다고 안 듣고, 고등학교 수학을 가르치면 모른다고 안 듣습니다. 그런 와중에도 아이들이 솔깃해하는 수업이 있긴 있습니다. 바로 '3모 기출'. 고등 1학년 3월에 보는 모의고사 기출 문제에 관한 수업입니다. 여태 겪어보지 못한 모의고사이기에 제법 관심이 모입니다. 대체 어떤 시험이길래 다들 '3모, 6모, 9모'를 말하는지 궁금하기도 하고, 자신이 해왔던 공부가 고등학교에서도 통할지 걱정되기도 하는 것 같습니다. 하지만 정작 모의고사 범위가 어디인지, 어떻게 진행되는지는 전혀 모르는 아이가 많기에 알려드립니다.

차시	과목	문제 수	시간
2교시	수학	30문항	100분

시행월	시행일	주관	영역
3	26(수)	서울시교육청	중학교 전 범위
6	4(수)	부산시교육청	6월 진도에 맞춰 (~공통수학1 Ⅳ여러 가지 방정식과 부등식)
9	3(수)	인천시교육청	9월 진도에 맞춰 (~ 공통수학1 Ⅳ행렬)
10	14(화)	경기도교육청	10월 진도에 맞춰 (공통수학1 전 범위, 공통수학2 Ⅰ도형의 방정식)

※2025학년도

　3월 모의고사는 중학교 수학 전 범위이지만 그다음 시험부터는 배운 내용 전부가 시험 범위입니다. 6월에는 3~6월 동안 배운 내용, 9월에는 3~9월 동안 배운 내용, 즉 시간이 지날수록 계속해서 누적된다고 보면 됩니다. (교육과정이 바뀜에 따라 범위는 달라지겠지만 위 2025년의 모의고사 정보를 참고하세요.)

　가끔 "내신 성적에 들어가지 않는데 굳이 모의고사를 공부할 이유가 있나요?"라고 묻는 아이들이 있습니다. 물론 모의고사 점수는 내신 성적에 들어가지 않습니다. 하지만 전국 단위로 자신의 위치를 평가할 수 있습니다. 자신의 성적이 어느 정도인지 대충 가늠을 해야, 가고 싶은 대학과 갈 수 있는 대학의 간극을 좁힐 수 있습니다. 그리고 초중고 12년간 공부한 내용을 단 하루에 평가해버리는 수능을 준비할 수 있는 건 이 시험뿐입니다.

　이런 모의고사에서 아이들이 겪는 어려움은 두 가지 정도로 생각해 볼 수 있는데요. 첫 번째는 오랜 시간 집중하며 앉아 있기입니다. 수학 영역의 시험 시간은 100분입니다. 여태 45분 이상 집중해본 경험이 없는 아이들이라면 100분을 앉아 있기 어렵습니다. 그 시간 동안 집중하는 것은 더 어려운 일이고요. 특히 난도가 높은 문제를 맞닥뜨릴 즈음이면 이미 집중력이 한계를 맞을 때입니다. 오래 집중하는 연습이 되어 있지 않으면 쉬운 일이 아닙니다.

두 번째는 심화 문제를 푸는 연습입니다. 어떤 모의고사를 막론하고 킬러 문항에 맞먹는 어려운 문제는 꼭 있습니다. 그리고 그런 문제를 풀지 못하면 결코 높은 점수를 받을 수 없습니다. 앞서 강조했던 '방학 심화 특훈'을 통해 낯선 문제를 대하는 태도나 끝까지 포기하지 않는 끈기를 길러두어야 합니다.

| 고등 수학을 미리 예습하는 아이들을 위한 조언

중학생의 눈에 고등학교 수학은 보기만 해도 답답할 겁니다. 양도 너무 많고 내용 자체도 어려워 보일 수 있습니다. 하지만 고등 1학년 과정은 중 3학년 내용과 다를 바 없습니다. 특히 1학기에 배우는 <다항식>, <방정식과 부등식>, <경우의 수>, <행렬>은 더욱 그렇습니다. <다항식>은 중 3학년 때보다 공식만 몇 개 더 추가되는 수준이고, <방정식>에서는 복소수만 추가됩니다. <경우의 수>는 용어가 몇 개 추가됩니다. 마지막으로 <행렬>은 이전 교육과정에 들어 있을 때도 '제일 쉬우니 이걸 먼저 봐'라고 했던 만큼 생각보다 어렵지 않은 단원입니다. 어쩌면 중 2학년에서 중 3학년이 될 때 갑자기 양이 많아져 느꼈던 충격보다 덜할 수도 있을 겁니다.

문제는 난이도입니다. 늦어도 중 3학년 겨울방학에는 고등 1학년 내용을 시작하되 유형 문제까지 마스터한다는 수준으로 해야 합니다. 마음 편하게 개념서(1권)를 두 번 풀어보고, 유형서(1권)을 세 번 보는 정도로 선행을 한 다음 개념 노트 정리까지 끝내는 방향으로 공부하기를 권합니다. (어떤 이는 선행을 할 때 심화 문제까지 다 해야 된다고 말하는데, 평범한 중학생에게는 현실적으로 불가능한 일이라고 생각합니다. 처음 만나는 개념도 익히기 힘든데 심화 문제까지 풀려면 너무 힘들어서 중도 포기하는 경우가 생기고야 맙니다.)

개념서를 보기 전에 그 범위에 해당하는 인강을 들어야 합니다. 고등학교 개념은 혼자 읽어서는 개념에 숨어 있는 뜻을 알아채기 어렵습니다. EBS를 들어도 좋고, OTT식 인강을 듣는 것도 좋습니다. 먼저 샘플 강의를 들어보고 자신에게 잘 맞는 강의를 정한 후 개념 정리를 시작하면 한결 수월할 겁니다. 고등학교 입학 후 학기 중에는 자신이 정리해둔 개념 노트를 바탕으로 심화 문제집을 푸는 방식으로 공부하면, 걱정만 하는 다른 친구들보다 훨씬 좋은 성적을 받을 수 있습니다.

그리고 중요한 포인트가 하나 있습니다. 인터넷이나 학원 강의로 문제 풀이에 대해 들을 때는 반드시 자기 힘으로 문제를 풀어보고 듣되, 정배속으로 듣기를 권합니다. 문제를 안 풀어본 상태로 강의를 빠르게 들으면 '들었다'는 데 의의를 두는 것 외에는 실력 향상에 도움이 되지 않습니다. 미리 문제를 풀면서 잘 모르는 부분, 이해가 안 가는 부분을 적어뒀다가 강사가 어떻게 해결하는지를 개념 노트에 따로 정리해야 합니다. 오답 따로 하기보다는 여러 번 풀어도 못 푼 문제는 문제를 잘라 보관하는 것이 좋습니다. 문제 푸는 양이 늘수록 틀린 문제도 많아지는 탓에 자주 보기 힘들 수 있습니다. 어떤 루틴을 만들어서라도 반드시 오답 복습은 필수입니다.

수학 교육 전문가들은 "무리한 선행은 독이다"라고 하면서도 "고등학교 가기 전에는 선행이 필요하다"고 말합니다. 고등학교의 현실이 가혹하다는 걸 알고 있기 때문입니다. 저도 같은 입장입니다. 중학교 때 고등학교 수학을 전혀 공부하지 않고 입학하면 도저히 따라갈 수 없는 속도로 수업이 진행됩니다. 고등학교에서는 교과서와 부교재까지 쓰는 데다가, 수업은 대부분 문제 풀이 위주입니다. 천천히 개념 잡고 문제 풀이까지 학기 중에 해내는 것은 상당히 어렵습니다.

이런 상황에서 미리 개념이라도 잡고 시작하지 않으면 심화 문제까지 풀기는 불가능합니다. 게다가 앞서 말했듯이 고등학교 시험은 난도가 아주 높습니다. 어디서 가져왔는지 알 수도 없는 킬러 문항이 내신 시험에 대거 등장합니다. 심화 문제까지 꼼꼼히 풀면서 '문제 푸는 법'을 제대로 익혀두지 않으면 좋은 점수를 받을 수 없습니다.

chapter 4

사회

중학교 사회 공부에 대한 가장 현실적인 이야기

사회가 어려운 이유를 알아야 해결책이 보인다

중학교 첫 수업 시간에 사회를 싫어하거나 어렵다고 생각하는 학생들이 얼마나 되는지 조사해보곤 하는데, 거의 절반 이상이 손을 듭니다. 사회가 어려운 이유를 물어보면 '내용이 많다' '단어가 어렵다' '무슨 말인지 모르겠다' '외울 게 많다' '관심이 없다' '재미가 없다' 등 다양합니다. 학생들이 어려움을 마음껏 토로하고 나면 충분히 그럴 만하다고 인정해준 뒤 지금부터는 사회가 쉽고 재미있게 느껴지도록 '이 선생님이 책임지고 만들어주겠다'는 공약을 내겁니다. 의심이 가득한 눈초리를 보내는 학생들을 향해 저만 믿으라며 호언장담하지요. 이제 저는 같은 약속을 이 책을 읽는 독자들에게 하고자 합니다.

자, 아이들이 사회가 어렵다고 생각하는 이유를 알아야 해결책을 알려줄 수 있겠지요? 사회를 어려워하는 아이들의 이야기를 다시 살펴보겠습니다.

| "무슨 말인지 모르겠어요."

가장 많이 등장하는 이유는 '단어가 어렵다'입니다. 중학교부터는 사회뿐만 아니라 모든 교과에서 해당 교과목의 뿌리가 되는 학문 분야의 용어를 그대로 사용하기 시작합니다. 물론 초등학교 때도 핵심 개념은 배웠지만 이제는 교과서에서 사용하는 어휘의 수준이 달라지게 되지요. 아이들 입장에서는 교과서가 분명히 한글로 쓰여 있음에도 마치 외국어를 읽는 듯한 느낌을 받기도 합니다.

해당 학년에서 알아야 할 어휘 수준에 미치지 못하는 아이는 사회라는 교과 세계에서 환영받지 못하는 손님, 배제되는 이방인과 같습니다. 어휘가 부족하면 공부 정서에까지 악영향이 미칠 수밖에 없습니다. 아이가 사회를 싫어하게 된 이유는 사회 교과가 자신을 받아주지 않는다고 '느끼기' 때문입니다.

특히 스마트기기 사용이 일상이 되고, 대부분의 정보를 인터넷상에서 접하는 요즘 아이들은 긴 글 읽기를 어려워합니다. 짧은 영상, 짧은 글이 범람하는 인터넷 세상에서는 빠른 시간 안에 많은 정보를 전달하기 위해 줄임말과 같은 신조어를 사용합니다. 대부분 한자어로 이루어진 주류 학문 세계의 어휘에 익숙하지 않습니다. 교과서는 아이들에게 게임의 룰 자체가 다른 세계입니다. 아이들은 공부를 시작하자마자 페널티를 안고 들어선 루저가 된 느낌을 받을 수 있지요. 게다가 사회 교과는 한자어로 된 낯선 어휘가 넘쳐납니다. 언뜻 보기만 해도 기가 죽기 십상입니다. 알고 보면 별거 아닌 내용이 대부분인데도 말입니다.

| **"공부할 내용이 너무 많아요."**

실제로 사회 교과는 내용이 많은 편입니다. 워낙 다양한 학문이 비빔밥처럼 섞여 있기 때문이지요. 어떻게 구성되어 있는지 뒤에서 자세히 살펴보기 전에 간략하게 설명해드리자면, 단원별로 주된 뿌리 학문이 달라서 같은 사회 시간인데도 단원에 따라 다른 교과를 배우는 것처럼 느껴지기도 합니다. 단원마다 주로 등장하는 핵심 개념도 달라집니다.

사회는 국영수와는 달리 내용 교과입니다. 수많은 내용을 범주화하고 핵심 줄기를 잡지 못하면 그저 파편화된 교과서의 정보가 무질서하게 자신을 공격하는 것 같습니다. '저걸 다 언제 공부해!' 어렵고 하기 싫다고 생각하게 되지요. 학문적 체계에 대한 이해가 부족하고 공부 방법이 잡혀 있지 않은 아이는 더 어렵고 복잡하게 느낄 수밖에 없습니다.

| **"외울 게 많아서 싫어요."**

대부분의 아이들은 암기가 힘들어서 사회가 싫다고 합니다. 그럼 저는 이렇게 말해주곤 합니다. "선생님은 20년 동안 사회를 가르쳤고 사회를 무척 좋아해요. 근데 이건 비밀인데요, 선생님은 암기를 싫어하고 심지어 잘 못해요!" 눈이 동그래진 학생들이 아무래도 못 믿겠다는 표정을 짓지요.

그런데 이건 아이들에게 용기를 주려고 한 말이 아니라 진짜입니다. 물론 사회를 공부하려면 외우기도 해야 합니다. 사회뿐 아니라 모든 교과를 공부할 때는 일정 부분 암기가 필요해요. 다만 그저 무턱대고 외워서는 소용이 없습니다. 체계를 잡고 흐름을 이해해야 저절로 암기되는 경우가 많습니다. 그리고 사회는 암기 교과라기보다는 이해가 중심이 되는 교과에 가깝습니다. 아이들이 외울 게 많아서 힘들다고 생각하는 이유는 사회 교과의 핵심을 파악하지도, 내용을 이해하지도 못했기 때문입니다.

사회 공부가 정말 쓸모 있는지 묻는다면

● ● ● ● ● ●

"국영수만큼 중요한 과목도 아닌데 사회를 싫어하는 아이들에게 굳이 사회 공부를 열심히 하라고 할 필요가 있을까요?"

사회가 무슨 쓸모가 있는지, 왜 공부를 해야 하는지 묻는 질문을 수없이 듣습니다. 그 질문에 사회 교사로서 나름의 대답을 드릴 수 있지요. 다음 이야기를 들으면 사회 공부의 의미가 충분하다는 사실을 깨달을 수 있을 겁니다.

현실적인 이유

사실 이전에는 이공계로 진학하고자 하는 아이들은 사회를 잘 못해도 크게 상관이 없었습니다. 고등 1학년에 배우는 통합사회 한 교과를 제외하면 반드시 사회 교과목을 들을 필요도 없고 더 이상 공부할 필요도 없었으니까요. 그런데 2022 개정 교육과정의 적용을 받는 아이들은 평가에서 커다란 변화를 맞닥뜨리게 되었습니다. 바로 수능 영역에서 선택과목이 사라지고 통합사회, 통합과학이 들어왔다는 점입니다.

이제는 문과를 지망하든 이과를 지망하든 모든 아이가 같은 교과로 수능 시험을 봐야 합니다. 사회를 좋아하지 않는 아이들도 수능 시험을 볼 때 사회를 피할 수가 없는 것이지요. 그런데 고등학교 통합사회는 중학교에서 배운 사회와 도덕 교과를 바탕으로 구성되어 있습니다. 중학교에서 사회와 도덕을 충실히 공부하는 아이들은 이미 고등학교 내신과 수능 대비를 하고 있는 것이나 다름이 없어졌습니다.

게다가 고등 2~3학년 때 배우는 다양한 사회탐구 선택과목이 아이들의 선택을 기다리게 됩니다. 이제는 이공계를 지망하는 아이들도 사회탐구 교과에 관심을 가질 가능성이 높아졌고요. 뒤에서 언급하겠지만 사회와 관련된 선택과목은 아이들에게 효율성 부분에서 매력적으로 여겨질 수 있습니다. 당연히 중학교 때 사회 교과에 자신감을 가지게 된 아이들은 고등학교에서도 높은 성취를 이룰 가능성이 높습니다.

[고등학교 사회 교과 선택과목]

일반 선택과목	세계시민과 지리, 세계사, 사회와 문화
진로 선택과목	한국지리 탐구, 도시의 미래 탐구, 동아시아 역사 기행, 정치, 법과 사회, 경제, 국제 관계의 이해
융합 선택과목	여행지리, 역사로 탐구하는 현대 세계, 사회 문제 탐구, 금융과 경제생활, 기후변화와 지속가능한 세계

※ 융합 선택과목은 5등급 상대평가에서 제외됩니다.

| 본질적인 목적

사회 교과를 공부해야 하는 이유가 이런 현실적인 이유 때문만은 아닙니다. 중학교 사회의 교과 구성을 찬찬히 살펴보면 고등학교 통합사회의 교육과정을 엿볼 수 있을 뿐만 아니라 사회를 공부해야 하는 본질적인 목적을 찾아볼 수 있습니다.

가장 단순히 이야기하면 사회는 '사회'에 대해 탐구하는 교과입니다. 교과 이름이 아닌 일상적으로 널리 사용하는 '사회'를 영어로 'society'라고 하지요. 사회가 무엇인지 명료하게 떠오르지 않는다면 반대말을 떠올려보면 됩니다. 한 사람이 혼자 있으면 사회라고 부를 수 없으니 '개인'이 반대 개념에 가깝습니다. 즉, 사회는 여러 사람이 모여 있어야 만들어지지요. 또 여러 사람이 함께 있어도 개개인이 서로 아무 관련이 없다면, 그리고 어떤 상호작용도 하지 않는다면 사회라고 부를 수 없습니다. 따라서 여러 사람이 모여서 무언가를 공유하고 상호작용하는 공동체를 '사회'라고 정리해볼 수 있겠지요.

"인간은 사회적 동물이다"라는 말도 떠올려볼 수 있습니다. 사람은 혼자서는 살아갈 수가 없습니다. 반드시 어딘가에 속하고자 하는 본능이 있어요. 그래서 가정을 일구고 학교에 다니고 모임을 만들고 국가에 속해 살아갑니다. 그런데 이것은 단지 외로워서만은 아니지요. 인간은 혼자서는 생존 자체가 불가능합니다. 아침에 일어나서 잠자리에 들 때까지 우리 주변을 둘러보면 우리가 삶을 영위할 수 있는 것은 다 누군가의 덕분입니다.

저는 사회 첫 시간에 칠판 한가운데 학생 한 명의 이름을 적습니다. 그리고 그(나)와 관련 있는 사람들을 주변에 하나씩 적어나갑니다. 부모부터 시작해서 친구들이 나오고, 교사도 나오고, 그러다가 미국 대통령까지 나아가기도 합니다. 이름이 점점 더 많아질수록 아이들은 온 인류가 놀랍도록 긴밀하게 연결되어 있다는 사실을 깨닫습니다. 사회란 그물처럼 촘촘하게 엮여 있는 사람들 간의 관계 그리고 그들의 상호작용, 즉 'net(그물) 속의 상호작용(work)인 network'라는 사실을 깨닫게 되는 것이지요.

물고기가 물 밖으로 나가서 살 수 없듯 우리 인간은 사회 밖에서는 살아갈 수가 없습니다. 그렇다면 과연 이렇게 중요한 '사회(society)'란 과연 무엇일까요? 이 거대한 질문에 대한 답을 하고자 노력하는 교과가 바로 '사회 교과(Social Studies)'입니다. 사회를 공부하는 것은 결국 나를 아는 것, 인간을 아는 것, 나와 연결된 타인을 아는 것, 나를 둘러싼 세계를 아는 것입니다. 그리고 사회 속에서 살아가는 법을 배우는 것이지요. 어떤가요? 이렇게 보면 사회보다 중요한 교과가 또 있을까 싶습니다. (설명이 여기까지 오면 학생들에게 다른 교과 선생님께는 비밀로 해달라고 요청합니다.)

| 효율적인 이유

사회는 공부하는 아이들에게 가장 즉각적인 효능감을 느끼게 해주는 교과입니다. 국영수와 같은 도구 교과(다른 교과를 학습하기 위한 능력을 길러주는 교과)는 학습 능력을 키우는 것을 목표로 하기 때문에 단기간에 성적을 올리기가 쉽지 않습니다. 오랜 시간 꾸준한 인풋이 필요하기 때문에 학원의 도움을 받는 경우가 많지요. 반면 사회는 내용 교과(지식의 내용을 다루는 교과)로 학습 방법을 깨닫고 조금만 공부하면 바로 큰 효과를 볼 수 있어 아이들이 공부 자체에 흥미를 느끼는 마중물이 되어줄 수 있습니다. 다시 말해 투자 대비 산출이 좋은 편이지요. 단기간에 성적을 크게 올릴 수 있는 효율적인 교과입니다.

예를 들면 수학은 개념 지식뿐만 아니라 계산 능력이나 문제 풀이를 위한 기능을 익혀야 하기 때문에 연습을 위한 시간과 노력이 많이 필요합니다. 반면 사회는 핵심 지식을 이해하고 암기하면 지필평가 문제에서 바로 정답을 찾아낼 가능성이 높습니다. 특히 중학교 때 사회를 공부하면서 개념을 이해하고 배경지식을 쌓아두면 고등학교에서 별로 힘들이지 않고 쉽게 좋은 성과를 얻을 수 있습니다. 많은 교과를 공부해야 하는 아이들에게 사회는 전략적으로도 매력적인 교과가 됩니다.

또한 사회는 자기주도적 학습과 그 효과를 경험하기에도 좋은 교과입니다. 사회 공부를 학원에서 하는 아이는 거의 없고, 선행을 하는 경우도 없습니다. 따라서 시험 기간에 사회 공부를 할 때에는 스스로 계획을 짜고 주도적으로 공부하는 경험을 하게 됩니다. 누군가의 도움 없이 혼자서 공부해서 성취를 이루면 공부에 대한 자신감을 얻고 자존감도 성장합니다. 나만의 공부 스타일을 찾고 스스로 주인이 되는 공부 경험을 해보기에도 사회만 한 교과가 없습니다. 아이가 스스로 어떻게 공부해야 할지에 대해서는 뒤에서 함께 살펴보도록 하겠습니다.

사회를 공부할 때 중요한 3가지 관점

• • • • • •

그런데 이토록 중요하고 효율적인 '사회'를 우리는 어떻게 공부할 수 있을까요? 사회 교과란 사회를 바라보고 설명하는 다양한 학문적 시각을 아이들의 눈높이에 맞추어 구성한 교과입니다. (여기서 주의할 점은 사회를 구성하는 주체가 인간이라는 것입니다. 인간들이 만든 것이 아니라 자연과 관련된 세계를 탐구하는 것은 과학 교과가 됩니다.)

1. 세계를 횡으로 바라보는 관점

우리가 살고 있는 곳을 중심으로 주변을 돌아보겠습니다. 내가 살고 있는 동네, 도시, 나라 그리고 세계. 이렇게 공간적 관점으로 사회를 관찰하는 방법은 '지리'라는 학문을 뿌리에 두고 있습니다. 공간을 살펴보면 먼저 내가 발을 딛고 살아가는 땅이 보일 것입니다. 평평한가, 높은가, 옆에 강이 흐르는가, 바다가 있는가. 이처럼 지형을 중심으로 우리의 삶을 바라봅니다. 그렇게 보다 보면 비가 많이 오는 곳도 있고 적게 오는 곳도 있습니다. 추운 곳도, 더운 곳도 있지요. 이때 지형과 기후를 자연적 사실의 관점에서 공부하면 과학(지구과학) 교과가 되고, 지형과 기후가 사람들의 삶에 어떤 영향을 미치는지에 대해 공부하면 사회(지리) 교과가 됩니다.

2. 세계를 종으로 바라보는 관점

현재부터 과거로 시간을 거슬러 올라가며 다양한 삶의 모습을 관찰하는 방법은 '역사'라는 학문에 뿌리를 두고 있습니다. 시간적 관점에 따라 어떻게 사회의 모습이 변화했는지 또는 변하지 않은 것은 무엇인지를 탐구하면서 인간 사회를 입체적으로 바라보게 됩니다. 초등학교에서는 사회 교과 내에서 한국사를 다룹니다. 중학교부터는 역사를 따로 분리해 세계사와 한국사를 학습합니다. 그래도 중, 고등학교 사회 교과 내에서도 시간적 관점은 여전히 사회를 바라보는 중요한 도구가 됩니다.

3. 사회를 다양한 각도로 바라보는 관점

학문의 세계에서는 이를 '사회 과학'이라는 이름으로 부르고 사회 교과 내에서는 '일반사회'라고 부릅니다. 정치, 법, 경제, 사회 문화 등이 그것입니다. 뿌리 학문의 시각에 따라 사회 문제를 권력의 문제로 다루기도 하고, 먹고사는 문제로 다루기도 하고, 불평등의 문제나 문화적 현상으로 다루기도 합니다. 이러한 관점들을 종합해서 사회를 탐구하면 좀 더 입체적으로 세상을 바라보는 능력이 생기겠지요.

사회 교과는 이렇게 다양한 시각으로 인간의 삶을 다룹니다. 따라서 사회에 흥미를 가지고 열심히 공부하는 아이는 교양과 상식의 수준이 높아지고 사고력이 깊어집니다. 세상을 종으로, 횡으로, 다양한 관점으로 바라보는 경험은 아이들이 수준 높은 생각을 할 수 있도록 돕기 때문에 간접적으로는 스스로 공부하는 능력을 키워줍니다. 더 나아가 자기 자신뿐만 아니라 타인에게 공감하게 되고, 내가 속한 세계뿐만 아니라 다른 문화를 포용하는 감수성을 기를 수 있지요. 즉 사회는 지성, 감성, 인성을 모두 함양하는 데 직접적인 기여를 하는 교과입니다. 사회를 잘 가르치면 공부하는 아이 개인이 훌륭하게 성장함은 물론 더 좋은 세상을 만드는 데 기여할 수 있다고 믿습니다.

사회를 잘하는 비결은 바로 '사회 문해력'에 있다

● ● ● ● ● ●

아이들이 왜 사회를 어려워하는지, 왜 중요한지, 어떤 내용을 공부하는지 살펴봤으니 이제 아이들을 어떻게 도와주면 좋을지 해결책을 찾아볼 차례입니다. 사실 해결 방법은 아이들이 어려움을 느끼는 지점에서 이미 '스포'가 되어 있었습니다. 핵심은 바로 '사회를 읽는 문해력'에 있지요. 그런데 여기서 사회를 읽는 문해력이 무엇인지 문해력의 의미를 두 가지로 나누어 살펴볼 필요가 있습니다.

| 사회 교과서를 읽는 문해력

첫 번째는 사회 교과서의 '글'을 읽을 수 있는 능력입니다. 교과서를 술술 읽을 수 있다면 사회 공부가 어렵지 않겠지요. 교과서가 이해되면 자신감이 생기고 공부 정서가 좋아집니다. 교과서를 쉽게 읽기 위해서 우선 사회 교과에서 주로 등장하는 어휘에 익숙해져야 함은 물론입니다. 앞에서 사회 교과는 다양한 학문적 뿌리를 바탕에 두고 있다고 말씀드렸습니다. 따라서 각 학문의 핵심 개념 어휘와 해당 학문 세계에서 주로 사용하는 어휘에 익숙해지면 교과서의 내용을 이해하는 데 무리가 없습니다.

그런데 어휘력과 문해력은 동의어가 아닙니다. 어휘력은 문해력의 기본입니다. 어휘력은 '해당 단어의 뜻을 알고 쓸 수 있는 능력'입니다. 문해력은 '단어의 뜻뿐만 아니라 문장을 읽고 문단의 핵심을 파악해 전체 글의 의도까지 이해할 수 있는 힘'이지요. 어휘를 안다고 문해력이 높다고 할 수는 없지만 어휘를 많이 알면 알수록 글을 잘 읽을 수 있는 가능성이 높아집니다. 반대로 문해력이 높은 아이는 잘 모르는 어휘도 쉽게 유추할 수 있기 때문에 어휘력을 높이기도 쉽습니다. 따라서 사회 교과서를 읽기 위한 문해력을 향상시키려면 핵심 어휘를 익히고 긴 글을 읽는 훈련을 꾸준히 하는 것이 중요합니다.

| 사회 교과의 내용을 읽는 문해력

두 번째는 사회 교과의 '내용'을 읽을 수 있는 능력입니다. 교과서는 아이들의 입장에서는 그다지 친절하게 쓰여 있지 않습니다. 짧은 분량에 중요한 내용을 압축적으로 전달하기 위해 아이들이 어느 정도의 배경지식을 가지고 있다는 전제로 쓰였기 때문입니다.

사회를 읽는 문해력은 단지 단어를 알고 있는 것만으로는 충분하지 않습니다. 글을 읽고 자신이 이해한 내용을 연결해서 해석하는 능력이 필요합니다. 이때 배경지식은 새로운 정보를 연결하는 핵심 연결 축이 됩니다. 따라서 같은 내용을 읽더라도 이해의 깊이는 차이가 날수밖에 없습니다. 사회 교과의 내용을 읽는 과정은 자신이 알고 있었던 지식 위에 새로운 개념을 쌓아 올리는 것과 같습니다. 배경지식이 많은 아이는 새로운 단어가 나타나면 문맥을 통해 의미를 추측하며 글을 이해할 수 있습니다.

사회 교육과정의 특징을 나선형 교육과정이라고 표현합니다. 중학교 사회 시간에 배우는 내용은 대부분 초등학교 때 배운 내용입니다. 사실상 같은 내용을 높은 학년에서 살을 붙이면서 다시 배우는 것이지요. 마찬가지로 중학교 사회 시간에 배운 내용을 고등학교 통합사회 시간에 수준을 높여 다시 배우고 고등 2학년이 되면 내용을 학문적, 전문적으로 분화하여 선택과목으로 깊이 있게 배우게 되는 것입니다.

사회 내용을 잘 이해하는 문해력을 키우기 위해서는 해당 학년의 교육과정을 충실히 이행하는 것이 가장 중요합니다. 교과 문해력을 키우는 가장 기본이고 핵심적인 방법은 학교 수업을 성실하게 따라가는 것입니다. 요약하면 사회 공부를 잘하기 위한 문해력을 키우기 위해서는 첫째, 사회 교과와 관련된 개념 어휘에 익숙해져야 합니다. 둘째, 긴 글을 읽고 글쓴이의 의도를 파악할 수 있어야 합니다. 셋째, 풍부한 배경지식을 중심으로 새로운 정보를 구성할 줄 알아야 합니다.

공부할 때 무조건 써먹는
교과 핵심 개념

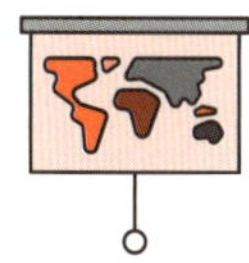

지리

절대적/상대적

서로 반대되는 개념이다. '절대적'은 다른 대상과 비교 없이 독립적으로 변하지 않는 특징을 지닌다. '상대적'은 주변과의 관계에 따라, 상황에 따라 바뀌는 특징을 지닌다.	학생들에게는 상대평가보다는 절대평가가 부담이 덜하다.
	문화는 그 사회의 환경과 맥락을 통해 상대적으로 이해해야 한다.
	우리나라의 절대적 위치는 위도, 경도로 표현할 수 있다.

상호작용

둘 이상의 대상이 서로 영향을 주고받는 것을 뜻한다. 한쪽이 다른 한쪽에 일방적으로 영향을 주는 것이 아님을 유의해야 한다.	교통과 통신이 발달하면서 지역 간 다양한 이동과 소통이 이루어지는 공간적 상호작용이 활발해지고 있다.
	세계화로 지역 간 교류가 활발해지면서 문화적 상호작용이 이루어지고 있다.
	사회적 상호작용에는 협동, 경쟁, 갈등 등이 있다.

경관

사전적으로는 '눈에 보이는 경치'를 말한다. 지리 분야에서는 도시 경관, 자연 경관, 인문 경관 등 특정 지역에서 보이는 고유한 모습을 뜻한다.	서울은 현대적 경관이 나타나는 대도시이다.
	아메리카에는 원주민 문화, 유럽 문화, 아프리카 문화 등이 혼합되어 독특한 문화적 경관이 나타난다.
	남부 지역에 가면 하천 유역에 넓은 평야가 나타나는 자연 경관을 볼 수 있다.

인구 구조

어떤 지역의 인구를 성별, 연령 등의 특징별로 분류하고 분석하여 어떻게 분포되어 있는지를 나타내는 것이다.	우리나라의 연령별 인구 구조를 살펴보면 고령층이 눈에 띄게 증가하고 있음을 알 수 있다.
	각 지역의 인구 구조를 살펴보면 지역의 성장 잠재력을 예측해볼 수 있다.
	산업의 분류에 따라 비율을 나타낸 것이 산업별 인구 구조이다.

난민

탄압, 박해, 전쟁, 테러, 극심한 빈곤, 자연재해 등으로 인해 자신의 국가의 보호를 받을 수 없거나 보호를 받기를 원하지 않는 사람.	아프리카의 내전으로 인해 수많은 난민이 발생하였다.
	기후 변화로 인해 기후 난민이 증가하고 있다.
	유럽에서는 난민 수용 문제로 의견이 엇갈리고 있다.

고령화

전체 인구에서 노인 인구의 비중이 높아지는 현상. 저출산과 평균 수명 증가가 원인이다.	기대 수명이 늘어나면서 고령화 현상이 계속되고 있다.
	고령화 현상으로 인해 생산 가능 인구가 감소하여 경제 성장이 어려워진다.
	고령화 문제를 해결하기 위해 노인 복지와 같은 사회 보장 제도가 강화되어야 한다.

노동 집약적

자본, 기술, 노동 중에서 값싼 노동력을 바탕으로 이루어지는 산업. 상품을 생산하는 데 상대적으로 많은 노동력이 투입된다.	동남 아시아 국가들은 저렴한 노동력을 바탕으로 노동 집약적 제조업이 발달하였다.
	경제 발전을 위해 노동 집약적 산업에서 기술 집약적 산업으로 산업 구조를 바꾸어야 한다.
	노동 집약적 산업은 일반적으로 기술 수준이 낮고 생산성이 낮은 경우가 많다.

해발고도

고도는 높이를 재는 단위인데, 이때 해수면을 기준으로 하는 경우를 '해발고도'라고 한다.	히말라야 산맥은 해발고도가 높고 험준하다.
	우리나라는 서쪽에 비해 동쪽에 해발고도가 높은 산이 많다.
	스칸디나비아 산맥은 형성된 지 오래되었기 때문에 해발고도가 낮다.

편서풍

이름 그대로 해석하면 '항상 서쪽에서 불어오는 바람'이다. 위도 30~60°에서 1년 내내 서쪽에서 동쪽으로 부는 바람이다.	서부 유럽은 편서풍의 영향으로 1년 내내 비가 고르게 온다.
	봄철 우리나라에 불어오는 편서풍이 미세먼지의 원인이 된다.
	중국 황사가 편서풍 타고 한반도에 영향을 미칠 것으로 보인다.

관세

한 나라가 수입한 물건에 붙이는 세금. 보통 그 나라의 국내 산업을 보호하기 위해 부과한다.	유럽 연합은 회원국 간의 관세를 없애 상품, 자본 등의 자유로운 이동이 가능하다.
	자유무역협정은 나라와 나라 사이에 관세를 없애거나 낮추어 무역을 활발하게 만드는 약속이다.
	미국이 여러 나라와 관세 협상을 하고 있다.

공정 무역

개발 도상국의 생산자에게 공정한 가격을 지불하여 공평하고 정의로운 무역이 이루어지도록 하는 사회 운동.	우리 카페는 공정 무역 원두로 커피를 만든다.
	공정 무역으로 소비자들은 믿을 수 있고 질 좋은 초콜릿을 구매하였다.
	공정 무역으로 생산자와의 직거래를 통해 정당한 가격을 지불할 수 있다.

지협

두 육지 사이를 연결하는 좁고 잘록한 땅. 참고로 '해협'은 바다를 연결하는 좁은 바닷길을 말한다.	아메리카는 파나마 지협을 경계로 북아메리카와 남아메리카로 나누어진다.
	수에즈 지협은 아프리카와 아시아를 잇는 지협이다.
	지협은 보통 운하를 건설하는 후보지 땅이 된다.

초국적 기업

세계 여러 나라에 본사, 지사, 연구소, 공장 등을 두고 전 세계를 대상으로 생산 및 판매를 하는 기업.	초국적 기업은 본사와 연구소, 공장 등을 서로 다른 국가에 배치한다.
	초국적 기업은 생산 비용을 줄이기 위해 생산 공장을 노동력이 저렴한 해외로 이전하는 경우가 많다.
	교통과 통신의 발달, 세계화로 인한 교류의 확대로 초국적 기업이 성장하였다.

본초 자오선

경도를 측정하는 기준이 되는 경선으로 영국의 그리니치 천문대를 지나는 자오선이다. 자오선이란 12간지 중 '자'가 북쪽을, '오'가 남쪽을 의미하여 붙여진 이름이다. 즉, 지구의 남과 북을 이은 경선을 의미한다. '본초'는 근본, 시작이 된다는 의미이다.	본초 자오선을 경계로 동쪽을 동경, 서쪽을 서경으로 표시한다.
	경도 0°인 영국의 그리니치 천문대를 지나는 경선을 본초 자오선이라 한다.
	우리나라는 본초 자오선을 기준으로 동쪽에 위치한다.

지정학/지경학

'지정학'은 지리적 위치가 정치에 미치는 영향을 연구하는 학문이고, '지경학'은 지리적 위치가 경제에 미치는 영향을 연구하는 학문이다.	우리나라는 지정학적으로 대륙과 해양의 세력이 만나는 위치에 있어 세계적으로도 중요한 요충지에 해당한다.
	우리나라의 위치는 여러 대륙을 연결하는 물류 중심지가 될 수 있기 때문에 지경학적으로 점차 중요해지고 있다.

위성 도시

대도시 주변에 있으면서 대도시의 기능을 분담하는 도시.	서울 주변에는 주거, 행정, 공업 등의 기능을 분담하는 위성 도시가 있다.
	서울과 위성 도시를 합쳐서 '대도시권'이라고 부른다.
	서울의 인구가 위성 도시로 분산되면서 수도권의 범위가 확대되었다.

분지

산과 산맥 등으로 둘러싸여 가운데는 평평한 곳.	낙동강 중상류 지역에는 분지가 발달하였다.
	대구, 안동 등은 분지에 발달한 도시이다.
	분지 지형은 주변의 산이 겨울의 찬바람을 막아주고 방어에 유리해 예로부터 많은 사람이 모여 살았다.

계절풍

계절에 따라 일정하게 부는 바람.	겨울철에 북서 계절풍이 불어오기 때문에 춥고 건조한 날씨가 나타난다.
	여름에는 남동 계절풍이 불어오기 때문에 덥고 습한 기후를 보인다.
	우리나라는 계절풍의 영향을 받아 연교차가 크다.

기단

비슷한 성질을 가진 거대한 공기 덩어리.	우리나라의 여름철에는 주로 북태평양 기단이 영향을 미쳐 습고 덥한 날씨가 지속된다.
	장마는 서늘한 오호츠크해 기단과 더운 북태평양 기단이 영향을 미치며 만들어진다.
	우리나라의 겨울철에는 한랭건조한 시베리아 기단이 영향을 미친다.

신재생 에너지

화석 연료를 대체하는 태양, 수력, 풍력, 지력 등 재생 가능한 에너지.	지구 온난화에 대비하기 위해 신재생 에너지의 이용 비율을 높여야 한다.
	신재생 에너지를 활용하는 등 지속가능한 방법으로 자원을 이용해야 한다.

중등 문해력 한 권

일반사회

사회화

한 개인이 사회의 구성원으로 살아가는 데 필요한 지식, 가치, 규범 등을 배워가는 과정.	어린아이는 사회화 과정을 거치면서 자신이 속한 사회의 구성원으로 성장한다.
	인간은 사회화 과정을 통해 자아 정체성을 형성한다.
	사회화는 전 생애에 걸쳐 이루어진다.

보편성/특수성

'보편성'은 모든 것에 비슷하게 나타나는 성질이고, '특수성'은 개별적으로 다른 특징이 있는 것이다. 문화의 보편성과 특수성은 문화에서 나타나는 공통성과 고유한 특성을 의미한다.	어느 사회나 춤과 노래가 있다는 것은 문화의 보편성을 보여준다.
	인간은 공통적인 본성을 가지고 있기 때문에 문화의 보편성이 나타난다.
	사회마다 결혼식과 장례식의 모습이 다르게 나타나는데 이를 문화의 특수성이라고 한다.

사대주의

큰 나라를 섬기는 태도. '문화 사대주의'는 다른 문화를 동경하고 따르면서 자신의 문화를 열등하다고 여기는 태도를 말한다.	문화 사대주의는 자기 문화의 정체성과 고유 문화를 잃게 만들 수 있다.
	자문화 중심주의와 문화 사대주의는 문화를 절대적으로 평가할 수 있다고 믿는 입장이다.
	영어로 쓰여진 간판이 세련되고 한글이 촌스럽다고 생각하는 것은 문화 사대주의적 태도에 가깝다.

대의 민주주의

선거를 통해 선출된 대표자가 정치 과정에 참여하는 민주주의 형태.	근대 시민 혁명이 일어나면서 의회를 중심으로 한 대의 민주주의가 등장하였다.
	고대 그리스에서는 직접 민주주의가 이루어졌고 근대에 들어서는 대의 민주주의가 나타났다.
	대의 민주주의에서는 국민이 선출한 대표자가 정치 권력을 지니게 된다.

인간의 존엄성

인간으로서 마땅히 존중받아야 한다는 생각. 존중받아야 할 엄숙한 인간의 가치를 말한다.	민주주의는 인간의 존엄성을 실현하는 것을 최고의 목표로 삼는다.
	인간의 존엄성을 실현하기 위해 자유와 평등을 추구해야 한다.
	모든 인간은 인간이라는 이유만으로도 존중받아야 한다는 생각을 인간의 존엄성이라고 한다.

권력 분립

권력을 나누어 세움. 국가 권력을 서로 독립된 기관이 나누어서 맡도록 하는 민주 국가의 제도.	우리나라는 권력 분립을 통해 국회, 정부, 법원이 견제와 균형을 이루도록 한다.
	권력 분립 제도를 통해 권력의 남용을 방지하고 국민의 자유와 권리를 보장하도록 한다.
	우리나라는 민주주의의 이념을 구현하기 위해 권력 분립의 원리와 같은 기본 원리를 채택하였다.

여론

공동체의 많은 사람들이 어떤 문제에 대해 가지는 공통된 생각이나 의견.	뉴스나 신문과 같은 언론은 여론을 형성하는 중요한 역할을 한다.
	정보 통신 기술이 발전하면서 다양한 매체를 통해 여론이 형성되고 있다.
	국민들 사이에서도 의견이 엇갈리는 문제에 대한 정책 결정을 위해 여론 조사를 실시하였다.

입법/행정/사법

'입법'은 법을 만드는 것으로 국회, '행정'은 법을 집행하는 것으로 (행)정부, '사법'은 법을 적용하는 것으로 법원의 역할이다.	국회는 국민의 대표 기관이며 입법 기관이다.
	행정부는 국회에서 만든 법률을 집행하고 나라의 살림을 맡아 하는 곳이다.
	사법은 재판을 통해 법률을 적용하는 것이다.

<table>
<tr><td colspan="2">정치 주체</td></tr>
<tr><td rowspan="3">정치 결정 과정에 참여하여 영향을 미치는 집단. 국회, 정부, 법원, 정당, 이익 집단, 시민 단체 등이 있다.</td><td>민주 국가에서는 다양한 정치 주체들이 정치 과정에 참여한다.</td></tr>
<tr><td>정치 주체 중 국회, 정부, 법원은 공식적으로 정치 결정에 참여하는 국가 기관이다.</td></tr>
<tr><td>이익 집단은 자신의 특수한 이익을 실현하기 위해 정치에 참여하는 정치 주체이다.</td></tr>
<tr><td colspan="2">언론</td></tr>
<tr><td rowspan="3">신문, 뉴스, 인터넷 등과 같이 정보를 시민들에게 전달하고 의견을 제시하는 것 또는 해당 매체.</td><td>언론은 여론을 형성하는 중요한 역할을 하기 때문에 공정하고 책임감 있는 태도를 가져야 한다.</td></tr>
<tr><td>최근에는 새로운 미디어의 발달로 언론의 형태와 역할이 다양해지고 있다.</td></tr>
<tr><td>언론은 여러 다른 정치 주체의 활동을 감시하고 비판하는 역할을 하기도 한다.</td></tr>
<tr><td colspan="2">집행</td></tr>
<tr><td rowspan="3">법률, 정책, 판결 등을 실제로 시행하는 것.</td><td>우리나라는 실질적 사형 폐지 국가로 사형 집행이 이루어지지 않는다.</td></tr>
<tr><td>국회에서 제정한 법률을 행정부에서 집행한다.</td></tr>
<tr><td>경제 불황이 심각해 정부가 예산 집행을 서두르고 있다.</td></tr>
<tr><td colspan="2">제정/개정</td></tr>
<tr><td rowspan="3">'제정'은 법률을 만드는 것이고, '개정'은 법률을 고치는 것이다.</td><td>국회는 법률을 제정, 개정하는 입법 기관이다.</td></tr>
<tr><td>헌법 개정에 대한 국민의 의견을 묻는 여론 조사가 발표되었다.</td></tr>
<tr><td>시민 단체에서 장애인 권리 법안을 제정하라는 목소리를 내고 있다.</td></tr>
</table>

공공복리

공동체 전체의 이익과 행복.	법은 개인의 이익이 아닌 공공복리를 추구한다.
	국민의 모든 자유와 권리는 국가안전보장·질서유지 또는 공공복리를 위하여 필요한 경우에 한해 법률로써 제한할 수 있으며, 제한하는 경우에도 자유와 권리의 본질적인 내용을 침해할 수 없다.
	개인의 재산권을 행사할 때는 공공복리에 적합해야 한다.

기본권

헌법이 보장하는 국민의 기본적인 권리.	헌법에서 보장하는 인권을 기본권이라고 한다.
	우리 헌법은 자유권, 평등권, 참정권, 사회권, 청구권 등을 기본권으로 보장한다.
	우리 헌법은 법률로써만 기본권을 제한할 수 있도록 규정한다.

구제

권리가 침해되거나 피해를 입었을 때 도와주고 구해주는 것.	기본권이 침해되면 법원 등의 국가 기관에 구제받을 수 있다.
	기본권을 침해당하면 적극적으로 구제받기 위해 노력해야 한다.
	공권력에 의해 기본권을 침해당했을 때 헌법재판소에 헌법소원을 청구하여 구제받을 수 있다.

내각

행정부의 중앙 최고 합의 기관.	정부 형태는 입법부와 행정부의 관계에 따라 대통령제와 의원 내각제로 구분된다.
	의원 내각제에서는 다수당의 대표가 총리가 되어 내각을 구성한다.
	우리나라는 대통령제를 바탕으로 하지만 의원 내각제처럼 국무총리를 두고 있다.

견제

한쪽의 권력이 지나치게 커지지 않도록 누르는 것.	국회, 정부, 법원은 서로를 견제하고 균형을 이룬다.
	국회는 국정 감사와 국정 조사를 통해 행정부를 견제한다.
	미국을 비롯한 G7 국가들이 중국을 견제하는 데 뜻을 모았다.

기회비용

| 어떤 선택을 함에 따라 포기한 것 중에 가장 가치가 큰 것. | 편익이 같으면 기회비용이 적은 것을 선택하는 것이 합리적이다. |

신용

돈이나 재산을 빌려서 쓰고 약속한 기간에 갚을 수 있는 능력.	엄마는 신용 카드로 물건을 구매한다.
	신용이 높으면 은행에서 돈을 빌릴 때 비교적 이자를 적게 부담할 수 있다.
	경제 생활을 잘하기 위해서는 신용 점수를 관리해야 한다.

재무

돈이나 재산에 대한 모든 일.	노후 대비를 위해 재무 계획을 세워야 한다.
	안정적으로 금융 생활을 하기 위해서는 재무 관리가 필요하다.
	현재의 재무 상태를 알기 위해서 금융 자산을 살펴보기로 했다.

수요/공급

어떤 상품을 구매하고자 하는 욕구를 '수요'라고 하며, 판매하고자 하는 욕구를 '공급'이라고 한다.	상품의 수요량이 공급량보다 많으면 초과 수요가 발생한다.
	사람들의 소득이 늘어나면 상품의 수요가 증가한다.
	가격 이외의 요인이 변화하면 공급 자체가 변하여 공급 곡선이 이동한다.

국내 총생산(GDP)

일정 기간 동안 한 나라 안에서 새롭게 생산된 최종 생산물로 시장에서 거래된 것을 합산한 것.	한 나라의 경제 생산력이 커지면 국내 총생산이 증가한다.
	국내 총생산은 한 나라의 경제 활동의 규모를 가늠할 수 있는 유용한 지표이다.
	국내 총생산이 높다고 해서 국민의 삶의 질이 높다고 볼 수는 없다.

물가

시장에서 거래되는 물건들의 가격을 평균하여 나타낸 것.	물가가 오르면 화폐의 가치는 하락한다.
	물가가 지나치게 오르면 정해진 임금을 받는 근로자는 불리해진다.
	정부는 물가 안정을 위해 여러 가지 정책을 시행한다.

외환

외국의 화폐와 외국 화폐의 가치를 지닌 수표, 예금 등을 포함한다.	외국에서 상품을 수입하기 위해서는 외환을 지불해야 한다.
	외환의 수요가 늘어나면 환율이 상승한다.
	환율은 외환의 수요와 공급으로 결정된다.

중등 문해력 한 권

환율

두 나라 화폐의 교환 비율.	미국 달러 1달러를 원화 1,300원으로 교환할 수 있다면 환율은 '1,300원/달러'로 표시한다.
	환율이 상승하는 것은 원화 가치가 하락하는 것과 같다.
	환율이 상승하면 수입품의 국내 가격이 올라가기 때문에 물가가 상승할 수 있다.

다국적 기업

세계 여러 나라에 자회사, 지사, 공장 등을 두고 세계적으로 경영 활동을 하는 기업.	오늘날은 국가뿐 아니라 다국적 기업, 국제 기구 등이 국제 사회에서 중요한 역할을 한다.
	다국적 기업은 국제 사회의 정치, 경제, 문화 등에 영향을 미치고 있다.
	다국적 기업은 비용 절감을 위해 인건비가 저렴한 국가에 공장을 설치한다.

국제 비정부 기구

개인과 민간 단체가 활동하는 국제 기구.	국제 비정부 기구에는 환경 보호를 위해 활동하는 그린피스와 인권 보호를 목적으로 하는 국제 앰네스티 등이 있다.
	국제 기구에는 각국 정부가 주체가 되는 정부 간 국제 기구와 민간 단체가 활동하는 국제 비정부 기구가 있다.
	최근에는 국제 비정부 기구가 국제 사회에서 중요한 행위 주체로 활동하고 있다.

중학교부터 고등학교까지 흔들리지 않는 사회 공부법

중학생이 되면 이제 공식적으로 정기 고사를 보게 됩니다. 1학년에서 자유학기제가 적용되는 학기는 지필평가를 보지 않지만, 그 외에는 한 학기에 중간고사, 기말고사 두 번의 지필평가를 치르게 되지요. 교과에 따라서는 중간고사나 기말고사 중 한 번만 보는 경우도 있습니다. 어찌 되었든 아이들은 지필평가에 큰 의미를 부여하고 긴장과 부담을 느끼게 됩니다.

　공부를 하는 이유가 시험을 잘 보기 위해서만이라고 할 수 없지만 아이들에게는 시험 결과가 중요하지요. 시험 결과가 좋으면 자신감이 생기고 교과에 대한 흥미가 높아지게 마련이니까요. 이성적으로 생각해보면 중학교 시험을 망쳤다고 아이들 인생에 큰 영향이 미치는 것은 아닙니다. 중학교 내신이 고등학교 진학에 결정적인 영향을 끼치는 경우도 간혹 있지만 대다수의 아이들은 시험의 결과에 집착할 필요가 없습니다. 다만 모든 시험이 고등학생이 되기 위한 중요한 훈련이라는 생각을 가져야 합니다.

학교에서는 시험을 거듭 칠수록 성적이 높아지는 아이들을 볼 수 있습니다. 시험을 보면서 공부 방법을 깨닫고 평가에 대한 감을 잡는 아이들이지요. 지필평가의 방식에 익숙해지려면 그에 맞는 연습이 필요합니다. 따라서 이번 장에서는 사회 시험을 잘 보기 위해서 어떻게 공부하면 좋을지 살펴보도록 하겠습니다.

문해력의 기본인 어휘력부터 키워라

최근 중학생들이 공부할 때 가장 어려움을 느끼는 부분은 어휘력입니다. 초등학교에서 중학교에 진학한 후 교과서를 받아보면 갑자기 글씨도 많아지고 어려운 어휘도 많아 보입니다. 중학교 공부는 초등학교와는 다르다는 사실을 체감하게 됩니다.

하지만 걱정할 필요는 없습니다. 문해력을 키우고 교과서 읽기에 익숙해지면 오히려 초등학교 공부보다 더 재미있다는 걸 알게 될 거예요. 더 많은 내용과 구체적인 사례, 자세한 설명을 읽고 이해하면 배우는 즐거움을 조금씩 느낄 수 있습니다.

어휘가 어렵다면 단원별로 어휘를 집중적으로 다루어줄 필요가 있습니다. 무슨 말인지 모르겠다고 말하는 아이는 무척이나 많지만 어휘 공부를 시도하는 아이는 찾아보기 어렵습니다. 대부분 어휘력이 부족한 아이들은 모르는 단어가 나오면 바로 "선생님, ○○이 뭐예요?"라고 묻습니다. 교사가 열심히 설명해주지만 답변을 흘려듣고 넘어가기 일쑤입니다. 간혹 옆의 친구들이 "헉, 이걸 모른다고?" 놀랄 정도로 기본적인 단어를 모르는 아이들도 많고요. 이런 상황을 심각하게 받아들여야 하는데 아무렇지도 않게 여기는 것이 더 걱정입니다. 본인이 어휘가 부족하다고 느낀다면 반드시 해결책을 찾아야 합니다.

| 나만의 단어장 만들기

영어의 경우 기존에 출판된 단어장도 많이 있고 단어장을 스스로 만드는 아이들도 많습니다. 그런데 어떻게 보면 영어 단어장보다 더 중요한 것은 우리말 단어장입니다. 어휘가 부족하다고 느끼는 아이라면 교과 단어장을 만들어보세요. 사회처럼 특히 어려운 단어가 많이 나오는 교과만 해봐도 좋고, 교과별로 나누지 않고 하나의 단어장을 만들어도 상관없습니다.

1. 모르는 단어가 나왔을 때 그냥 넘어가지 않고 단어장에 메모해두세요.
2. 단어의 뜻을 알게 되었다면 자신의 문장으로 뜻을 정리해두세요. 뜻을 알아내지 못했다면 검색을 통해 정리합니다.
3. 일주일 단위로 그동안 모인 단어장을 훑어보고 해당 단어가 들어간 예시 문장을 만들어봅니다. 단어장의 공간에 써봐도 좋고, 부모와 함께 보면서 말로 만들어봐도 좋습니다. 모르는 단어를 알게 되었다면 활용해보는 것이 효과적입니다.

모르는 단어가 너무 많아 다 정리하기 힘들다면 자신이 정리할 수 있는 개수를 정해두고 그만큼만 정리합니다. 꾸준히 정리하다 보면 모르는 단어가 줄어드는 것을 발견할 수 있습니다. 자주 등장하는 단어 위주로 정리하는 것도 좋은 방법입니다. 처음부터 욕심을 부리는 것보다는 꾸준히 정리하고 반복해 읽어보는 것이 효과적입니다.

| 교과서에 주석 달기

어휘 수준이 양호해서 단어장까지 만들 필요는 없다고 판단한다면 교과서에 주석을 다는 습관을 들이면 좋습니다. 수업 시간에 모르는 단어가 나오면 반드시 교과서에 따로 표시해주세요. 모르는 단어를 표시하는 색깔 볼펜이나 나만의 표시 방법을 정해둡니다. 이때 핵심 문장이나 핵심 단어를 표시하는 펜의 색깔과는 구별하는 것이 좋습니다.

모르는 단어가 교과 내용 중 핵심 개념이라면 교과서에 자세히 뜻이 서술되어 있을 테니 그 내용을 공부하면 됩니다. 그런데 내용과 관련한 개념이 아닌 단어 중에 모르는 단어가 있을 때는 그냥 넘어가지 말고 해당 단어를 색깔 볼펜으로 동그라미 해둔 후 같은 색으로 교과서의 귀퉁이에 뜻을 메모해둡니다. 작은 포스트잇에 메모해서 붙여놓아도 좋습니다. 교과서에 주석을 달았다면 시험 공부를 할 때 함께 훑어보세요. 보다 쉽게 교과 내용을 이해할 수 있습니다.

| 모르는 단어의 뜻 유추하기

모르는 단어가 나왔을 때 바로 교사에게 물어보거나 검색을 하지 말고 잠시 멈춥니다. 그리고 빠르게 해당 단어의 뜻을 먼저 유추해보는 습관을 가지면 좋습니다.

사회 시간에 등장하는 어려운 단어는 대부분 한자어입니다. 한자는 뜻 글자이기 때문에 글자 하나마다 의미가 담겨 있습니다. 모르는 단어가 나왔을 때는 하나하나 글자를 따로 떼어서 무슨 의미를 품고 있는지 유추해봐야 합니다. 유추하는 습관을 가지면 모르는 단어가 나왔을 때도 막히지 않고 쉽게 글을 읽어나갈 수 있게 됩니다. 그러다 보면 전체 맥락을 통해 유추한 단어의 뜻을 확인할 수도 있습니다. 이러한 과정이 익숙한 아이는 어려운 글도 자신 있게 읽어내기 때문에 문해력이 일취월장할 수 있습니다.

유추하는 시간을 가졌다면 확인을 위해 뜻을 찾아보거나 부모, 교사에게 질문하는 시간을 가져주세요. 자주 나오는 단어라면 한자로 어떤 뜻을 가지고 있는지도 살펴보는 것이 좋습니다. 이후 비슷한 단어를 만났을 때 크게 도움이 됩니다.

특히 중학생들이 어려워하는 단어가 많이 나오는 부분이 〈법〉 단원입니다. 중 1 학년 아이들에게 〈법〉 단원은 어렵게 느껴질 수밖에 없습니다. 피해자, 피의자, 피고인 등 비슷하게 생겼는데 너무나 다른 의미를 가진 단어들이 쏟아져 나오거든요. 이 단어들은 개별적으로 외울 것이 아니라 한자의 의미를 먼저 파악해보는 것이 좋습니다.

예를 들어, 공통적으로 등장하는 '피(被)'는 '당하다'라는 의미를 지니고 있습니다. 그렇다면 '피해(害)'라는 말은 '해를 당하다'로 유추할 수 있겠지요. '피해자(者)'는 '해를 당한 사람'입니다. 그렇다면 '피의자'는 무엇일까요? '의(疑)'는 '의심하다'는 뜻이므로 범죄를 저질렀다고 의심받는 사람이 피의자가 됩니다. 이렇게 정리하면 아이들이 피의자와 피해자를 헷갈리지 않겠지요. 같은 방법으로 '피고(告)인'은 '고소를 당한 사람'이라고 뜻을 유추할 수 있습니다.

어려운 개념 어휘는 이렇게 한자를 하나하나 풀어서 살펴보면 이해하고 기억하기 쉽습니다. 한자를 확인하면서 어휘를 공부한 아이는 어휘력이 빠르게 성장합니다.

교과서를 펼치는 순간부터 공부가 시작된다: 교과서 읽는 법 단계별 가이드

· · · · · ·

어휘의 향상과 함께 필요한 것이 교과서의 글을 읽는 능력입니다. 요즘 아이들은 교과의 수업을 듣거나 인강을 듣는 것이 공부라고 생각합니다. 그런데 수업을 들을 때만 이해가 잘된다고 느낀다면 교사나 강사가 잘 가르치는 거지, 자신이 내용을 완전히 소화했다고 확신할 수는 없습니다. 수업 시간에 표정도 좋고 대답도 잘 하는데 시험을 보면 결과가 좋지 않은 아이들이 이런 경우에 해당합니다. 수업을 수월하게 듣는 것만으로는 부족합니다. 정말 중요한 것은 교과서를 '스스로 읽을 수 있는 힘이 있는가'입니다. 그래서 여기에서는 아이들이 스스로 읽는 힘을 기를 수 있도록 교과서 읽는 법의 핵심을 단계적으로 살펴보겠습니다.

▌1단계. 단원별 구조를 파악하고 공부 단위를 설정하기

중학교 교과서는 대단원, 중단원, 소단원(소주제)으로 구성됩니다. 대단원은 보통 3개의 중단원으로 이루어져 있습니다. 하나의 중단원이 하나의 주제를 다루는데 대개의 교과서는 내용에 따라 4쪽에서 6쪽으로 구성됩니다. 중 2학년 사회 교과서의 첫 단원을 예로 살펴보겠습니다.

사회 공부를 시작한다면 하루 공부 단위를 중단원 하나로 설정합니다. 교과서 4쪽 중에 이미지 자료나 활동 자료를 빼면 본문 글은 3쪽이 채 되지 않습니다. 예를 들어 오늘은 '(1) 대통령과 행정부' 4쪽을 공부한다고 정하는 것이지요. 이 정도 양의 교과서 읽기를 결심하는 일은 어렵지 않을 거예요.

교과서를 읽으라고 하면 별생각 없이 본문부터 죽 읽는 아이들이 대다수입니다. 하지만 교과서 읽기에서 가장 중요한 것은 '단원명'입니다. 본문을 읽기 전에 이 글이 '무엇'을 설명하고자 하는지 인지하고 있어야 하는데, 단원명을 보면 그것을 알 수 있지요. 매번 공부할 때마다 단원명을 보면서 환기하고 시작합니다.

앞에서 언급한 2학년 사회 첫 단원을 다시 살펴보겠습니다. 대단원이 <헌법과 국가 기관>이니 헌법에서 명시하고 있는 국가 기관에 대해 배울 것입니다. 그렇다면 국가 기관에는 무엇이 있을까요? 중단원들을 보면 그 답을 미리 알 수 있습니다.

대단원 ― 1. 헌법과 국가 기관

중단원
- (1) 대통령과 행정부 ← 행정부
- (2) 국회 ← 입법부
- (3) 법원과 헌법재판소 ← 사법부

행정부, 입법부, 사법부 3개의 국가 기관 중에 오늘 읽어볼 내용은 대통령과 행정부입니다. 그리고 다시 대단원을 떠올려보면 대통령과 행정부는 헌법에 정해져 있는 국가 기관 중에 하나라는 것을 상기할 수 있습니다.

목차와 함께 지금까지 살펴본 것이 바로 '학습 내용의 구조'입니다. 사회를 잘하는 아이들의 특징이 바로 주제 파악을 잘한다는 것입니다. 내가 지금 하고 있는 공부가 전체 구조에서 어느 부분인지, 내가 외운 내용이 무엇에 대한 것인지를 파악하고 있어야 합니다. 구조를 파악하지 않고 지엽적인 공부만 하면 애를 쓰고 고생도 할 만큼 하는데 도대체 지금 뭘 하고 있는 건지 길을 잃어버리는 사태가 일어납니다. 공부를 했는데도 성적이 나오지 않는 아이들은 여기에서 문제가 생긴 경우가 많습니다.

| 2단계. 소주제를 통해 공부할 내용을 예측하기

오늘 공부하는 주제가 무엇인지 명확히 인지했다면 그다음은 소단원 또는 소주제를 훑어봅니다. 하나의 중단원 안에는 2~3개의 소주제가 포함되어 있습니다.

대단원 — **1. 헌법과 국가 기관**

중단원 — (1) 대통령과 행정부

소주제 ┌ 정부 형태
└ 대통령, 행정부의 역할

문해력이 높은 아이라면 대통령과 행정부라는 주제가 정부 형태와 관련이 있다는 것, 그리고 그 역할 몇 가지를 정리해야 한다고 예상할 수 있습니다. 소주제만으로 쉽게 예상이 되지 않는다면 아주 빠르게 본문을 훑어보면서 어떤 내용이 등장할 것인지 감을 잡아볼 수 있습니다. 이는 영화나 드라마를 보기 전에 예고를 보면서 기대감을 올리는 행동과 비슷합니다.

문해력을 높이기 위해서는 주어진 글을 묵묵히 읽는 것만으로는 부족합니다. 글을 읽으면서 자꾸만 생각을 해봐야 합니다. 글을 읽기 전에 몇 가지 단서로 내용을 예측하는 것은 매우 주도적인 행동입니다. 예측이 맞고 맞지 않고는 전혀 중요하지 않습니다. 아주 짧은 시간이라도 괜찮습니다. 휙 지나가면서 '이런 내용이 나오지 않을까?' 생각해보는 것만으로 문해력이 성장하는 데 큰 도움이 됩니다.

▌3단계. 1회독으로 핵심 단어와 핵심 문장 찾기

이제 본격적으로 본문을 읽어봅니다. 교과서 본문을 읽을 때는 한 손에 펜을 들고 읽습니다. 목표는 단락별 '핵심 단어와 핵심 문장 찾기'입니다. 교과서는 설명문이기 때문에 독자인 학생들에게 정보를 알려주고자 합니다. 그렇다면 하나의 단락 안에는 핵심 정보를 정리한 핵심 문장이 존재하기 마련입니다. 교과서는 맨 앞에 핵심 문장을 배치하는 두괄식 구조가 많습니다.

1회독을 천천히 하면서 핵심 문장을 찾아 밑줄을 그어봅니다. 핵심 문장 안에 핵심 단어가 보인다면 동그라미 표시를 하거나 별표를 합니다. 때로는 모든 문장이 핵심 문장일 때도 있습니다. 교과서가 한정된 지면 안에 중요한 내용을 담고 있기 때문이기도 합니다. 모든 문장이 중요하다고 생각하면 다 밑줄을 쳐도 됩니다. 다만 점차 밑줄을 줄여나가는 것이 좋습니다. 더 중요한 것을 선택하는 것도 사고의 과정이니까요.

본문을 읽다 보면 모르는 단어가 나올 때가 있습니다. 알기는 하는데 좀 애매한 단어도 있지요. 그런 단어들이 나오면 연필로 동그라미를 합니다. 잘 모르는 단어가 있어도 너무 고민하지 말고 대강의 내용을 파악하려고 애쓰면서 본문을 읽으면 됩니다.

4단계. 모르는 어휘 파악하기

다시 앞으로 돌아와서 동그라미 표시한 모르는 단어를 살펴봅니다. 끝까지 읽다 보니 스스로 뜻을 알게 된 경우도 있지요. 요즘 교과서는 워낙 친절하게 구성되어 있어서 본문 옆 보충 설명란에 어려운 단어를 정리해두곤 합니다. 교과서에 어휘 설명이 있다면 그 부분을 꼼꼼히 읽어보세요. 모르는 단어에 대한 설명이 없는 경우 직접 검색을 하거나 부모 또는 교사의 도움을 받아 작은 글씨로 교과서에 메모합니다('교과서에 주석 달기' 참조).

중등 문해력 한 권

| 5단계. 2회독으로 정확하게 이해하기

어휘의 뜻을 파악한 후에 본문을 다시 읽어봅니다. 1회독 때 밑줄 친 핵심 단어와 핵심 문장에 더 집중하면서 읽습니다. 두 번째 읽을 때는 내용을 꼼꼼히 다 이해하는 것을 목표로 집중합니다. 핵심 문장과 보조 문장을 모두 이해한 후에는 따로 암기해야 하는 부분이 있는지 체크합니다.

| 6단계. 3회독으로 정리하고 암기하기

시험 직전 공부를 할 때에는 6단계까지 가면서 3회독을 합니다. 중단원 부분을 노트 정리로 구조화한 후 본격적으로 암기합니다. 스스로 정리를 하면서 저절로 암기가 되는 부분이 있고, 내용에 따라서는 특별히 따로 암기를 해야 하는 경우도 있습니다. 외울 때는 여러 번 눈으로 보고 입으로 소리 내어 말하는 것이 좋습니다. 또는 여러 번 쓰면서 암기하는 것이 도움이 되기도 합니다.

미국 최고의 학습 전문가로 꼽히는 멜 레빈은 아이들이 학습 내용을 기억하기 위해서는 외부의 정보를 재구성해서 저장하는 과정이 우선이라고 말합니다. 그 과정에서 아이는 혼잣말로 중얼거리면서 생각을 말로 바꿔보거나 시각적 형태로 재구성하여 이미지화하기도 합니다. 아이마다 자신이 정보를 가장 잘 받아들일 수 있는 방법을 최대한 활용해야 한다는 뜻이지요. 내용에 대한 이해, 핵심 파악, 구조화를 바탕으로 시각, 청각, 촉각 등 가능한 모든 감각을 활용하면서 자신만의 재구성 방법을 찾아본다면 암기가 어렵기만 한 과정은 아닐 것입니다.

열심히 공부해도 성적이 오르지 않는다면
노트 정리부터 바꿔야 한다

요즘 아이들은 노트 정리를 낯설어 합니다. 활자 정보보다는 영상 정보를 선호하고, 읽고 쓰기보다는 보고 듣기에 익숙하기 때문입니다. 정보를 습득하는 방법은 여러 가지가 있고 제각각 장단점이 있지만 스스로 생각하고 구조화하면서 정리하는 방법은 여전히 효과적입니다.

또한 교사의 설명을 잘 들은 후에는 글을 스스로 읽으면서 생각하는 과정이 반드시 필요합니다. 심리학자인 헨리 뢰디거와 마크 맥다니엘은 그들의 저서 《어떻게 공부할 것인가》에서 학습 효과를 높이기 위한 '인출'의 중요성에 대해 이야기합니다. 인출은 쉽게 말해서 아이들이 배운 내용을 뇌에서 꺼내는 것을 말합니다. 특히 효과적인 인출 방법인 노트 정리를 통해 새로운 내용을 단기 기억에서 장기 기억으로 재구성하고 통합하면서 쉽게 꺼내어 사용할 수 있게 한다는 것이지요. 잘 정리된 노트 필기나 강의록을 활용하는 것도 좋지만 어떻게 정리하면 좋을지 스스로 고민하며 만든 나만의 노트만큼 공부에 효과적인 건 없습니다.

앞서 살펴본 '교과서 읽는 법'의 2회독 또는 3회독의 단계에서 스스로 내용을 구조화하는 노트 정리를 병행하면 좋습니다. 요즘의 중학생은 노트 정리를 해본 경험이 없는 경우가 많아요. 수업 시간에 아이들에게 노트 필기를 시키면 처음에는 어떻게 해야 할지 감을 잡지 못합니다. 그러나 이런 아이들에게 몇 가지 방법을 알려주면 또 금방 공부하는 재미를 느낍니다. 아이들 스스로 노트를 쓰면서 머릿속에서 내용이 정리되고 자신이 공부하고 있다는 효능감을 느끼거든요. 노트 정리를 통해 내용을 구조화하는 경험이 쌓이면 고등학교에 진학한 후 공부량이 많아졌을 때도 빠르게 적응하면서 자기주도적 학습을 해나갈 수 있습니다.

| 노트 정리는 코넬식으로

《초등 문해력 한 권》에서도 이야기했지만, 노트 정리에 가장 널리 쓰이는 형식은 코넬식 노트입니다. 코넬식 노트란 코넬대학교에서 학생들의 학습 능력을 향상시키기 위해 고안한 노트 정리 방식입니다.

코넬 노트는 보통 네 가지 영역으로 구성되는데 가장 위에 제목 또는 주제를 쓰고 왼쪽에 키워드(핵심 개념)를 씁니다. 오른쪽에 개념에 대한 내용을 정리하고 마지막 하단에 요약 정리를 하거나 자신의 생각을 쓰면 됩니다.

사회 교과는 개념 학습이 매우 중요하기 때문에 대개의 경우 코넬식 노트 정리 방식이 적합합니다. 코넬식 노트를 익숙하게 활용하게 되면 한눈에 중요한 개념을 파악하고 구조화할 수 있습니다. 잘 정리된 노트를 이용해 반복적으로 학습하면 학습의 효과도 향상됩니다. 단순 필기가 아니라 학습 효과를 향상시킬 수 있는 노트 정리, 그 방법을 익히기 바랍니다.

기본권의 종류	
자유권	- 국가 권력의 간섭을 받지 않고 자유롭게 생활할 수 있는 권리
	- 신체의 자유, 종교의 자유, 언론 출판의 자유, 거주 이전의 자유, 직업 선택의 자유 등
평등권	- 모든 국민이 차별받지 않고 동등하게 대우받을 권리
	- 종교, 신분, 인종, 장애, 성별 등
참정권	- 국민이 국가의 의사 결정에 참여할 수 있는 권리
	- 선거권, 공무담임권, 국민투표권 등
사회권	- 국가에 대하여 인간다운 생활의 보장을 요구할 수 있는 권리
	- 교육받을 권리, 근로의 권리, 사회보장을 받을 권리, 쾌적한 환경에서 살 권리 등
청구권	- 국가에 일정한 행위를 요구할 수 있는 권리(수단적 성격)
	- 청원권, 재판 청구권, 국가 배상 청구권 등
우리나라 헌법은 국민의 기본권을 보장한다.	
헌법에 꼭 적혀 있지 않더라도 국민의 자유와 권리를 지켜준다는 말이 인상적이었다.	

▌비교와 대조할 때는 표 만들기

병렬적인 개념을 정리할 때는 내용을 비교하거나 대조하는 방식으로 정리하면 내용이 한눈에 들어와 이해가 쉽습니다. 코넬식의 노트를 쓴다면 노트 필기 영역에 세로선을 그어 표로 변형한 다음 내용을 정리할 수 있습니다. 예를 들면 동해안과 서해안을 비교하거나 여러 기후의 특징을 정리할 때, 문화의 속성을 비교할 때, 민사재판과 형사재판을 비교할 때, 시장 경제 체제와 계획 경제 체제를 비교할 때 표를 그려 정리하면 효과적입니다.

[교과서 줄글을 표로 정리 예시]

국가 기관이 구성되어 있는 모습에 따라 정부 형태가 구분된다. 특히 입법부와 행정부의 관계에 따라 대통령제와 의원 내각제로 구분할 수 있다.

대통령제에서 국민은 선거를 통해 의회의 의원과 행정부의 수반인 대통령을 각각 선출한다. 따라서 입법부와 행정부가 엄격히 분리된 정부 형태를 이룬다. 대통령은 행정부를 구성하고 임기 동안 안정적으로 정국을 운영하게 된다. 다만 대통령에 권한이 집중되어 독재화가 될 우려가 있다.

의원 내각제에서는 국민이 의회의 의원을 뽑으면 의회 다수당의 대표가 총리가 되어 행정부를 구성하게 된다. 내각의 총리와 장관은 행정부의 일을 하면서 의회의 의원을 겸하기 때문에 입법부와 행정부가 긴밀한 관계를 맺으며 정국을 운영하게 된다. 의원 내각제는 행정부가 국민의 요구에 민감하고 책임 정치를 할 수 있다는 장점이 있다. 하지만 한 정당이 의회와 내각을 모두 장악하면 다수당의 횡포가 나타날 수 있다.

⇩

정부 형태	대통령제	의원 내각제
구분	입법부와 행정부의 관계에 따라	
선거	국민이 대통령, 의회의 의원을 뽑음	국민이 의회의 의원을 뽑음
구성 방식	대통령이 행정부를 구성	의회 다수당의 대표가 총리가 되어 행정부를 구성
특징	입법부와 행정부 엄격히 분리	입법부와 행정부가 긴밀한 관계
장점	대통령 임기 동안 안정적 운영	행정부가 책임 정치를 하여 국민의 뜻을 민감하게 반영
단점	독재 정치의 위험	다수당의 횡포가 나타날 수 있음

특히 개념을 구조화하는 데 효과적입니다. 교과서에는 해당 내용을 설명하는 요소들이 있습니다. 예를 들면 의미, 특성, 형태, 장점, 단점 등이 있지요. 표를 만들 때는 이런 요소들을 추출할 수 있습니다. 그런데 긴 글을 읽으면서 내용 요소를 찾고 분류하고 비교하는 것은 매우 고차원적인 수준의 공부입니다. 아이 혼자서 표를 완성하는 것은 쉬운 일이 아니지요. 교과서나 학습서에서 핵심 내용을 표로 구성해둔 자료

가 많으니 꼭 참고하는 게 좋습니다. 그리고 학교 수업 중 교사가 내용을 표로 정리해주면 핵심 요소들을 적어놓고 스스로 내용을 채워보는 것도 매우 좋은 공부 방법입니다.

▌개념 구조도 그리기

다양하고 자유로운 방법으로 내용을 구조화해볼 수 있습니다. 가장 대표적인 것이 마인드맵과 같은 형식입니다. 마인드맵은 지도를 그리듯이 개념을 직관적으로 배열하여 연결하는 방법입니다. 다양한 사례와 아이디어를 표현할 때, 여러 개념을 서로 연결할 때 직관적인 구조도를 활용하면 한눈에 파악하기 좋습니다.

시간적 흐름이 중요한 내용을 공부할 때에는 순서도처럼 역사적 사건에 따라 선형적으로 내용을 정리할 수도 있습니다. 가로로 핵심 개념을 정리한 후 아래에 세부적인 내용을 메모할 수도 있고, 세로로 연표를 그린 후 오른쪽에 여러 메모를 연결할 수도 있습니다. 개념 구조도는 개성이 드러나는 나만의 구조화 방법입니다.

[개념 구조도 예시]

공부법을 추천하는 많은 전문가들이 백지 노트를 권합니다. 백지 노트는 말 그대로 아무 내용도 적혀 있지 않은 흰 종이 위에 자신이 알고 있는 개념과 내용들을 써보는 방법입니다. 백지 노트는 공부의 마무리 단계라고 할 수 있습니다. 자신이 공부한 내용을 스스로 확인해보고 구조화하는 가장 높은 수준의 정리 방법이기 때문이지요.

다만 중학생 단계에서 백지 노트를 쓸 수 있는 아이는 한 학급에 1~2명 정도로, 그리 많지 않으리라 생각합니다. 그러나 백지 노트를 쓸 수준이 못 된다고 해서 공부가 부족하다고 생각할 필요는 없습니다. 중학교 시기에는 위에서 제시한 노트의 형식을 따라해보는 것만으로도 충분히 도움이 될 수 있습니다.

처음에는 완전히 백지로 하는 것이 아니라 공부 범위의 단원명이나 키워드처럼 큰 틀을 먼저 짜놓고 내용을 채워나가는 방식으로 시작하면 됩니다. 책을 조금씩 찾아보면서 빈칸을 채우다가 익숙해지면 단원명만 써놓고 책을 덮은 후 키워드를 써보면서 내용을 채웁니다. 백지 노트가 막연하다고 부담을 가질 필요는 없습니다. 주어진 정보를 바탕으로 노트를 정리하는 것에서 시작해 점차 나만의 방법으로 정리할 수 있도록 노력하는 것이 핵심입니다.

나무를 보는 공부, 숲을 보는 공부
아이마다 맞는 공부법은 따로 있다

• • • • • •

한동안 유행한 MBTI 검사를 아시나요? 성격과 성향을 열여섯 가지 유형으로 분류해서 사람을 이해하는 심리 검사입니다. 사람들을 지나치게 틀에 맞추어 판단하려고 하면 문제이겠지만 어떤 성향이 다른 성향보다 더 좋고 나쁜 것이 아니라 서로 다른 것뿐이라는 태도는 자신과 타인을 이해하는 데 도움을 준다고 생각합니다. (MBTI 유형과 공부법은 꼭 직접적으로 연결되는 것은 아니니 이해를 돕기 위한 설명으로 보면 좋겠습니다.)

MBTI 유형은 네 가지 특성이 짝을 이룹니다. 그중 공부 스타일과 가장 관련이 깊은 특성이 S-N 유형인데요. 일반적으로 S는 감각적, N은 직관적인 유형이라고 표현합니다. S에 해당하는 아이는 시각, 청각, 촉각 등 오감을 통해 구체적이고 세부적인 정보를 받아들이는 스타일입니다. N에 해당하는 아이는 직감을 통해 전체적인 맥락을 파악하지요.

공부 방식에서도 감각적 유형과 직관적 유형이 있습니다. 사회 공부하는 아이들을 떠올려보면 필기를 깔끔하게 잘하고 내용을 잘 외우고 차근차근 천천히 내용을 쌓아가는 아이가 있습니다. 반면 차분히 정리를 잘하는 편은 아니지만 전체 내용을 훑어보고 맥락을 빠르게 파악하는 아이가 있지요. 이제 전자인 S의 감각적 유형을 '나무를 보는 공부', 후자인 N의 직관적 유형을 '숲을 보는 공부'로 부르겠습니다.

두 유형 중 어느 공부 스타일이 높은 성취를 내기에 유리할까요? 정답은 둘 다입니다. 공부 방법에 왕도는 없어요. 두 가지 방향의 공부가 모두 필요합니다. 구체적이고 세부적인 내용도 공부해야 하고 전체적인 맥락도 파악해야 합니다. 내게 편안하고 익숙한 방법으로만 공부하면 좋은 성취를 얻을 수가 없습니다. 자신에게 더 맞는 스타일을 밑바탕으로 해서 부족한 부분을 채우는 방식의 공부 방법을 만들면 됩니다.

| 나무를 보는 공부를 선호하는 아이라면

많은 모범생이 '나무를 보는 공부'를 선호합니다. 수업 내용을 잘 따라가고, 정리도 잘하고, 암기도 열심히 잘합니다. 이런 공부를 하는 아이들은 단계별 이해를 중시합니다. 새로운 정보가 들어오면 자신의 배경지식 위에 차곡차곡 얹습니다. 특히 인과관계를 좋아할 가능성이 높아 'A→B→C'로 논리적으로 연결되는 과정을 따라가면 이해가 잘된다고 느낍니다. 그래서 순서대로 천천히 공부하면서 완전히 이해하고 싶어하지요. 다만 중간에 잘 모르는 부분이 나오거나 이해가 막히면 다음으로 넘어가는 것을 어려워합니다.

나무를 보는 공부는 공부의 기본기를 잘 갖추는 방법이지만 핵심과 맥락을 파악하지 못하면 들인 노력에 비해 효율이 떨어질 수 있습니다. '공부를 하기는 하는데 왜 자꾸 길을 잃는 것 같지?'라는 생각이 들지도 모릅니다. 그래서 이런 공부를 하는 아이라면 자신의 공부에 자신감을 가지되, 공부를 시작하기 전에 전체 흐름과 구조를 먼저 파악해야 합니다. 앞서 설명했듯이 교과서 본문을 읽기 전 단원의 구조를 생각해야 하는 것이지요(259쪽 참조).

나무를 보는 것에만 집중하다 보면 열심히 외우기는 했는데 왜 외웠는지를 모르게 되는 경우가 있습니다. 이런 경우에는 노트를 정리할 때도 세부적인 내용보다는 핵심을 파악하고 전체 내용을 구조화하는 데 집중하면 약점을 보완할 수 있습니다. 예를 들어, 코넬식 노트를 쓴다면 왼쪽 키워드 영역에 좀 더 집중하는 겁니다. 역사 공부처럼 시간적 흐름이 중요하다면 타임라임을 크게 정리한 후 핵심만 써보는 것도 좋습니다. 세부적인 공부를 한 후에는 의식적으로 멀리서 크게 바라보는 것입니다. 이 점을 생각하면서 공부하면 훨씬 효과적입니다.

▎숲을 보는 공부를 선호하는 아이라면

'숲을 보는 공부'를 선호하는 아이는 공부 속도가 빠릅니다. 차분하게 순서대로 공부하기보다는 대강의 내용을 파악하는 것을 선호합니다. 이런 아이들은 글을 읽으면서 저자의 의도를 파악하거나 핵심을 찾아내는 능력이 뛰어납니다. 처음부터 한 문장씩 읽기보다는 훑어보는 것을 좋아합니다. 그리고 머릿속에서 전체 구조를 파악하려고 하지요. 공부량에 비해 시험을 잘 보는 아이가 많습니다. 다만 뒷심이 약하고 최상위권으로 도약하기는 어려울 수도 있습니다.

숲을 보는 공부법은 효율적이고 공부의 핵심을 잡아낼 수 있지만 구체적인 내용을 채우지 못하면 뼈대만 세워놓은 집과 같아요. 특히 자신이 이미 내용을 다 알고 있다는, 공부를 다 한 것 같다는 착각을 하기 쉽습니다.

이런 경우에는 다회차 회독이 필요합니다. 꼼꼼하게 공부하는 아이가 촘촘히 1회독을 한다면 훑어보는 아이는 3회독을 하는 것이지요. 한 번 볼 때 전체 맥락을 파악하고 두 번째에는 몰랐던 내용을 이해합니다. 그리고 세 번째에는 세부적인 내용을 암기합니다. 이때 앞서 살펴본 다양한 노트 필기 방식을 활용하면서 꼼꼼히 세부적인 내용까지 짚고 넘어간다고 생각하면 됩니다. 숲만 보는 아이는 내부에 숨어 있는 한 그루 한 그루의 나무가 얼마나 아름다운지 놓치지 않도록 세심함을 키우면 쉽게 약점을 보완할 수 있습니다.

통합사회를 대비하는 가장 좋은 방법은 중학교 사회 공부를 제대로 하는 것

• • • • • •

앞서 고등학교 통합사회가 수능 영역으로 지정되면서 중요성이 커졌다는 사실을 살펴봤습니다. 또한 중학교 사회가 고등학교 통합사회로 연계되기 때문에 중학교 사회 공부가 고등학교 공부에 직접적인 도움이 될 수 있다는 점도 말씀드렸어요.

다음은 2022 개정 교육과정의 중학교 사회와 고등학교 통합사회의 단원을 나타

중등 문해력 한 권

낸 표입니다. 2년에 걸쳐 배우는 중학교 사회는 지리 영역과 일반사회 영역으로 구성되어 있습니다. 고등학교 통합사회는 대개 두 학기에 걸쳐 배우게 되는데 중학교에 비해 영역별 통합의 성격이 강합니다.

[중학교 사회 단원과 영역(2022 개정 교육과정)]

사회1		사회2	
1. 세계화 시대, 지리의 힘	지리 영역	1. 헌법과 국가기관	일반사회 영역
2. 아시아		2. 경제생활과 선택	
3. 유럽		3. 시장과 가격	
4. 아프리카		4. 우리나라 경제와 세계화	
5. 아메리카		5. 국제 사회와 한반도	
6. 오세아니아와 극지방		6. 사회 변동과 사회 문제	
7. 인간과 사회생활	일반사회 영역	7. 대한민국, 우리가 살아가는 곳	지리 영역
8. 다양한 문화의 이해		8. 우리나라의 자연환경과 인간 생활	
9. 민주주의와 시민		9. 중부 지역	
10. 정치 과정과 시민 참여		10. 남부 지역	
11. 일상생활과 법		11. 북부 지역	
12. 인권과 기본권		12. 지속가능한 세계와 글로컬[※] 시민	

※ 글로컬(glocal): 글로벌(global)과 로컬(local)의 합성어로 세계성과 지역성을 아울러 일컫는 말.

[고등학교 통합사회 단원(2022 개정 교육과정)]

통합사회1	통합사회2
1. 통합적 관점	1. 인권 보장과 헌법
2. 인간, 사회, 환경과 행복	2. 사회 정의와 불평등
3. 자연환경과 인간	3. 시장 경제와 지속가능발전
4. 문화의 다양성	4. 세계화와 평화
5. 생활 공간과 사회	5. 미래와 지속가능한 삶

2015 개정 교육과정과 비교하면 고등학교 사회 첫 단원으로 〈통합적 관점〉이 신설되었는데요. 이 단원의 성취기준을 보면 '인간, 사회, 환경을 바라보는 시간적, 공간적, 사회적, 윤리적 관점'이라고 되어 있습니다. 역사, 지리, 일반사회, 윤리 영역이 융합적으로 구성되어 있음을 강조하고 있지요.

예로 통합사회1의 세 번째 단원인 〈자연환경과 인간〉 단원을 보겠습니다. 이 단원에는 '기후와 지형'과 같은 지리 내용, '안전하고 쾌적한 환경에서 살아가는 시민의 권리' '자연을 바라보는 인간의 다양한 관점, 환경 문제 해결을 위한 다양한 주체들의 노력과 실천'에 대한 내용이 융합되어 있습니다. 이에 해당하는 내용을 중학교 교과서에서 찾아보면 〈아시아〉〈유럽〉〈아프리카〉〈아메리카〉〈오세아니아와 극지방〉 단원의 지리 영역, 〈정치 과정과 시민 참여〉〈인권과 기본권〉의 일반사회 영역, 〈지속가능한 세계와 글로컬 시민〉 단원의 내용이 고루 포함되어 있습니다. 자연에 대한 인간의 관점은 중학교 도덕 시간에 다룬 내용입니다. 이처럼 고등학교 통합사회의 교육과정에서 다양한 학문 간의 융합을 강조하고 있기 때문에 수능 문제 역시 통합적 사고를 묻는 형식으로 출제될 가능성이 높습니다.

그렇다면 사회를 통합적으로 바라보기 위해서는 어떻게 해야 할까요? 먼저 중학교에서 각 영역에 해당하는 내용을 충실히 공부하고 소화하는 것이 중요합니다. 중학교 공부가 제대로 되어 있지 않은 상태라면 이렇게 많은 지식이 융합된 내용을 이해하고 공부하는 것이 어려울 수밖에 없습니다. 고등학교 통합사회 및 사회탐구 선택과목을 대비하는 가장 좋은 방법은 중학교 시기에 사회 공부를 제대로 하는 것입니다.

중학교 사회 교과서에 등장하는 핵심 개념을 충실하게 익히면 고등학교 수업에서 같은 개념을 반복적으로 만나게 됩니다. 중학교 교과서를 꼼꼼히 읽고 핵심을 파악한 후 구조화를 해봤다면 고등학교 공부로 확장하는 것은 오히려 즐거운 일이 될 것입니다. 내가 알고 있는 배경지식이 든든한 기둥이 되어줄 테니까요. 공부란 세상을 바라보는 시각을 넓히고 지식의 깊이를 더하는 길이라는 것을 자신도 모르게 깨닫게 될 것입니다. 중학교 사회 공부를 통해 다양한 학습 방법을 경험하고, 지식을 흡수하면서, 스스로 하는 공부의 즐거움을 맛본다면 고등학교 공부는 더 이상 막연한 두려움으로 남지 않으리라 장담합니다.

chapter

5

과학

과학이 어렵다는
학부모와 학생을 위한 중요한 조언

나름대로 과학을 잘했던 아이도
중학교에서 좌절을 겪는다

초등학교 때 국영수를 집중적으로 공부했고 공부를 꽤나 잘한다고 자부했던 아이들 입에서 "중학교 과학이 너무 어려워요"라는 말을 듣는 순간, 부모들은 깜짝 놀랍니다. 초등 시기 과학을 좋아하던 아이들도 마찬가지입니다. 중학교 과학 시험에서 맥을 못 추고 수업을 따라가기 힘들어합니다. 네 집 아이 내 집 아이 할 것 없이 '과학이 어렵다'고 하소연해대니 그제야 부모들은 부랴부랴 학원을 알아봅니다. 경우에 따라서는 인강을 찾아 듣거나 문제집을 사서 풀게 하기도 하고요. 하지만 막상 이것저것 해봐도 학부모, 학생 모두 마음 한편으로 혼란스럽고 의문스러운 마음이 고개를 듭니다. '과연 이 방법이 맞는 걸까?' 그리고 이 불안한 예감은 적중합니다.

과학 시험을 치를 때마다 아이들은 고개를 내젓습니다. '분명히 공부했는데 왜 이렇게 많이 틀렸지?!'

중학교 과학 교과의 주당 수업 시수를 보면 중 1학년은 3시간, 중 2~3학년은 4시간입니다. 고등 1학년까지 보면 통합과학 4시간에 통합과학실험 1시간까지 더해져 주당 5시간입니다. 과학 교과가 꽤 많은 비중을 차지합니다. 고교학점제 시행으로 과학의 중요성이 커지고 선택과목이 세분화되면서 '중학교 때부터 물리학과 화학을 선행해야 한다'는 분위기도 감돌고 있습니다. 초등학교 때까지 가볍고 즐겁게만 여겼던 과학이 중, 고등학교에서는 수업 시수가 늘어나고 주요 교과가 되는 것이지요. 당연히 어떻게 공부해야 할지 모르는 아이들에게는 과학이 성적의 발목을 잡는 복병이 될 수밖에 없습니다.

그런데 과학이 어렵다고 무작정 학원을 다니면서 정작 중학교 과학의 기본 개념조차 단단히 잡지 못하는 경우를 보게 됩니다. 학원에서는 시험 범위 내 빈출 문제 풀이를 지나치게 강조하거든요. 이는 중학교 시험 기간에 질문을 하기 위해 아이들이 들고 오는 문제집만 봐도 알 수 있습니다. 수줍게 교무실 문을 열고 들어오는 아이들 손에는 교과서도, 수업 자료도 아닌 각종 문제집과 프린트가 들려 있습니다. 시험 문제는 담당 교사인 제가 출제하는데 아이들은 수업 시간에 다룬 개념보다 학원에서 풀다 실패한 지나치게 어려운 문제나 지엽적인 내용을 질문합니다. 그러면 안타깝고 답답한 마음에 교과서를 꺼내 펼치고, 수업 시간에 나눠준 학습지를 짚어가며 다시 설명하지요. 어느새 난해하다는 표정을 짓고 교무실을 찾아왔던 아이의 얼굴에 먹구름이 가시고 웃음이 피어납니다.

"선생님, 이게 이런 뜻이었어요? 그럼 문제를 풀 때 이 개념을 적용해야겠네요."

이른바 '아하 모먼트'. 이 순간을 맛본 아이는 그제야 과학 개념을 정확히 알아야 관련 문제를 풀 수 있다는 사실을 깨닫습니다. 이후 수업 시간에 더 집중하고 교사의 말을 하나라도 놓칠 세라 필기를 합니다. 아이의 과학 공부가 바뀌는 겁니다.

초등 3학년부터 고등 1학년까지 8년의 과학 공통 교육과정에서 제가 가장 중요하게 생각하는 단계가 바로 '중학교 3년'입니다. 중학교 과학이 초등학교에서 배운 과학과 고등학교에서 배울 통합과학을 연결하는 다리이기 때문입니다. 초등학교에서 배운 개념에 원리가 더해진 것이 중학교 과학이고, 고등학교 통합과학 내용의 60% 이상이 중학교 과학과 연계됩니다. 즉, 중학교 과학 개념을 제대로 익히지 않고는 통합과학으로 나아갈 수 없습니다.

과학, 개념 없이는 결코 해낼 수 없다

| 개념이 교과서 난도를 높인다

이미 이 책의 국어, 영어, 수학, 사회 챕터를 차례로 읽어왔다면 초등학교와 중학교는 교과서 본문부터 달라진다는 사실을 익히 아실 겁니다. 그렇다면 과학 교과서는 구체적으로 어떤 변화가 있을까요?

주기적으로 교과 과정이 개정되면서 최신 과학을 반영하며 예전보다 높은 수준의 과학 내용이 중학교 교과서에 실리고 있습니다. 초등학교 과학 교과서는 관찰과 현상 위주의 활동 중심으로 구성되는 반면, 중학교 과학 교과서는 한층 심화되고 추상적인 개념과 정의가 매 수업 시간 등장합니다.

[초등학교 과학 교과서 문장 예시]

기차의 **속력**은 150Km/h이고 버스의 속력은 80km/h이므로 버스가 기차보다 더 느리다.

시간에 따라 속력이 일정한 운동을 **등속 운동**이라고 하며 등속 운동하는 물체의 이동 거리는 시간에 비례하여 증가한다. 물체가 중력만을 받아 일정한 가속도로 떨어지는 운동을 **자유 낙하 운동**이라고 하며 물체의 속력은 일정하게 증가한다.

실제로 중학교 교실에서는 수포자만큼이나 과포자가 등장합니다. 가장 빈번하게 등장하는 시기가 중 2~3학년입니다. 중 1학년 과학은 처음에는 비교적 수월하게 느껴집니다. 초등 6학년 때 배운 <식물의 구조와 기능> <물체의 운동> <지구의 운동> <계절의 변화> 단원과 이어지기 때문에 초반에는 친근감을 갖게 되지요. 그러나 곧 첫 번째 고비가 찾아옵니다.

아이들이 특히 힘들어하는 단원은 <열> <힘의 작용> <태양계>입니다. <열> 단원에서는 초등에서 다뤘던 열의 이동 방식에 더해 열량, 비열, 열팽창 같은 새로운 개념이 추가되면서 난도가 높아집니다. <힘의 작용>은 초등 3학년 이후 오랜만에 다시 배우는데, 이번에는 단순 현상 이해를 넘어 추상적 개념어, 그래프 해석, 공식 적용, 실험 분석까지 요구됩니다. 이쯤 되면 아이들은 "과학이 수학이랑 다를 게 없다"라며 힘들어하지요. <태양계> 단원은 중 2학년에서 중 1학년으로 이동했는데, 시간과 공간의 움직임을 머릿속으로 그려야 하는 내용이라 시공간 감각이 부족한 아이들에게 큰 장벽이 됩니다. 교과서 설명은 간단해 보여도 시험 문제는 훨씬 낯설고 어렵습니다. 이때부터 많은 아이가 '교과서를 단순히 읽는 것만으로는 버틸 수 없다'는 사실을 체감하게 됩니다.

2학년부터 본격적으로 난도가 높아집니다. 운동과 에너지 영역(물리)에서는 빛과 파동, 전기와 자기, 옴의 법칙 같은 핵심 개념이 등장합니다. 특히 '자기장 속 전류가 흐르는 코일이 받는 힘의 방향'을 이해하는 과정에서 많은 아이들이 어려움을 겪습

니다. 물질(화학)영역에서는 원소, 원자, 이온, 분자, 화학 반응식 등 새로운 용어와 상
징 체계를 처음 접하게 됩니다. 눈에 보이지 않는 미시 세계를 다루기 때문에 아이들
은 '보이지 않는 과학의 벽'을 실감합니다. 여기에 용해도 곡선을 이용한 다양한 문
제를 해결하는 과정에서는 수학적 사고와 과학 개념어가 결합되고, 학습량도 늘어
나면서 한 번 흐름을 놓치면 따라잡기가 쉽지 않습니다.

3학년에서는 고등학교 통합과학과 직접 연계되는 단원이 많습니다. 당연히 난도
가 더욱더 높아지겠지요. 그중 <운동과 에너지> <화학반응의 규칙성> <생식과 유
전> <날씨와 기후변화> <수권과 해수의 순환> 단원은 통합과학에서 다시 확장·심
화되어 배우게 됩니다.

| 과학 공부의 기본은 읽기,
그 기본의 중심은 개념

공부는 힘듭니다. 에너지 소모가 크고, 열심히 몰입해서 공부하고 나면 진이 빠지
는 기분이 들기도 합니다. 그런데 우리가 처음 줄넘기를 배웠을 때를 떠올려보세요.
몸에 익숙해지기 전까지 하나하나의 과정이 모두 새롭고 힘듭니다. 하지만 꾸준히
배우고 연습할수록 익숙해지는 일은 시간 문제입니다. 처음에는 두 발 모아서 한 번
뛰는 것도 힘들어했는데 어느새 모아 뛰기가 익숙해지고 엇걸어 뛰기, 2단 뛰기 등
을 하며 재주를 부리는 모습을 마주하게 됩니다.

공부도 마찬가지입니다. 멈춰 있던 물체를 처음 움직이게 할 때 에너지가 가장 많
이 필요하듯 공부도 처음 시작이 가장 힘이 듭니다. 처음 개념을 이해하고 익숙해지
는 과정이 가장 많은 에너지를 필요로 합니다. 하지만 꾸준히 읽고 정리하며 반복하
다 보면 개념이 익숙해지고, 점차 사고의 폭을 넓힐 수 있습니다. 공부 그릇의 크기가
커졌기 때문이지요.

15년 동안 중학교 교실에서 많은 아이를 지켜본 결과 공부 잘하는 아이들의 공통점이 보였습니다. 그 아이들은 하나같이 바른 자세로 수업에 참여할 뿐 아니라 교과서를 충실히 읽고, 배운 내용을 자기 언어로 정리할 줄 알았습니다. 또한 교과서 외 다양한 독서를 통해 개념의 이해 폭을 넓히며, 교과 간 연계적 사고까지 발전시켰습니다.

과학 교과는 초등 3학년부터 고등 1학년 통합과학까지 8년간 나선형 교육과정으로 설계되어 있습니다. 기본 개념과 원리를 반복적으로 다루며 양적으로, 질적으로 점차 심화·확장되어 나갑니다. 중학교 과학이 어렵다고, 통합과학이 수능 영역이 되었다고 해서, 두려워할 이유도 없고 무리한 선행을 할 필요도 없습니다. 차근히 제 학년에 배운 과학을 제대로 익히고 가면 큰 문제없이 완전 학습을 할 수 있습니다. 하지만 이 과정에서 개념어의 이해가 제대로 이루어지지 않으면 상위 단계 학습에서 결정적 결손이 발생합니다.

교육과정	과학 교과 특징
초등학교	생활 언어와 현상 중심
중학교	심화·확장된 개념어와 원리 중심
고등학교	추상적·수학적 개념의 확장과 영역별 융합

따라서 초등 교육과정에서 다진 언어 기반 위에 중학교 과학 개념어가 정확히 자리 잡아야 합니다.

아이들은 과학 수업 이전에 자연현상이나 개인적인 경험 등을 통해 자연현상과 사물에 대해 나름대로 다양한 생각을 갖고 있습니다. 하지만 이런 생각은 일상적인 언어와 경험, 직관 등을 바탕으로 만들어지기 때문에 우리가 과학 시간에 배우는 과학적 지식과는 일치하지 않는 경우가 많이 있습니다. 이런 생각들을 과학 '오개념'

'직관적 관념' '선개념' 등으로 부르지만 이 책에서는 '오개념'이라고 통일해서 이야기하겠습니다. 과학 오개념은 비록 그 생각이 과학적 지식과 일치하지 않는 잘못된 내용이더라도 아이의 입장에서는 의미 있는 그럴듯한 생각이기 때문에 쉽게 바뀌지 않는다는 특징을 갖고 있습니다.

구체적으로 예를 들어보겠습니다. 초등 3학년 과학 <힘과 우리 생활> 단원에서 아이들은 '무게'라는 개념을 처음 배우게 됩니다(현 교과서에서 질량은 다루지 않습니다). 이를 중학교 과학 운동과 에너지(물리) 영역에서 다시 배우는데, 이때는 '무게'와 '질량'을 엄격히 구분해서 사용합니다. '질량'은 물체가 가진 고유한 양으로 항상 일정하며 kg(킬로그램), g(그램)을 단위로 사용합니다. '무게'는 지구가 물체를 끌어당기는 힘(중력)의 크기로 지구에서는 질량이 클수록 무거워집니다. 무게의 단위로는 N(뉴턴), kg중(킬로그램 중), g중(그램 중)을 사용합니다.

그런데 우리가 몸무게를 말할 때를 생각해보세요. 몸무게는 지구가 우리 몸을 잡아당기는 중력의 크기인데도 N, kg중, g중이 아닌 kg, g을 사용합니다. 지구에서는 질량이 클수록 무게도 함께 커지므로 무게와 질량을 구분하지 않기 때문이지요. 이렇게 일상에서 쓰이는 언어와 과학 개념의 차이로 인해 아이들에게는 수업 이전부터 오개념이 형성되어 있습니다.

일상에서 자주 사용하던 단어가 과학 교과서에 나오면 아이들은 잘 안다고 착각하며 무심코 넘겨버립니다. 정작 과학 공부에 필요한 '과학적인 의미'는 정확히 이해하지 못한 채 말입니다. 이러한 과학 개념의 결손이 누적되면 학교급이 바뀌어 과학 개념이나 원리를 확장해 배울 때 제대로 이해하지 못하게 됩니다. 이해하지 못하니 교과에 대한 흥미가 떨어지고 점점 자신감도 잃게 됩니다. 과학 교과서 속 단어 하나하나가 단순한 용어가 아니라 사고의 도구입니다. 초등 시기부터 개념어의 정확한 의미와 쓰임을 익히고, 중학교 단계에서 이를 반복·확장하며 자기 언어로 설명할 수 있어야 합니다. 단순히 새로운 단어를 외우는 수준이 아니라 사고의 도구로서 개념어를 정확히 이해해야 교과서도, 실험도, 평가도 해낼 수 있습니다.

평가는 과학 공부법을 바꾸라는 신호다

초등학교에서는 공식적으로 점수화된 지필평가가 없이 과정 중심 수행평가로 아이들의 성취도를 평가했습니다. 그래서 아이가 중학교에 입학하면 학부모들은 바뀐 평가체계에 다소 혼란을 느낍니다.

중, 고등학교 평가는 크게 지필평가와 수행평가로 나뉩니다. 지필평가는 '1차·2차 고사'와 같은 '일제식 정기고사'를 의미합니다. 지필평가 문항은 크게 오지선다형의 '선택형 문항'과 학생이 답안을 구성하는 '서답형 문항'으로 구성됩니다. 수행평가는 교과 담당 교사가 수업 시간에 아이들의 학습과제 수행 과정 및 결과를 직접 관찰하고 그 관찰 결과를 판단하는 평가 방법입니다. 교과 및 학교 특성에 따라 다양한 방식으로 진행됩니다. 과학의 경우 실험·실습, 서·논술(글쓰기), 포트폴리오, 프로젝트, 토의·토론, 발표 등 다양한 방식으로 이루어집니다.

2022 개정 교육과정의 도입과 교육부의 2028학년도 대입 개편안에 따라 2025학년도부터는 단순 지식의 암기를 확인하는 시험 형식에서 벗어나 학생의 역량과 사고력을 평가하기 위해 중, 고등학교에서 서·논술형 내신 평가가 확대되었습니다. 지필평가와 수행평가에 서·논술형 문항 출제가 늘고 있으며 앞으로 더 비율을 늘려 나갈 계획에 있습니다.

서술형 문항은 제한된 논술형 문항이라고도 불리며 아이가 가지고 있는 지식, 개념, 원리, 의견 등을 한두 문장 내외로 작성하도록 하는 문항입니다. 논술형 문항은 확장된 논술형 문항이라고도 불리며 학생이 자신의 주장과 근거를 완결된 문단이나 한 편의 글 수준으로 작성하도록 하는 문항입니다. 학부모들이 학창 시절 시험 본 주관식 유형이었던 단순 지식의 암기나 이해만으로 풀 수 있는 완성형, 단답형 문항은 이제 출제되지 않는 것이지요. 과학 교과의 경우 지필평가에서는 주로 서술형 문항을, 수행평가에서는 논술형 문항을 출제하여 학생들의 과학적 역량과 사고력을 평가합니다.

[중 3학년 1학기 평가 예시]

평가구분	고사명/평가 과제명	평가 시기	평가 방법	반영 비율		만점
지필평가	중간고사	4월	선택형	21	30	100
			서·논술형	9		
	기말고사	7월	선택형	21	30	100
			서·논술형	9		
수행평가	화학 변화 전후의 질량 관계	3월	서·논술형	8	40	8
	감각의 성립	4월	서·논술형	8		8
	이슬점 측정	5월	서·논술형	8		8
	중력장에서 위치 에너지 크기	6월	서·논술형	8		8
	포트폴리오	3~6월	과정 평가	8		8
합계				100%		

초등학교와 달라진 중학교의 평가 체제는 단순히 성적을 매기는 도구가 아닙니다. 아이들에게 '공부 방법을 바꾸라'는 신호입니다. 실제 중학생이 되어서 서·논술형 문항의 답을 평가기준에 맞게 작성하고, 실험 보고서를 기록하고, 발표를 준비하는 과정에서 아이들은 암기만으로는 버틸 수 없다는 사실을 실감합니다. 이제 과학 공부는 답을 외워내는 것이 아니라, 개념을 연결하고 자기 언어로 설명하는 과정으로 옮겨가야 합니다.

이 지점에서 부모의 이해가 중요합니다. 초등 시절과는 달리 첫 성적표에서 예상보다 낮은 점수가 나왔다고 해서 자녀의 학습 능력이 떨어진 것은 아닙니다. 평가 방식이 달라진 데 따른 적응의 과정일 뿐입니다. 부모가 이 변화를 이해하지 못하면 아이는 불필요한 낙인을 스스로에게 찍고 좌절하기 쉽습니다. 반대로 부모가 평가 체제의 변화를 제대로 이해하고 지지한다면, 아이는 새로운 학습 습관을 만드는 과정에서 덜 흔들립니다.

▎중학교 과학 수행평가에서는

중학교 과학 탐구 실험은 지필평가와 수행평가에서 통합탐구 기능인 '가설 설정, 변인 통제, 자료 변환 및 자료 해석, 결론 도출' 등을 뾰족하게 묻습니다.

가설 설정	탐구할 문제를 정하고 탐구의 결과를 예상하는 것
변인 통제	실험에서 다르게 해야 할 조건인 '조작 변인'과 같게 해야 할 조건인 '통제 변인'을 확인하고 통제하는 것
자료 변환	실험 결과를 표나 그래프의 형태로 바꾸어 나타내는 것
자료 해석	실험 결과를 통해 알 수 있는 점을 생각하고, 자료 사이의 관계나 규칙을 찾아내는 것
결론 도출	실험 결과를 해석해 탐구 문제의 답을 얻는 과정으로, 가설과 실험 결과를 비교해 논리적인 추론으로 결론을 이끌어내는 것

[중 1학년 <물질의 상태변화> 수행평가 문항 예시]

※ **다음은 물 200mL를 가열하면서 1분 간격으로 온도를 측정한 결과를 표에 기록한 것이다.**

시간(분)	1	2	3	4	5	6	7	8	9	10	11	12
온도(℃)	12.5	14	17	24	33	41.5	55	67	89	100	100	100

1-1. 표의 측정값을 이용하여 시간에 따른 온도 변화 그래프를 그리시오.

1-2. 물을 가열할 때 물이 수증기로 변하는 동안 온도가 일정하게 유지되는 이유를 입자

들의 운동과 배열의 변화를 중심으로 설명하시오.

1-3. 여름철 뜨거워진 도로나 선로에 물을 뿌리면 주변이 시원해진다. 이때 일어나는 상태변화를 쓰고, 이로 인해 더 시원해지는 이유를 열에너지의 이동과 관련지어 과학적으로 설명하시오.

예시 문항을 보면 표를 그래프로 바꾸는 자료 변환과 자료 해석, 결론 도출 등의 통합탐구 기능을 요한다는 것을 알 수 있습니다. 아이들은 여전히 초등학교 과학의 '그림과 현상을 이해하는' 학습에 머물러 있는데, 중학교에서는 그보다 높은 수준의 '용어와 원리의 논리적이고 추상적인 체계'를 요구합니다. 예를 들어 초등학교 과학에서는 '물이 얼면 부피가 늘어난다'는 현상을 관찰하는 데 집중했다면 중학교 과학은 눈에 보이지 않는 것을 입자 모형으로 시작해 원자, 분자, 이온 등의 개념으로 현상을 설명합니다. 단순히 현상이 일어났다가 아니라 어떠한 원리에 의해 결과가 도출되었는지 논리적인 사고를 요구하는 것입니다.

따라서 수행평가 예시 문항에 대한 답 또한,

1-2. 물(액체)이 열에너지를 흡수하면 입자의 운동이 매우 활발해지고, 입자들의 배열이 매우 불규칙하게 변하며 수증기(기체)로 변한다. 이때 흡수한 열에너지가 입자의 배열을 변화시켜 액체가 기체로 상태가 변화하는 기화에 사용되기 때문에 물을 가열할 때 물이 수증기로 변하는 동안 온도가 일정하게 유지된다.

1-3. 액체에서 기체로 상태가 변화하는 기화가 일어난다. 기화가 일어날 때는 주변에서 열에너지를 흡수하기 때문에 주변의 온도는 낮아진다. 따라서 여름철 뜨거운 도로나 선로에 물을 뿌리면 물이 기체로 기화하며 기화열을 흡수하기 때문에 주변이 시원해지는 것이다.

이와 같이 과학 개념이 활용된 탐구 실험 과정과 이를 통해 얻을 수 있는 결론을 핵심 개념을 사용해 적을 수 있어야 합니다.

▎지필평가 시험 범위와 난도의 급격한 상승

학교급이 바뀔수록 시험 범위와 난도는 당연히 올라갈 수밖에 없습니다. 초등학교 시험은 대체로 단원평가 수준의 개념 확인 문제와 수행평가가 주를 이룹니다. 중학교 과학은 한 학년에 7~8개 대단원으로 구성됩니다. 1년에 지필평가를 네 번 본다면 대체로 대단원 2개가 시험 범위에 해당하겠지요. 이는 교과서 80~90쪽에 해당하는 분량입니다. 초등학교 과학 한 학기 교과서가 100쪽 내외이니 시험 범위에서부터 큰 차이를 느낄 수밖에 없습니다. 게다가 교과서 1쪽에 들어가는 문장의 길이는 늘고 삽화는 줄어들어 아이들이 실제로 공부해야 할 양은 훨씬 많아집니다.

지필평가 또한 단순히 개념 확인이 아니라 응용과 적용, 서·논술형 문항에서 조건에 맞는 정확한 답안을 요구합니다.

[초등 5학년 <날씨와 우리 생활> 단원평가 문제 예시]

구름에 대한 설명으로 옳은 것은?
① 구름 속 작은 물방울이 합쳐지면서 무거워져 떨어지는 것
② 공기 중 얼음 알갱이가 커지면서 무거워져 떨어지는 것
③ 공기 중 수증기가 응결해 작은 물방울로 지표면 가까이 떠 있는 것
④ 공기의 상승으로 수증기가 응결해 물방울이 되거나 얼음 알갱이 상태로 변해 하늘에 떠 있는 것
⑤ 공기 중 수증기가 응결해 물체 표면에 물방울로 맺히는 것

(선택형) 아래 그림은 구름이 만들어지는 과정을 나타낸 것이다. 이에 대한 설명으로 옳지 <u>않은</u> 것은?

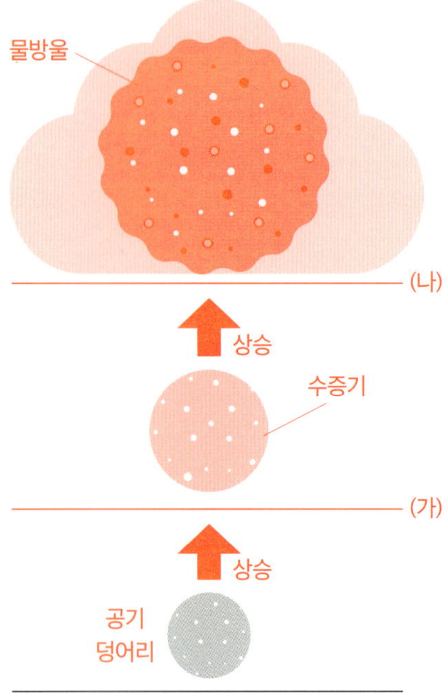

① 상승하는 공기는 (가) 높이에서 포화 상태가 된다.

② (나) 높이에서 응결이 시작되어 구름이 만들어진다.

③ 공기가 상승하면 주변 기압이 낮아진다.

④ 공기 덩어리는 상승하면서 단열 팽창한다.

⑤ 공기 덩어리가 포함하고 있는 실제 수증기량이 많을수록 (나)의 높이는 낮아진다.

(서술형) 그림은 구름이 만들어지는 과정을 나타낸 것이다. 물음에 답하시오.

1-1. (가)에서 (나)로 공기가 상승하는 동안 나타나는 변화를 아래의 조건을 넣어 설명하시오.

1-2. 공기가 (나) 높이에 도달하였을 때 나타나는 변화를 '이슬점'을 넣어 설명하시오.

'구름'이라고 하는 기상 현상에 대해서 초등학교 단원평가와 중학교 지필평가 선택형, 서술형에서 묻는 것을 예로 들어보았습니다. 확연한 차이가 바로 눈에 보이실 겁니다.

그런데 대다수 중학생 아이들이 공부하는 것을 지켜보면 '남기는 공부'가 아니라 시험이 끝나면 머릿속에서 사라지는 '일회성 공부'를 합니다. 시험 기간 벼락치기로만 공부해 단기 암기로 단기 성적만 챙긴다면 고등학교에 가서 큰 어려움을 겪게 됩니다. 중학교 A가 고등학교 성적을 보장해주지 않기 때문이지요.

고등학교 과학을 대비하기 위해서는 중학교 3년간 배운 개념을 장기 기억에 남겨두는 학습이 필요합니다. 그러기 위해서는 무엇보다 개념을 정확히 이해해야 합니다. 교과서를 읽고, 스스로 정리하고, 스스로 설명할 수 있을 정도로 이해하는 공부가 필요합니다. 그 상태로 고등학교에 올라가서는 이미 잡아둔 개념을 바탕으로 문제 풀이를 해야 합니다. 상대평가 5등급제로 등급이 나뉘고, 타임 어택이 심한 통합과학 문제를 풀기 위해서는 양적인 훈련도 필수입니다.

아이들이 과학을 어려워하는 것은 결코 머리가 나빠서, 중학교 과학이 유독 어려워서가 아닙니다. 오히려 개념의 낯설음, 올바른 과학 공부법의 부재 그리고 평가 체제에 대한 준비 부족이 원인입니다. 복습과 정리 없이 단순 암기와 문제 풀이에만 매달리면 과학은 점점 더 멀어지게 됩니다. 그러나 반대로 말하면 제때 이해의 빈틈을 메우고, 개념을 연결해 장기 기억으로 옮기는 공부 습관만 들이면 누구든 과학을 즐겁게 해나갈 수 있습니다. 결국 중학교 과학은 '머리'가 아니라 '방법'의 문제입니다.

개념과 올바른 공부법은 언제 어디서나 통합니다. 암기해야 할 것도 많고 과학 외 여러 교과를 공부해야 하기에 중학교에서는 무엇보다 개념과 올바른 과학 공부법이 중요합니다.

공부할 때 무조건 써먹는
교과 핵심 개념

운동과 에너지

온도와 입자운동

물체의 뜨겁고 차가운 정도를 수치로 나타낸 것을 '온도'라고 한다.	온도가 높은 물체는 온도가 낮은 물체보다 입자의 운동이 활발하다.
	섭씨온도는 일상 생활에서 사용하는 온도로 1기압에서 물이 어는 온도를 0 ℃, 물이 끓는 온도를 100 ℃로 정하고, 그 사이를 100등분한 온도이다. 과학에서는 절대 온도를 사용하며, 절대 온도 0 K(켈빈)은 섭씨온도 –273.15 ℃이다.
	물체를 구성하는 입자들은 가열하거나 두드리거나 튕길 때도 운동이 활발해지며 온도가 올라간다.

열과 열평형

온도가 다른 두 물체가 접촉했을 때 온도가 높은 물체에서 낮은 물체로 이동하는 에너지를 '열'이라고 한다.	열의 단위는 J(줄)을 사용하고, 이때 이동한 열의 양을 '열량'이라고 한다. 열량의 단위로는 cal(칼로리), Kcal(킬로칼로리)를 사용한다.

| | 온도가 높은 물체와 온도가 낮은 물체가 서로 접촉하면 온도가 높은 물체에서 온도가 낮은 물체로 열이 이동하기 때문에 결국 두 물체의 온도는 같아진다. 이러한 상태를 '열평형'이라고 한다. |
| | 냉장고에 넣어둔 음료수와 냉장고 속 공기가 열평형 상태가 되어 음료수가 시원해진다. |

비열

어떤 물질 1kg의 온도를 1 ℃ 높이는 데 필요한 열량.	비열은 물질의 종류에 따라 고유한 값을 가지므로 물질을 구분하는 물질의 특성이다.
	물은 다른 물질보다 비열이 크기 때문에 급격한 온도 변화를 막거나 열을 저장하는 데 이용한다.
	비열이 큰 물질일수록 같은 온도만큼 높이는 데 더 많은 열량이 필요하다.

열팽창

온도에 따라 물체의 길이와 부피가 변하는 현상.	물체의 온도가 높아질수록 입자 운동이 활발해지고 이에 따라 입자 사이의 거리가 멀어져 부피가 팽창한다.
	전기 주전자나 전기다리미 등에서 온도 조절 장치로 사용되는 바이메탈은 열팽창 정도가 다른 두 금속을 붙여서 만들었다.
	일반적으로 고체가 액체보다 열팽창 정도가 작다.

중력

지구가 물체를 당기는 힘. 중력의 방향은 항상 지구 중심 방향이다.	지구뿐 아니라 달, 목성과 같은 천체에서도 중력이 작용하며, 천체마다 중력의 크기가 다르다.
	측정 장소에 따라 중력이 달라지면 무게도 달라진다. 질량은 물체의 고유한 양이므로 측정 장소가 달라져도 변하지 않는다.
	달에서의 중력은 지구에서의 중력의 약 $\frac{1}{6}$이다. 따라서 달에서 측정한 물건의 무게는 지구에서의 약 $\frac{1}{6}$이다. 하지만 지구와 달에서 측정한 물건의 질량은 동일하다.

중등 문해력 한 권

마찰력

물체가 어떤 면과 접촉하여 운동할 때 그 물체의 운동을 방해하는 힘.	마찰력은 물체에 작용하는 힘의 방향과 반대 방향으로 작용한다.
	마찰력은 접촉면이 거칠수록, 물체의 무게가 무거울수록 크다.
	눈길에 모래를 뿌리거나 자동차 비퀴에 체인을 감아 마찰력을 크게 하여 미끄러지지 않도록 돕는다.

부력

중력이 작용할 때 액체나 기체가 그 속에 들어 있는 물체를 위쪽으로 밀어 올리는 힘.	액체나 기체 속에 잠긴 물체의 부피가 클수록 물체에 작용하는 부력이 크다.
	부력은 물체를 위로 밀어 올리는 방향으로 작용하기 때문에 중력과 반대 방향으로 작용한다.

힘과 운동

물체에 힘이 작용하지 않으면 물체의 운동 상태가 유지되고, 물체에 힘이 작용하면 속력 또는 운동 방향이 변한다.	물체에 힘이 작용하지 않으면 정지한 물체는 계속 정지해 있고, 운동하는 물체는 등속 직선 운동을 한다.
	운동 방향과 같은 방향으로 힘이 작용하면 물체의 속력은 일정하게 빨라진다.
	운동 방향과 비스듬하게 힘이 작용하면 물체의 속력과 운동 방향이 모두 변한다.

빛의 합성

여러 가지 색의 빛을 한곳에 비추었을 때 다른 색의 빛으로 보이는 현상.	빛의 삼원색은 빨간색, 파란색, 초록색이다.
	같은 밝기의 빨간색 빛과 초록색 빛을 합성하면 노란색 빛이 된다.
	빛의 합성 원리는 텔레비전, 전광판과 같은 영상장치나 연극이나 뮤지컬 같은 무대 공연에도 이용된다.

파동

물질의 어느 한곳에서 발생한 주기적인 진동이 주위로 퍼져나가는 것.	파동에는 음파, 전파, 지진파, 물결파, 빛 등이 있다.
	파동을 전달하는 물질을 '매질'이라고 한다. 파동이 전파될 때 매질은 제자리에서 진동만 하고, 파동을 따라 이동하지 않는다.
	매질의 진동 방향과 파동의 진행 방향이 서로 수직인 파동을 '횡파'라고 하며, 매질의 진동 방향과 파동의 진행 방향이 서로 나란한 파동을 '종파'라고 한다.
	횡파에서 매질의 위치가 가장 높은 곳을 '마루'라고 하며, 매질의 위치가 가장 낮은 곳을 '골'이라고 한다.
	마루에서 마루 또는 골에서 골까지의 거리를 '파장'이라고 하며, 진동 중심에서 마루 또는 골까지의 거리를 '진폭'이라고 한다.
	파동이 1초 동안 진동하는 횟수를 '진동수'라고 하며, 단위로는 Hz(헤르츠)를 사용한다.

마찰전기

서로 다른 두 물체를 마찰할 때 발생하는 전기로, 두 물체가 서로 다른 전하를 띠게 된다. '정전기'라고도 한다.	마찰전기는 마찰 과정에서 한 물체에서 다른 물체로 전자가 이동하기 때문에 발생한다.
	전자를 잃은 물체는 (+)전하를 띠고, 전자를 얻은 물체는 (-)전하를 띤다.
	물체가 전하를 띠는 현상을 '대전'이라고 하며, 전하를 띤 물체를 '대전체'라고 한다.

정전기 유도

대전체를 물체에 가까이하면 물체에서 대전체와 가까운 쪽에는 대전체와 다른 전하가 유도되고, 대전체와 먼 쪽에는 대전체와 같은 전하가 유도되는 현상.	물체의 대전 여부와 대전체가 띠는 전하량 등은 검전기를 통해 알아낸다.
	털가죽으로 플라스틱 막대를 문질렀을 때 털가죽이 (+)전하를 띠었다면 플라스틱 막대는 (-)전하를 띤다.
	대전된 플라스틱 막대를 검전기의 금속판에 가까이하면 금속박은 대전체와 같은 전하가 유도되며 척력에 의해 벌어진다.

전류

도선을 통한 전하의 흐름.	전류는 전지의 (+)극에서 (-)극으로 흐른다.
	전류의 방향과 전자의 이동 방향은 반대이다.
	도선의 단면을 통해 단위 시간당 이동하는 전하량을 '전류의 세기'라고 하며, 단위는 A(암페어) 또는 mA(밀리암페어)를 사용한다.

전압

도선에 전류를 흐르게 하는 능력.	전압의 단위는 V(볼트)를 사용하며, 전압계를 이용하여 측정한다.
	전기 회로에서 전류와 전압을 측정할 때 전류계는 회로에 직렬로 연결하고, 전압계는 회로에 병렬로 연결한다.
	회로에 흐르는 전류의 세기는 전압에 비례하고 저항에 반비례한다. 이를 '옴의 법칙'이라고 한다.

전류에 의한 자기장

자성을 띠는 물체 사이에 작용하는 힘을 '자기력'이라고 하며, 자석 주위에서 자기력이 작용하는 공간을 '자기장'이라고 한다.	자기장의 방향은 자침의 N극이 가리키는 방향이다.
	자기장의 세기는 자석의 N극과 S극에 가까이 갈수록 세진다.
	전류가 흐르는 직선 도선 주위에는 도선을 중심으로 동심원 모양의 자기장이 생긴다. 오른손 엄지손가락이 전류의 방향을 향하도록 하여 도선을 감아쥘 때, 나머지 네 손가락이 가리키는 방향이 자기장의 방향이다.

등속 운동

시간에 따라 속력이 일정한 운동.	등속 운동하는 물체의 이동 거리는 시간에 비례하여 증가한다.
	등속 운동하는 물체의 속력은 일정하기 때문에 시간-속력 그래프는 시간 축에 나란한 직선 모양이 된다.

	모노레일, 무빙워크, 컨베이어 벨트는 등속 운동을 한다.

자유 낙하 운동

물체가 중력을 받아 아래로 떨어지는 운동.	자유 낙하 운동을 하는 물체의 속력은 일정하게 증가한다.
	자유 낙하 운동하는 물체에는 물체의 운동 방향과 같은 방향으로 지구의 중력이 작용한다.
	자유 낙하 운동하는 물체는 속력이 매초 9.8m/s씩 증가하는데 이때 9.8을 '지구의 중력 가속도 상수'라고 한다.

에너지

일을 할 수 있는 능력.	과학에서는 물체에 힘을 작용하여 힘의 방향으로 물체가 이동했을 때 일을 했다고 한다.
	중력에 의한 위치 에너지는 물체의 질량과 기준면으로부터의 높이에 비례한다.
	물체의 운동 에너지는 물체의 질량과 속력의 제곱에 각각 비례한다.

물질의 상태변화

물질은 한 가지 상태로만 존재하지 않고 다른 상태로 변할 수 있다.	고체에서 액체로 상태가 변하는 현상을 '융해'라고 하며, 액체에서 고체로 상태가 변하는 현상을 '응고'라고 한다.
	액체가 기체로 상태가 변하는 현상을 '기화'라고 하며, 기체가 액체로 상태가 변하는 현상을 '액화'라고 한다.
	고체에서 기체로, 기체에서 고체로 액체를 거치지 않고 바로 상태가 변하는 현상을 '승화'라고 한다.

상태변화와 열에너지 출입

물질의 상태변화가 일어날 때는 주변에서 열에너지를 흡수하거나 주변으로 열에너지를 방출한다.	융해, 기화, 고체에서 기체로의 승화가 일어날 때는 주변에서 열에너지를 흡수하기 때문에 주변의 온도는 낮아진다.
	응고, 액화, 기체에서 고체로의 승화가 일어날 때는 주변으로 열에너지를 방출하기 때문에 주변의 온도는 높아진다.
	물이 끓는 동안 온도가 일정하게 유지되는 까닭은 흡수한 열에너지가 입자의 배열을 변화시켜 물이 수증기가 되는 데(기화) 사용되기 때문이다.

기체의 압력

일정한 면적에 기체 입자가 충돌할 때 그 물체가 받는 기체의 힘.	지구를 둘러싼 공기가 지표면에 가하는 압력을 '대기압'이라고 하며, 평상시 우리가 받는 대기압의 크기는 1기압이다.
	기체 입자는 모든 방향으로 운동하면서 충돌하기 때문에 기체의 압력은 모든 방향으로 똑같이 작용한다.
	바람이 빠진 자전거 바퀴에 공기를 넣으면 바퀴 속 기체 입자의 개수가 많아져 기체 입자가 바퀴 안쪽 벽면에 충돌하는 횟수가 증가하므로 기체의 압력이 커진다.

보일의 법칙

온도가 일정할 때 일정한 양의 기체의 압력과 부피는 반비례한다.	보일의 법칙에 따라 기체의 압력과 부피를 곱한 값은 항상 일정하다.
	온도가 일정할 때 기체에 작용하는 압력이 커지면 기체 입자가 용기의 벽에 더 많이 충돌하므로 용기 안 기체의 압력은 커지고 기체의 부피는 감소한다.
	온도가 일정할 때 기체에 작용하는 압력이 작아지면 부피가 늘어나 기체 입자의 충돌 횟수가 적어진다.

샤를의 법칙

압력이 일정할 때 일정한 양의 기체는 온도가 높아지면 부피가 일정한 비율로 늘어난다.	일정한 압력에서 기체의 온도가 1℃ 높아질 때마다 0℃ 때 부피의 $\frac{1}{273}$씩 늘어난다.
	일정한 압력에서 온도가 높아지면 기체 입자의 운동이 빨라져 기체 입자가 활발하게 움직이므로 충돌 횟수가 증가하여 기체의 부피가 늘어난다.
	열기구의 풍선 속 기체를 가열하면 온도가 높아지면서 기체의 부피가 늘어나 풍선이 크게 부풀어 오른다. 이때 풍선 속 기체의 일부가 밖으로 밀려나가면서 열기구가 가벼워져 하늘 위로 떠오른다.

물질의 특성

물질이 가진 여러 가지 성질 중 다른 물질과 구별되는 그 물질만이 나타내는 고유한 성질.	물질의 특성에는 겉보기 성질, 끓는점, 녹는점, 어는점, 밀도, 용해도 등이 있다.
	물질의 특성을 이용하여 물질을 구별할 수 있고, 혼합물에서 순물질을 분리할 수 있다.
	일정한 조성을 가지고 고유한 성질을 나타내는 물질을 '순물질'이라고 하며, 두 가지 이상의 순물질이 섞여 있는 물질을 '혼합물'이라고 한다.

밀도

일정한 부피에 해당하는 물질의 질량. 밀도 = $\dfrac{질량}{부피}$ (단위: g/mL, g/cm³)	밀도는 물질마다 다르며, 같은 물질이면 모양이나 크기, 양에 관계없이 일정하다.
	기체는 같은 물질이라도 온도와 압력에 따라 밀도가 크게 달라지므로 기체의 밀도를 나타낼 때는 온도와 압력을 함께 표시해야 한다.
	밀도가 큰 물질은 밀도가 작은 물질 아래로 가라앉는다.

용해도

일정한 온도에서 용매 100g에 최대로 녹을 수 있는 용질의 g수.	일반적으로 고체의 용해도는 온도가 높을수록 증가하고, 압력의 영향은 거의 받지 않는다.
	고체의 용해도 곡선에서 용액의 온도가 낮아지면 용해도가 작아지므로 용해도 차이만큼 용질이 석출된다.
	기체의 용해도는 온도가 높을수록, 압력이 낮을수록 작아진다.

원소

더 이상 분해되지 않는 물질을 이루는 기본 성분.	금속 원소가 들어 있는 물질에 불을 붙이면 물질에 포함된 원소의 종류에 따라 특유의 불꽃색을 나타낸다.
	원소는 원소기호로 나타낸다.
	주기율표는 원소를 원자번호 순으로 가로줄에 나열하고, 비슷한 화학적 성질을 가진 원소는 세로줄에 배열하여 화학적·물리적 성질이 주기적으로 반복되는 규칙성을 보여주는 표이다.

원자

더이상 나눌 수 없는 가장 작은 입자(알갱이).	원자는 (+)전하를 띠는 원자핵과 (−)전하를 띠는 전자로 이루어져 있다.
	원자의 종류에 따라 원자핵의 (+)전하량이 다르며, 한 원자에서 원자핵의 (+)전하량과 전자의 (−)전하량이 같아 전기적으로 중성이다.
	모든 물질은 원자로 이루어져 있다.

분자

독립된 입자로 존재하여 물질의 성질을 나타내는 가장 작은 입자.	보통 2개 이상의 원자들이 모여 분자를 이루지만 1개의 원자로 이루어진 분자도 있다.
	같은 종류의 원자로 이루어진 분자라도 그 분자를 이루는 원자의 개수가 다르면 서로 다른 분자이고, 성질도 다르다. 예로 일산화 탄소(CO), 이산화 탄소(CO_2)는 모두 탄소 원자와 산소 원자로 이루어져 있지만 성질은 전혀 다르다.
	물의 분자식 $3H_2O$에서 물 분자의 개수는 3개, 수소 원자의 개수는 총 6개, 산소 원자의 개수는 총 3개이다.

이온

전기적으로 중성인 원자가 전자를 잃거나 얻어 전하를 띠게 된 입자.	'양이온'은 중성인 원자가 전자를 잃어 원자핵의 (+)전하량이 전자들의 총 (−)전하량보다 커져 (+)전하를 띠는 이온이다.
	'음이온'은 중성인 원자가 전자를 얻어 원자핵의 (+)전하량보다 전자들의 총 (−)전하량이 커져 (−)전하를 띠는 이온이다.
	나트륨 원자가 전자 1개를 잃어서 형성된 나트륨 이온은 Na^+로 나타낸다.

화학반응

물질이 화학변화를 하여 다른 물질로 변하는 것.	처음 물질과는 성질이 전혀 다른 새로운 물질로 변하는 것을 '화학변화'라고 한다.
	화학 반응이 일어나면 물질을 이루는 원자의 종류와 개수는 변하지 않지만, 원자의 배열이 달라져 물질의 종류가 달라진다.
	화학 반응식에서 화살표 왼쪽에는 반응물을, 화살표 오른쪽에는 생성물을 나타내며 화학식 앞에 쓰는 계수는 그 물질의 입자수를 의미한다.

질량 보존 법칙

화학 반응이 일어날 때 반응 전과 후 물질 전체의 질량은 변하지 않는다.	화학 반응이 일어나 앙금이 생성되거나 기체가 발생해도 반응 전후의 질량은 항상 같다.
	화학 반응이 일어날 때 물질을 이루는 원자나 이온의 배열만 달라질 뿐 새롭게 생기거나 없어지지 않기 때문에 전체 질량은 변하지 않는다.

일정 성분비의 법칙

두 가지 이상의 물질이 반응하여 새로운 화합물이 생성될 때 반응하는 물질 사이에 일정한 질량비가 성립한다.	수소와 산소가 결합하여 물이 생성될 때 수소와 산소는 항상 1 : 8의 질량비로 결합한다.
	화학물이 생성될 때 반응하는 물질이 단순하게 섞이는 것이 아니라 일정한 비율로 결합하기 때문에 반응물 중 양이 적은 것에 의해 생성물의 양이 제한된다.

생명

생물의 유기적 구성

생물 전체를 구성하는 각 부분이 서로 밀접하게 관련되어 있으며, 세포가 단순히 모여 있는 것이 아니라 단계별로 체계를 이루고 있다.	여러 세포가 모여 조직을 이루고 여러 조직이 모여 기관을 형성하며, 여러 기관이 모여 개체가 된다.
	동물 몸은 세포, 조직, 기관, 기관계, 개체 순으로 구성된다.
	식물 몸의 구성 단계에는 동물과 달리 여러 조직이 모여 형성되는 조직계가 있고, 기관계는 없다.

생물 다양성

어떤 지역에 살고 있는 생물의 다양한 정도.	생물 다양성은 종 다양성, 생태계 다양성, 유전적 다양성을 모두 포함한다.
	한 종류의 생물 사이에서 나타나는 생김새나 특성의 차이를 '변이'라고 한다. 변이와 환경에 적응하는 과정을 통해 생물 다양성은 높아진다.
	우리나라 고유 생물의 다양성을 높이기 위해 고유 식물의 종자를 보관하는 종자은행을 운영한다.

생물 분류

여러 가지 특징을 기준으로 생물을 비슷한 것끼리 무리 지어 나누는 것.	생물을 분류하는 기본 단위는 종이다.
	생물 분류 체계는 종→속→과→목→강→문→계의 단계로 이루어진다.
	생물을 계 수준에서 분류하면 지구상의 생물은 원핵생물계, 원생생물계, 균계, 식물계, 동물계의 5계로 분류할 수 있다.

광합성

식물이 빛 에너지를 이용하여 물과 이산화 탄소로부터 포도당과 산소를 만드는 과정.	광합성은 식물 세포에 있는 엽록체에서 일어난다.
	광합성이 잘 일어나기 위한 조건은 빛의 세기가 강하고, 온도가 30~40℃ 정도로 유지되며, 이산화 탄소가 충분히 공급될 때이다.
	광합성으로 만들어진 포도당은 물에 녹지 않는 녹말로 바뀌어 잎 속의 엽록체에 저장된다. 밤이 되면 녹말은 다시 물에 녹는 당(주로 설탕)으로 바뀌어 체관을 통해 식물의 각 부분으로 이동한다.

증산작용

식물체 안에 있는 물이 수증기 형태로 잎 표면에 있는 기공을 통해 배출되는 현상.	'기공'은 한 쌍의 공변세포에 둘러싸여 있으며, 산소와 이산화 탄소, 수증기와 같은 기체가 드나드는 통로 역할을 한다.
	'공변세포'는 잎의 표피 세포 일부가 변형된 것으로, 엽록체가 있어 광합성이 일어난다. 공변세포 안쪽의 세포벽이 바깥쪽 세포벽보다 두껍다.
	빛의 세기가 강할 때, 기온이 높을 때, 습도가 낮을 때, 바람이 불 때, 식물체 내 수분량이 많을 때 기공이 열리고 증산작용이 활발하게 일어난다.

호흡

생물의 세포에서 포도당과 같은 양분을 분해하여 에너지를 얻는 과정.	호흡은 세포의 미토콘드리아에서 주로 일어나며, 살아 있는 모든 세포에서 항상 일어난다.
	낮 동안에는 광합성과 호흡이 함께 일어난다. 이때 광합성량이 호흡량보다 많으면 이산화 탄소를 흡수하고 산소를 방출한다.
	밤 동안에는 광합성이 일어나지 않고 호흡만 일어나기 때문에 식물은 산소를 흡수하고 이산화 탄소를 방출한다.

소화

섭취한 영양소를 체내로 흡수할 수 있도록 잘게 분해하는 과정.	소화액에는 영양소의 분해를 촉진하는 물질인 소화 효소가 들어 있다.
	침 속에 들어 있는 아밀레이스라는 소화 효소에 의해 녹말은 엿당으로 분해된다.
	위액에는 소화 효소인 펩신과 강한 산성을 띠는 염산이 들어 있으며, 펩신과 염산의 작용으로 음식물 속의 단백질이 분해된다.
	소장 안쪽 벽에 있는 주름과 융털은 영양소와 닿는 소장의 표면적을 넓혀준다.

순환계

순환계는 소화계에서 흡수한 영양소와 호흡계에서 흡수한 산소를 온몸의 조직 세포에 전달하고, 생명 활동 결과 조직 세포에서 발생한 노폐물과 이산화 탄소를 배설계와 호흡계에 전달한다.	심장에서 나가는 혈액이 흐르는 혈관을 '동맥'이라고 하며, 심장으로 들어가는 혈액이 흐르는 혈관을 '정맥'이라고 한다.
	혈액은 혈구와 혈장으로 이루어진다. 혈구는 적혈구, 백혈구, 혈소판으로 구분한다. 혈장은 혈액을 이루는 액체 성분으로 산소, 이산화 탄소, 영양소, 노폐물, 여러 가지 단백질 등을 운반하는 역할을 한다.
	온몸 순환에서는 동맥혈이 정맥혈로, 폐순환에서는 정맥혈이 동맥혈로 바뀐다.
	온몸 순환 경로는 좌심실→대동맥→온몸의 모세 혈관→대정맥→우심방 순이다.

호흡계

숨을 들이마시고 내쉬면서 산소와 이산화 탄소의 기체 교환이 이루어지는 데 관여하는 기관들의 모임.	숨을 들이마셔 폐로 공기가 들어오는 현상을 '들숨(흡기)'이라고 하며, 숨을 내쉬어 폐에서 공기가 나가는 현상을 '날숨(호기)'이라고 한다.
	들숨이 일어날 때에는 가로막이 내려가고 갈비뼈가 올라가 흉강의 부피가 증가하며 흉강의 압력이 낮아진다 .
	날숨이 일어날 때에는 가로막이 올라가고 갈비뼈가 내려가 흉강의 부피가 감소하여 흉강과 폐의 압력이 모두 높아진다.

배설계

세포의 생명 활동으로 생성된 노폐물을 몸 밖으로 내보내는 데 관여하는 기관들의 모임.	콩팥은 겉질, 속질, 콩팥 깔때기로 구분한다.
	콩팥의 겉질과 속질에는 오줌을 생성하는 기본 단위인 네프론이 있으며, 네프론은 사구체, 보먼주머니, 세뇨관으로 이루어진다.
	오줌이 생성될 때 여과, 재흡수, 분비가 일어난다.

감각 기관

주변에서 발생하는 자극을 받아들여 뇌로 전달해 우리가 환경을 인식할 수 있도록 하는 신체 기관. 눈, 코, 귀, 피부, 혀 등이 있다.	홍채는 동공의 크기를 조절해 눈으로 들어오는 빛의 양을 조절한다.
	귀의 반고리관은 몸의 회전을 감지하고, 전정기관은 몸의 기울어짐을 감지한다.
	혀의 유두 옆면에 존재하는 맛봉오리에는 액체 상태의 화학 물질을 자극으로 받아들이는 맛세포가 있다.
	우리가 냄새를 맡기 위해서는 코의 후각 상피에 있는 후각 세포가 기체 상태의 화학 물질을 자극으로 받아들인 후, 이 자극이 후각 신경을 통해 뇌로 전달되어야 한다.
	일반적으로 피부에는 통점이 가장 많이 분포한다.

뉴런

신경계를 구성하는 신경 세포.	뉴런은 신경 세포체, 가지 돌기, 축삭 돌기로 구성된다.
	뉴런은 감각 뉴런, 연합 뉴런, 운동 뉴런으로 구분한다.
	감각 뉴런→연합 뉴런→운동 뉴런의 순으로 자극의 전달이 일어난다.

신경계

감각 기관이 받아들인 자극을 뇌로 전달하거나, 자극을 판단하여 반응이 나타나도록 신호를 전달한다.	사람의 신경계는 뇌와 척수로 이루어진 중추 신경계와 감각 신경과 운동 신경으로 이루어진 말초 신경계로 구성된다.
	뇌는 대뇌, 중간뇌, 소뇌, 간뇌, 연수로 구성된다.
	척수는 뇌와 말초 신경 사이에서 신호를 전달하는 통로로 의지와 관계없이 일어나는 반응을 조절하는 척수반사의 중추이다.
	말초 신경계에는 체성 신경계와 자율 신경계가 있다.

세포 분열

다세포 생물은 세포가 어느 정도 커지면 하나의 세포가 둘로 나누어지는 세포 분열을 한다.	세포에서 물질교환이 원활하게 일어나기 위해서는 세포의 크기가 커지는 것보다 하나의 세포가 여러 개의 작은 세포로 나누어져 표면적을 늘리는 것이 더 유리하다.
	생물의 몸을 구성하는 체세포가 분열하면 세포의 수가 늘어나 몸집이 커지는 생장을 한다.
	생물은 자손을 만들기 위해 생식 세포인 정자와 난자가 만들어지는 생식 세포 분열을 한다.
	체세포 분열을 통해 모세포와 동일한 유전 정보를 가지는 2 개의 딸세포가 형성된다.
	감수 1분열 전기에 상동 염색체가 서로 붙어 형성된 것을 '2가 염색체'라고 한다.

염색체

DNA와 단백질로 구성되며 생물의 특징을 결정하는 여러 유전 정보를 저장하고 있다.	하나의 염색체는 세포가 분열하기 전에 DNA가 복제되어 두 가닥의 염색 분체로 이루어진다. 두 가닥의 염색 분체는 동일한 유전정보를 갖는다.
	'상동 염색체'란 체세포에서 쌍을 이루고 있는 크기와 모양이 같은 2개의 염색체를 말한다.
	사람이 가지고 있는 23쌍의 염색체 중 22쌍은 남녀에게 공통으로 들어 있는 상염색체이고, 나머지 한 쌍은 성을 결정하는 성염색체로 여자는 X 염색체 2개, 남자는 X 염색체와 Y 염색체를 각각 1개씩 갖는다.

사람의 발생

수정란이 하나의 개체로 되기까지의 과정.	수정은 정자와 난자가 만나 정자 핵과 난자 핵이 결합하는 과정이다.
	발생 초기에 수정란이 빠르게 세포 분열을 하여 세포 수를 늘리는 과정을 '난할'이라고 한다.
	수정된 지 약 266일이 지나면 태아는 출산 과정을 거쳐 모체 밖으로 나온다.

멘델은 완두 교배 실험을 통해 생물이 가지고 있는 고유한 형질을 자손에게 물려주는 유전의 기본 원리를 밝혀냈다.	'대립유전자'란 한 형질(예: 씨의 모양)에 대한 서로 다른 대립 형질(예: 둥글다/주름지다)을 결정하는 유전자로, 상동 염색체의 같은 위치에 존재한다.
	잡종 1대에서 표현되는 형질을 '우성'이라고 하며, 잡종 1대에서 표현되지 않는 형질을 '열성'이라고 한다. 이를 '우열의 원리'라고 한다.
	생식 세포가 만들어질 때 쌍으로 존재하던 대립유전자가 분리되어 서로 다른 생식 세포로 하나씩 나뉘어 들어가는 현상을 '분리의 법칙'이라고 한다.
	두 가지 이상의 형질이 함께 유전될 때, 한 형질을 나타내는 대립유전자 쌍은 다른 형질을 나타내는 대립유전자 쌍에 의해 영향을 받지 않고 독립적으로 분리되어 유전된다.

태양계

태양계는 태양, 8개의 행성, 위성, 소행성 등으로 구성된다.	행성과 왜소행성, 혜성은 태양 주변을 공전한다.
	지구의 공전 궤도를 기준으로 안쪽에서 공전하는 수성과 금성을 '내행성'이라고 하며, 바깥쪽에서 공전하는 화성, 목성, 토성, 천왕성, 해왕성을 '외행성'이라고 한다.
	소행성은 주로 화성과 목성 궤도 사이에서 태양 주변을 공전한다.

태양

태양계에서 유일하게 스스로 빛을 내는 천체.	태양의 표면을 '광구'라고 하며, 쌀알무늬와 흑점을 볼 수 있다.
	태양의 대기는 광구 바로 위의 채층과 그 위의 코로나로 구분한다.
	흑점 부근에서 강력하게 폭발이 일어나는 플레어나 고온의 가스가 솟아오르는 홍염이 태양의 대기에서 나타나기도 한다.
	흑점의 수는 약 11년을 주기로 변화하며, 흑점의 수가 많은 극대기에는 코로나가 커지고 홍염과 플레어도 자주 발생한다.

지구 자전과 천체의 겉보기 운동

지구는 자전축을 중심으로 하루에 한 바퀴씩 시계 반대 방향(서→동)으로 회전 운동을 한다.	지구의 자전으로 인해 태양, 달, 별 등이 지구의 자전 방향과 반대 방향(동→서)으로 움직이는 것처럼 보이는 것을 '겉보기 운동'이라고 한다.
	별이 하루에 한 바퀴씩 원을 그리며 도는 현상을 '별의 일주 운동'이라고 하며, 한 시간에 15°씩 일주 운동을 한다.
	중위도에 있는 우리나라에서 별의 일주 운동을 관측하면 북쪽 하늘에서는 별들이 북극성을 중심으로 동심원을 그리며 동에서 서로 움직이고, 남쪽 하늘에서는 지표면과 나란하게 동에서 서로 움직이고, 동쪽 하늘에서는 별이 비스듬하게 뜨고, 서쪽 하늘에서는 별이 비스듬하게 진다.

지구의 공전과 연주 운동

지구는 태양을 중심으로 1년에 한 바퀴씩 시계 반대 방향으로 회전 운동을 한다.	공전하는 지구에서 태양을 관측하면 태양이 별자리 사이를 하루에 1°씩 동쪽으로 이동하여 1년 후에 처음 자리로 되돌아오는 겉보기 운동을 한다. 이를 '태양의 연주 운동'이라고 한다.
	태양이 연주 운동하면서 별자리 사이를 지나가는 길을 '황도'라고 하며, 황도 부근에 있는 12개의 별자리를 '황도 12궁'이라고 한다.
	태양이 황도를 따라 연주 운동을 할 때 태양 근처의 별자리는 관측이 어렵고, 태양의 반대쪽에 있는 별자리는 한밤중 남쪽 하늘에서 관측 가능하다.

일식과 월식

달이 태양의 일부 또는 전체를 가리는 현상을 '일식'이라고 하며, 지구의 그림자에 달의 일부 또는 전체가 가려지는 현상을 '월식'이라고 한다.	일식은 태양→달→지구의 순서로 일직선을 이룰 때 일어난다.
	월식은 태양→지구→달의 순서로 일직선을 이룰 때 일어난다.
	일식이 일어날 때 달의 위상은 삭이고, 월식이 일어날 때 달의 위상은 망이다.

지구계

지구의 대기, 바다, 육지, 생물과 이를 둘러싼 우주 공간이 서로 영향을 주고받는 것.	지구계는 크게 기권, 수권, 지권, 생물권, 외권으로 구성된다.
	지구계의 각 구성 요소는 끊임없이 서로 영향을 주고받으며 변화해왔다.

지권의 층상구조

지구 내부를 지각, 맨틀, 외핵, 내핵으로 구분한다.	지각과 맨틀의 경계면은 '모호로비치치 불연속면' 또는 '모호면'이라고 한다.
	지각은 화강암질 암석의 대륙 지각과 현무암질 암석의 해양 지각으로 구분한다.
	외핵과 내핵은 철과 니켈로 이루어져 있으며, 외핵은 액체 상태, 내핵은 고체 상태로 추정된다.

광물

암석을 이루는 크고 작은 알갱이들.	광물을 조흔판에 긁었을 때 나타나는 광물 가루의 색을 '조흔색'이라 한다.
	암석을 구성하는 주된 광물을 '조암 광물'이라고 한다.
	장석과 석영은 조암 광물 중 가장 큰 부피비를 차지한다.

대륙이동설

베게너는 초기에는 대륙들이 '판게아'라는 하나의 초대륙으로 합쳐져 있었고, 이것이 점차 분리되어 지금과 같은 형태가 되었다는 대륙이동설을 발표했다.	베게너는 대륙이동설의 증거로 아프리카 서해안과 남아메리카 동해안의 해안선 모양이 유사하며, 오스트레일리아, 남아메리카, 남아프리카, 남극 대륙 등 서로 멀리 떨어진 대륙에서 글로소프테리스, 리스트로사우르스 등 고생물 화석이 많이 발견된다는 점 등을 들었다.
	대륙이동설 발표 당시 대륙이동의 원동력을 설명하지 못하였기 때문에 과학자들에게 인정받지 못했다.
	대륙이동설은 맨틀의 대류라는 대륙이동의 원동력이 밝혀지고 많은 연구 끝에 판 구조론으로 발전하였다.

연주 시차

지구에서 6개월 간격으로 관측한 별의 시차의 $\frac{1}{2}$을 연주 시차라고 한다.	관측자의 위치에 따라 가까운 물체의 위치가 멀리 있는 배경에 대해 다르게 보이는 각도를 '시차'라고 한다.
	지구에서 별까지의 거리가 가까울수록 연주 시차는 커진다.
	연주 시차가 $1''$(초)인 별까지의 거리를 1pc(파섹)이라고 한다.

별의 밝기와 등급

고대 그리스 과학자 히파르코스는 맨눈으로 관측한 별들을 밝기에 따라 구분하여 가장 밝게 보이는 별들을 1등급, 가장 어둡게 보이는 별들을 6등급으로 정했다.	1등급 별은 6등급 별보다 100배 밝다.
	1등급 차이마다 2.5배 밝기 차이가 있으며, 등급이 작을수록 밝은 별이다.
	우리 눈에 보이는 별의 밝기를 기준으로 정한 등급을 '겉보기 등급'이라고 한다. 별이 10pc 거리에 있다고 가정했을 때, 별의 밝기를 등급으로 나타낸 것을 '절대 등급'이라고 한다.

은하

수많은 별들의 집단.	태양계에 속해 있는 은하를 '우리은하'라고 한다.
	우리은하의 나선팔에 성간 물질, 성운, 산개 성단이 주로 분포한다.
	'성간 물질'은 별과 별 사이에 존재하는 가스와 먼지 등의 물질을 말하며, '성운'은 성간 물질이 모여 있어 구름처럼 보이는 천체를 말한다.

기권의 층상구조

지구를 둘러싸고 있는 대기를 '기권'이라고 하며, 기권은 높이에 따른 기온 분포를 기준으로 4개의 층으로 구분한다.	대류권은 지표면~높이 약 11km 구간으로 대류가 활발하게 일어나고 수증기가 포함되어 있어 구름이 만들어지고 눈, 비 등의 기상 현상이 나타난다.
	성층권은 높이 약 11~50km 구간으로, 오존층이 존재하며 대류가 일어나지 않는 안정한 층이다.
	중간권은 높이 약 50~80km 구간으로 대류가 일어나지만 수증기가 거의 없어 기상 현상은 나타나지 않는다.
	열권은 높이 약 80~1000km구간으로 공기가 매우 희박하고 낮과 밤의 기온 차가 매우 크다.

복사평형

물체가 흡수하는 복사 에너지의 양과 방출하는 복사 에너지의 양이 같아 온도가 일정하게 유지되는 상태.	태양에서 복사의 형태로 방출되는 에너지를 '태양 복사 에너지'라고 한다.
	태양 복사 에너지를 흡수하는 지구가 우주 공간으로 복사 에너지를 방출하는 것을 '지구 복사 에너지'라고 한다.
	대기와 지표면은 흡수한 태양 복사 에너지의 양과 같은 양의 지구 복사 에너지를 우주 공간으로 방출하기 때문에 지구의 평균 온도는 일정하게 유지된다.

대기 중의 수증기

대기 중에는 우리 눈에 보이지 않는 수증기가 포함되어 있고, 공기의 습하고 건조한 정도를 '습도'라고 한다.	현재 기온에서의 포화 수증기량에 대한 현재 공기 중에 포함된 수증기량의 비를 백분율로 나타낸 것을 '상대습도'라고 한다.
	포화 상태의 공기 1kg에 들어 있는 수증기량을 g으로 나타낸 것을 '포화 수증기량'이라고 한다.
	대기 중의 수증기가 물방울로 변하는 현상을 '응결'이라고 하며, 수증기가 응결하기 시작할 때의 온도를 '이슬점'이라고 한다.

구름과 강수

수증기가 포함된 공기 덩어리가 높이 상승하여 만들어진 물방울이나 얼음 알갱이가 하늘에 떠 있는 것을 '구름'이라고 하며, 구름에서 비나 눈 등이 만들어져 지표로 떨어지는 현상을 '강수'라고 한다.	지표에서 가열된 공기 덩어리가 상승할 때 주변의 기압이 낮아지고 단열 팽창에 의해 공기의 부피는 팽창하고, 기온은 낮아지며 구름이 만들어진다.
	구름에서 크고 작은 물방울들이 부딪치고 뭉쳐져서 점점 커지면서 빗방울이 되어 지표로 떨어지는 강수 이론을 '병합설'이라고 한다.
	우리나라와 같은 중위도 지방에서는 구름이 생성되는 온도가 낮아 구름에 물방울과 빙정이 함께 존재한다. 구름 속에서 빙정이 커지고 무거워져 떨어지면 눈이 되고, 떨어지는 도중에 따뜻한 대기층을 통과하여 녹으면 비가 되는데 이것을 '빙정설'이라고 한다.

기단

넓은 범위에 걸쳐 기온과 습도 등의 성질이 비슷한 큰 공기 덩어리.	우리나라의 겨울에는 한랭 건조한 시베리아 기단의 영향으로 춥고 건조한 날씨가 나타나고 한파가 발생한다.
	여름에는 고온 다습한 북태평양 기단의 영향으로 무덥고 습한 날씨가 나타나고 폭염과 열대야가 발생한다.
	봄과 가을에는 온난 건조한 양쯔강 기단의 영향으로 따뜻하고 건조한 날씨가 나타난다.
	성질이 다른 두 기단이 만나 형성된 경계면을 '전선면'이라고 하며, 전선면과 지표면이 만나는 경계선을 '전선'이라고 한다.

중등 문해력 한 권

해수의 연직 수온 분포

깊이에 따른 수온 분포에 따라 해수는 혼합층, 수온 약층, 심해층으로 구분한다.	혼합층은 수온이 높고, 표면에서 부는 바람에 의해 해수가 고르게 섞여 수온이 일정하다.
	수온 약층은 혼합층 아래로 수심이 깊어질수록 수온이 급격하게 감소한다.
	심해층은 태양 복사 에너지가 거의 도달하지 못해 수온이 매우 낮고 깊이에 따른 수온 변화가 거의 없다.

염분

해수 1kg에 녹아 있는 염류의 총량을 g수로 나타낸 것.	염분의 단위는 psu(실용염분단위) 또는 ‰(퍼밀)을 사용하며, 전 세계 해수의 평균 염분은 약 35psu이다.
	해수의 염분은 강수량, 증발량, 담수의 유입량, 해수의 결빙이나 해빙 등의 영향을 받아 해역마다 다르게 나타난다.
	해수 중에 녹아 있는 염류들 사이의 비율은 염분과 관계없이 항상 일정하며, 이를 '염분비 일정 법칙'이라고 한다.

수능 과탐까지 좌우하는
중학교 과학은 이렇게 공부한다

왜 과학은 개념일까?

과학 교과서는 과학 지식을 전달하는 읽기 자료이자 과학적 탐구 과정을 유도하는 매체입니다. 그중 중학교 과학 교과서의 특징을 하나 꼽으라면, 개념에 한자어가 많이 쓰인다는 점입니다. 「과학 한자 용어 학습 방법 연구」 논문에 따르면 중, 고등학교 과학 교과서의 한자어 비중은 70% 전후 정도라고 하니 그 비중이 얼마나 많은지 짐작되실 겁니다. 실제로 아이들이 과학 교과서를 읽을 때 가장 많이 낯설다고 느끼는 부분도 한자어로 된 과학 개념입니다.

이런 이야기를 하면 많은 학부모와 학생이 놀랍니다. 대다수가 국어, 사회에 한자가 많다는 건 알고 있지만 과학에도 많을 거라고는 생각하지 못하니까요. 그런데 왜 '중학교 과학 교과서'부터 '한자'의 쓰임이 많아질까요? 앞서 말했듯이 중학교부터는 교과서에 추상적이고 많은 내용을 압축해서 담아야 하는데, 이때 한자를 사용하면 보다 효율적인 문장을 구사할 수 있기 때문입니다.

예를 들어, 초등 5학년 <지층과 화석> 단원에서 '퇴적물이 쌓이며 입자의 크기와 색에 따라 다양한 두께의 줄무늬가 만들어진다'고 학습합니다. 이 내용은 중 2학년 <지권의 변화> 단원에서 다시 등장하며 이때 퇴적물이 쌓여 만들어진 평행한 줄무늬를 '층리(層理)'라는 명확한 과학적 개념으로 배우게 됩니다. 같은 개념에 대한 설명이지만 한자를 사용하여 더 간결하게 익히는 셈이지요.

게다가 과학 개념은 촘촘히 연결되어 있습니다. 한자어로 된 과학 개념을 정확히 익힌 다음 다른 어휘로 확장해나가면 공부 효율을 높일 수 있습니다. 그러면 이제 과학 개념을 익히는 게 교과서 읽기와 과학 공부에 어떻게 도움이 되는지 구체적으로 살펴보겠습니다.

> 물체에 힘이 작용하면 물체의 모양과 운동 상태가 변한다. 물체의 운동 상태가 변한다는 것은 속력이나 운동 방향이 변하는 것을 말한다.
>
> _ 중 1학년 <힘의 작용> 단원 중

많은 아이가 교과서에서 이 문장을 읽고는 '힘이 가해지면 물체가 움직이는구나'라고 생각합니다. 언뜻 보면 맞게 이해한 것 같지만, 정작 '힘이 작용할 때 운동 상태가 변한다는 것은 무엇을 의미하는가'라는 문제 앞에 서면 문제가 요구하는 답을 정확하게 말하지 못합니다. 문장 안에 '속력'과 '방향'이라는 개념이 포함되어 있다는 걸 알지 못하고, 두 개념을 사용해 답을 하지 못하는 것입니다.

"힘이 작용하면 물체가 움직인다" 수준에서 멈추는 것이 아니라 "힘이 작용하면 속력이 변하거나, 방향이 바뀌거나, 둘 다 변한다"라고 구체적으로 표현할 수 있어야 하는 것이지요. 그래야 이후에 배우는 '알짜 힘(합력. 한 물체에 여러 힘이 동시에 작용할 때 이 힘들과 같은 효과를 내는 하나의 힘으로 실제 물체에 작용되는 힘의 크기와 방향을 나타내는 말)'이 작용할 때 물체의 운동 상태'를 쉽게 이해할 수 있습니다.

조금 더 학년을 올라가보겠습니다. 중 2학년 아이들이 가장 어려워하는 개념이 '원자'와 '분자'입니다. 물질을 구성하는 더 이상 쪼갤 수 없는 가장 작은 입자가 원자이고, 원자들이 결합해 이루어지며 물질의 성질을 나타내는 가장 작은 입자가 분자이지요. 이 둘을 구분하지 못하면 중 2, 3학년에 배우는 화학 반응식을 이해할 수 없습니다. 문제는 여기에서 그치지 않습니다. 고등학교 통합과학1 <물질과 규칙성>에서도 같은 개념을 심화된 내용으로 배웁니다.

이런 어려움은 아이들이 가장 쉬워하는 영역인 생물(생명과학)에서도 흔합니다. 중 2학년 <동물과 에너지> 단원에서 많은 아이가 '호흡은 폐에서 이루어진다'라고 생각합니다. 이런 오개념이 생성된 이유는 호흡의 정의를 '폐에서 이루어지는 단순한 기체의 교환'이라고 받아들였거나, '들이마실 때 산소, 내쉴 때 이산화 탄소'라는 단순한 도식으로 이해했거나, 세포 각각에서 '세포 호흡'이 일어난다는 것을 공부하지 못했기 때문입니다. 이에 버금가는 오개념 중 하나로 지구와 우주(지구과학) 영역에서 '계절이 변하는 이유는 지구와 태양의 거리가 달라지기 때문'이 있습니다. 실제로는 지구 자전축이 기울어져 태양 주위를 공전하기에 계절 변화가 생기는 것이지요.

과학 공부의 출발점은 언제나 교과서입니다. 그리고 공부의 출발부터 끝까지 언제나 개념이 함께해야 하고요. 하지만 단순히 교과서를 읽기만 해서는 개념을 제대로 이해할 수 없습니다. 개념을 제대로 이해한다는 것은 문장 속에 들어 있는 과학 개념을 빠짐없이 짚어내고, 그것을 자기 언어로 다시 설명할 수 있는 단계까지 나아가는 것을 의미합니다. 그리고 이는 교과서를 제대로 읽는 것이기도 합니다.

중학교 과학 개념은 어떻게 공부해야 효율적일까?

▮개념은 언제나 실험까지 노트 정리

교과서와 수업 시간에 다루는 많은 개념을 모두 외우려 들면 본격적인 과학 공부를 시작하기도 전에 과학이라는 교과가 비호감이 될 가능성이 큽니다. 암기보다는 이해에 초점을 둔 개념 노트 공부법을 소개합니다. 교과서에서 새롭게 만난 단어들을 단순히 밑줄 긋고 표시하고 적는 것에 그치지 않고 해당 개념과 관련된 교과의 내용을 '정의 – 내용 (또는 예시) – 실험(또는 그림)'의 3단 구조로 정리하는 것입니다.

[중 2학년 <식물과 에너지> 단원의 '광합성' 노트 공부 예시]

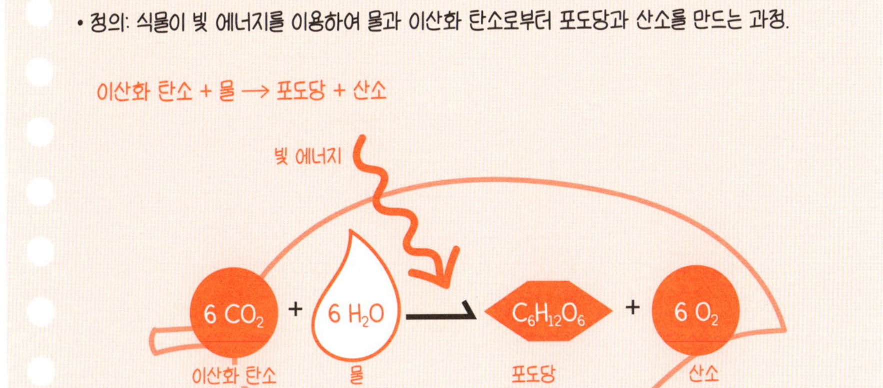

3. 광합성으로 만들어지는 물질: 포도당(최초산물, 포도당은 곧 녹말로 전환하여 낮 동안 엽록체에 저장, 밤에 이동하기 쉬운 설탕의 형태로 체관을 통해 이동), 산소

• 탐구 실험: 1. 광합성에 필요한 물질

BTB 용액에 숨을 불어넣어 노란색으로 만든다. 시험관 A~C에 나누어 담고, 시험관A 와 B에는 검정말을 넣는다. 시험관A ~ C의 뚜껑을 덮고 시험관B만 은박지로 감싼 후 시험관A~C를 햇빛이 비치는 곳에 둔다. 시험관의 BTB 용액의 색깔 변화를 관찰한다.

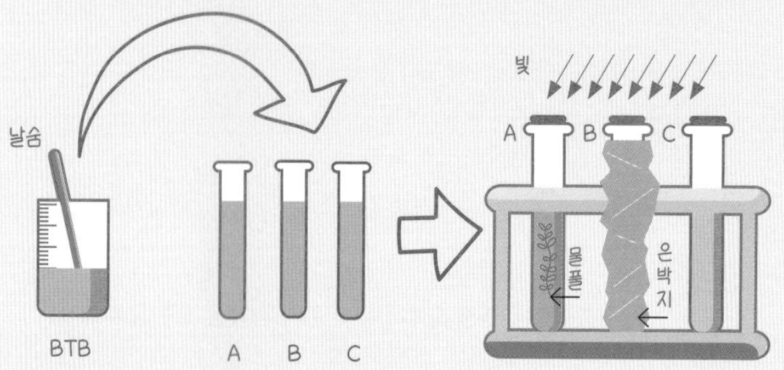

1) BTB 용액의 색 변화 (선수 학습: 초6)

산성	중성	염기성
노란색	초록색	파란색
많다 ← 이산화 탄소 → 적다		

2) 날숨을 불어넣은 BTB 용액: 이산화 탄소가 녹아 산성이 됨 → 노란색

3) 일정 시간 후

시험관	처음		일정 시간 후
A	노란색	파란색	광합성에 이산화 탄소가 사용되어 이산화 탄소의 양 ↓
B	노란색	노란색	은박지- 햇빛 차단, 검정말이 광합성을 하지 않음.
C	노란색	노란색	대조군

시험관A와 C 비교: 광합성에 이산화 탄소가 필요하다.
시험관A와 B 비교: 광합성은 빛이 있을 때 일어난다.

4) 실험의 결론: 광합성은 빛이 있을 때 일어나며, 광합성에는 이산화 탄소가 필요하다.

2. 광합성 산물 확인하기

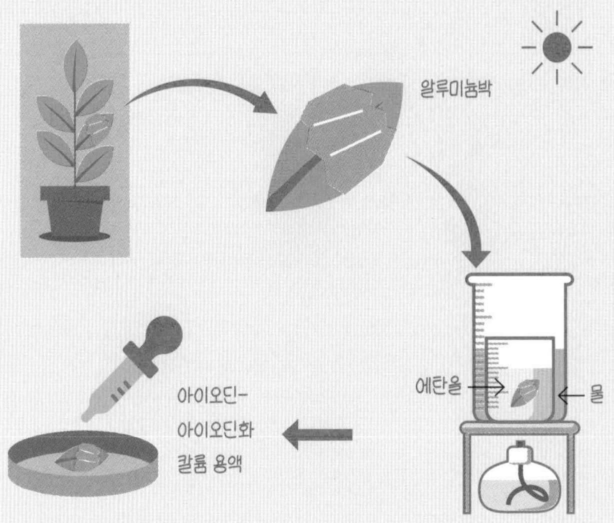

1) 과정
암실에 두었던 식물 잎의 일부분을 알루미늄박으로 가리고 빛이 잘 드는 곳에 둔다.

이미 존재하는 녹말 제거   광합성 X

일정 시간 후 잎을 에탄올로 물중탕하여 탈색시킨 후 아이오딘-아이오딘화 칼륨 용액을 떨어뜨린다.

잎 조직을 연하게 하고 엽록소를 제거해 녹말 반응이 잘 일어나도록 하기 위해

2) 결과
아이오딘-아이온딘화 칼륨 용액을 떨어뜨렸을 때 빛을 받은 부분만 청람색으로 변한다. (아이오딘-
아이오딘화 칼륨 용액: 녹말과 반응하면 청람색으로 변함) 실험 결과 빛이 있을 때 광합성이 일어
나며 이때 녹말이 생성되는 것을 알 수 있다.

3. 광합성에 영향을 미치는 환경 요인

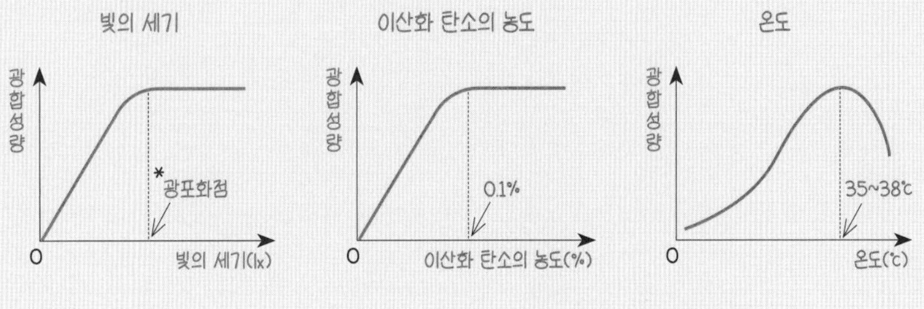

빛의 세기에 따른 광합성량	- 빛의 세기가 증가할수록 광합성량 증가 - 일정 세기 이상에서는 더 이상 증가하지 않고 일정해짐
이산화 탄소의 농도에 따른 광합성량	- 이산화 탄소의 농도가 증가할수록 광합성량 증가 - 일정 농도 이상에서는 더 이상 증가하지 않고 일정해짐
온도에 따른 광합성량	- 온도가 올라갈수록 광합성량 증가 - 30~40℃에서 가장 활발, 40℃ 이상에서는 오히려 급격히 감소

이렇게 교과서에 등장하는 과학 개념어와 연관된 내용, 탐구 실험까지 정리하면 개념어를 단순 암기하는 것이 아니라 실제 광합성 현상과 연결된 이해로 자연스럽게 확장됩니다. 심리학자 앨런 파비오 또한 이중부호화 이론에서 시각 정보나 언어 정보 둘 중의 하나보다 두 정보를 동시에 사용할 때 기억력이 좋아진다고 했지요.

중학교 과학 지필평가나 수행평가에서 출제되는 문제는 단순한 개념만 묻지 않습니다. 개념이 적용되고 확장된 사례와 응용 문제, 과학 개념이 활용된 탐구 실험 과정과 이를 통해 얻을 수 있는 결론 등을 묻습니다. 따라서 과학 교과서를 읽고 공부할 때 개념과 함께 탐구 실험 과정을 모두 공부해야 합니다. 교과서를 읽고 시험 공부를 하는 아이들을 보면 교과서의 많은 내용에 집중하느라 탐구 실험을 눈으로만 쓱 보고 말거나, 아예 보지 않고 시험을 보는 아이들이 많습니다. 단편적으로 광합성에 대한 내용의 암기만으로는 고득점을 받기 어렵습니다. 과학 교과서에 나오는 탐구 실험의 모든 과정과 함께 교사가 수업 시간에 별도로 강조하며 이야기한 내용까지 나만의 과학 노트에 정리해야 합니다. 시험 문제는 그런 데서 나오거든요.

이처럼 개념어를 자기 언어로 정리하는 과정이 반복되어야 비로소 과학 공부가 안정됩니다. 특히 '에너지'와 같은 핵심 개념은 여러 영역에서 서로 다른 모습으로 반복 등장합니다. 운동과 에너지(물리) 영역에서는 운동 에너지와 위치 에너지의 보존으로, 물질(화학) 영역에서는 화학 반응 전후의 에너지 변화로, 생명(생명과학) 영역에서는 세포 호흡을 통한 에너지 전환으로, 지구와 우주(지구과학) 영역에서는 태양 에너지가 대기와 해양의 순환 속에서 흘러가는 과정으로 제시됩니다. 이렇게 같은 개념을 영역마다 새롭게 만나고 연결하는 경험이 바로 고등 1학년 통합과학의 기조와 이어집니다. 따라서 교과서 속 개념어는 정의와 예시, 탐구 실험 그리고 다른 영역과의 연결 속에서 반복적으로 다뤄져야 합니다.

결국 개념어를 정복한다는 것은 단어를 달달 외우는 일이 아니라, 오개념을 교정하고 다양한 맥락 속에서 다시 경험하며 자기 언어로 설명할 수 있게 되는 과정을 의미합니다. 그렇게 할 때 과학 공부는 암기를 넘어 이해와 적용으로 확장되고, 흔들리지 않는 기초가 세워집니다.

| 노트 정리 방법:
기초부터 심화까지

초등학교 때는 교과서를 중심으로 수업을 듣고 밑줄을 긋고 간단히 받아 적는 정도로 충분했지만, 중학교 과학은 상황이 달라집니다. 초등학교보다 한 시간에 배우는 양이 많고 교과서 문장과 개념이 촘촘히 연결되어 있습니다. 게다가 수업 시간에 다루는 탐구 실험 활동도 많아지고 탐구 실험에서 기초탐구와 더불어 통합탐구 기능까지 요구하며 수준도 높아지기 때문에 노트 정리는 선택이 아니라 필수입니다.

중학교 과학 공부에서 노트 정리는 단순히 수업 내용을 받아 적는 차원을 넘어 학습의 뼈대를 만드는 과정입니다. 처음에는 교사가 칠판에 적은 내용을 옮겨 적는 수준에서 시작해, 점차 내용을 묶어 구조화하고, 마지막에는 자신만의 언어로 다시 해설하는 단계까지 나아가야 합니다.

1단계. 단순 필기

아마 많은 학교에서 교과 수업 시간에 교사가 제공하는 학습지에 빈칸을 채우며 필기를 대체할 것입니다. 하지만 학습지는 개조식으로, 교과서의 전체 문장이 아닌 요약되고 압축된 것입니다. 저 역시 학습지를 만들 때 교과서를 펴놓고 아이들이 꼭 알아야 할 내용과 필기 시간을 단축하기 위해 자료를 만듭니다. 하지만 이 자료는 교사에 의해 만들어진 자료이기 때문에 엄밀한 의미로는 나만의 자료에 해당하지 않습니다. 교과서 읽을 시간도 없다며 학교가 끝나면 학원에 가기 바쁜 아이들을 위해, 수업의 편의성을 위해 제공하는 것이지요.

노트 정리는 교사가 설명하는 정의, 예시, 탐구 활동의 과정과 결론 등을 빠짐없이 옮겨 적는 것이 출발점입니다. 이때 중요한 것은 교과서에 이미 있는 문장을 그대로 적는 것이 아니라, 수업 시간에 교사가 새롭게 강조하는 부분을 중심으로 기록하는 것입니다.

2단계. 구조화 정리

노트 정리의 처음이 단순 필기였다면, 그다음은 같은 주제끼리 묶거나 화살표·도식·표 등을 활용해 관계를 드러내는 구조화 정리입니다. 판서 내용을 적은 후 교사의 설명을 받아 적을 때 유용합니다.

"선생님이 판서한 내용을 필기하면 집중이 더 잘돼요."

"판서에 선생님이 말씀하신 내용을 더해 적어놓으면 이해가 잘돼요."

예상 외로 아이들은 수업 중 칠판에 크게 그림을 그리거나 필기를 하는 날을 오히려 더 좋아합니다. 필기를 안 해봐서 그렇지 해보면 공부에 도움이 된다는 것을 알거든요. 필기의 효능감을 아이 스스로 깨닫도록 만들어준 후에 정리하는 방법을 알려주고, 자신에게 맞는 공부법을 찾도록 격려해주세요. 중학생 시기에는 이처럼 스스로 자기에게 맞는 공부 방법을 찾아가야 합니다. 고등학교에서 흔들리지 않는 1등급을 받는 제자들의 공통점이 바로 중학교를 다니는 동안 자신만의 공부법을 찾고 그 시절을 허투루 보내지 않았다는 것입니다.

교사의 모든 말을 다 적을 수 없습니다. 앞서 '광합성'과 관련한 개념을 정리한 예시처럼 새롭게 배운 단원을 공부할 때는, 자기만의 도식을 만들어 개념의 정의, 교과서 내용, 탐구 실험을 한 장에 정리하면 복잡한 내용을 한눈에 볼 수 있습니다. 이렇게 구조화된 노트는 단순 암기를 넘어 개념들 사이의 연결을 눈에 보이게 만들어줍니다.

3단계. 자기 해설

마지막 단계는 교과서를 덮고 자신이 필기한 내용을 스스로 설명하는 것입니다. 교과서 문장은 과학 현상에 대한 단순한 설명이 아니라 과학 핵심 개념을 익히고 연결하는 열쇠가 됩니다. 따라서 노트를 정리한 후 교과서를 덮고 스스로 말해보는 과정이 필요합니다.

예를 들어, 노트에 '힘→운동 상태 변화(방향 변화, 속력 변화, 둘 다)'라고 적어두었다면, 노트를 보지 않고 "힘이 작용했을 때 어떤 변화가 생기지?" "알짜 힘이 0이 아닐 때 물체의 운동 상태가 변하는 예를 각각 들어보면?"이라는 질문을 직접 던지고 답을 설명하듯 말하는 것이지요. 이 과정에서 설명이 막히는 부분이 있다면 그 부분을 다시 점검해야 합니다.

| 단권화:
날것의 기록에서 공부의 결과물로

꾸준히 쌓인 노트 정리는 내신 시험 기간이 되었을 때 다시 한 번 압축하고 다듬어야 합니다. 단권화의 과정을 거치는 것이지요. 단권화란, 교과서와 학습지 그리고 수업 필기에서 얻은 정보를 한 권의 노트로 모으는 것을 말합니다.

단권화의 핵심은 '시험 직전에 이 한 권만 보면 된다!'는 확신을 갖는 데 있습니다. 따라서 단권화 노트에는 단순한 요약만 담지 말고 헷갈리는 부분, 오답에서 발견한 약점, 수행평가 준비 과정에서 배운 실험 해설, 교사가 강조한 표현도 함께 들어가야 합니다.

[단권화 예시]

광합성

• 정의: 빛 에너지 O, 엽록체에서 CO_2+H_2O → 포도당$+O_2$

• 영향을 미치는 환경 요인: 빛의 세기, 온도, 이산화 탄소 농도(그래프 확인!)

• 실험: BTB 용액 변화 → CO_2 소모 확인

    아이오딘 용액 → 녹말 생성 확인

• 자주 틀리는 부분: 광합성 산물＝최초산물 포도당, 저장＝녹말(낮), 이동＝설탕(밤-체관)

    낮에만 일어난다 X (빛 있을 때)

옴의 법칙

• 정의: $V=I \times R$ (전압＝전류×저항)

• 그래프: V-I 그래프 → 직선(비례 관계), 기울기＝$\frac{전류}{전압}=\frac{1}{저항}$

• 실험: 전압 조절 → 전류 기록(V-I 관계 확인)

• 적용: R↑ → I↓, 소비전력 $P=VI$

• 자주 틀리는 부분: 저항이 클수록 전류 커진다 X

    단위 혼동 X＝ 전압 V, 전류 A, 저항 Ω

시험을 앞두고 한 단원에서 배운 과학 개념과 탐구 실험을 노트 한 권에 정리한다면 시간적인 여유가 없어 대충할 가능성이 큽니다. 영어와 수학을 우선적으로 공부하느라 과학 공부는 뒤로 미룰 수도 있지요. 그러나 이제 과학 공부를 소홀히 했다가는 큰코다칩니다. 시간에 쫓겨 혹은 다른 공부에 밀려 놓치는 일이 없도록 평소에 단권화까지 착실히 해두어야 합니다.

과학 교과의 단권화는 하나의 중단원이 끝날 때마다 주말을 이용해, 그동안 배운 것을 복습하며 작성하기를 추천합니다. 틈틈이 단권화해둔 노트로 시험 기간에 복습만 하면 되니 굉장히 효율적으로 공부할 수 있습니다. 내신 대비는 물론 과학을 이해하는 가장 든든한 밑거름이 됩니다.

노트 정리 방법을 3단계로 나누어 설명하고 단권화를 별도로 설명했습니다만, 필기부터 단권화까지가 일련의 과정입니다. 노트를 정리한다는 것은 단순히 글자를 따라 적는 일이 아닙니다. 수업에서 배운 중요한 개념을 적고, 자기 언어로 설명하며, 요약본으로 다듬어내는 과정을 거칠 때 비로소 노트 정리가 완성됩니다. 이 과정을 거친 노트는 단순 기록물이 아니라 과학 개념을 자기 머릿속에 구조화하는 가장 확실한 도구가 됩니다. 단순 필기가 날것의 기록이라면 단권화는 정제된 결론이자 내 공부의 결과물입니다.

중학교 3년간 만든 단권화 노트는 버리지 말고 잘 모았다가 고등학교에서 활용하세요. 통합과학 수업 시간에 배우는 심화, 확장된 내용을 기존 단권화 노트에 덧붙여 가세요. 단권화 노트가 쌓일수록 아이는 점점 더 과학 개념을 체계적으로 이해하고 고등학교 통합과학에서도, 수능 과학탐구 영역에서도 흔들리지 않는 실력을 가질 수 있습니다.

개념을 확장시키는 서술형 평가 대비

2022 개정 교육과정에서는 아이들이 길러야 할 핵심 역량으로 자기관리 역량, 지식정보 처리 역량, 창의적 사고 역량, 심미적 감성 역량, 협동적 소통 역량, 공동체 역량을 제시하고 있습니다. 교실에서는 이 역량들을 기를 수 있게 '무엇을 알고 할 수 있어야 하는가?'에 방향을 두고 수업을 구상하고 평가가 이루어집니다.

평가는 앞서 이야기한 것처럼 크게 지필평가와 수행평가로 나뉩니다. 지필평가는 선택형(오지선다형)과 서답형(서술형, 제한된 논술형)으로 구성되며, 수행평가에서는 논술형(확장된 논술형) 문제가 주로 출제됩니다.

객관식 문제는 개념을 빠르게 확인하는 도구입니다. 하지만 문제 속 보기 문장은 교과서 문장을 조금 비틀어낸 경우가 많습니다. 따라서 교과서를 정독하지 않은 아이는 틀리기 쉽습니다. 예를 들어 교과서에 '온도가 높을수록 입자의 운동이 활발하다'라고 되어 있는데, 문제에서는 '온도가 높아지면 입자의 운동이 일정해진다'처럼 표현을 바꾸어 제시합니다. 교과서 문장을 정확히 기억한 아이는 쉽게 틀린 보기를 골라낼 수 있지만 대충 읽거나 보기의 앞부분만 읽고 문제를 푸는 아이는 함정에 걸려 틀리기 십상이지요.

서술형 문제는 개념어를 연결해 자기 언어로 설명할 수 있는지를 평가합니다. 이때 평가는 성취기준에 근거를 두고 이루어지는데, 이 성취기준은 아이들이 영역별 내용 요소를 학습한 결과로 할 수 있거나 할 수 있기를 기대하는 도달점을 의미합니다. 다음은 교육부 과학과 평가에 따른 중학교 수행평가 예시입니다.

[<기체의 성질> 단원 논술형 수행평가 예시]

학년	중 1학년	단원	6. 기체의 성질
선수 학습	초4-2. 여러 가지 기체	후속 학습	(진로 선택) 물질과 에너지
성취기준 및 평가기준	[9과06-03] 기체의 온도와 부피 관계를 실험 결과로부터 알아내고, 이를 입자 모형으로 해석할 수 있다.	상	기체의 온도와 부피 간 관계를 입자 모형을 이용하여 설명하고, 이에 해당하는 사례를 다양하게 제시할 수 있다.
		중	기체의 온도에 따라 부피가 어떻게 변하는지 말할 수 있으며, 관련 탐구에 관심을 가진다.
		하	기체의 온도와 부피의 관계를 탐구하는 데 관심을 가진다.

평가 요소	채점 기준	배점
기체의 온도와 부피 관계 설명하기	열기구가 위로 떠오르는 과정과 지면으로 내려오는 과정에서 주어진 용어 5개를 모두 이용하여 옳게 설명한 경우	10점
	열기구가 위로 떠오르는 과정과 지면으로 내려오는 과정에서 주어진 용어 중 4개를 이용하여 옳게 설명한 경우	8점
	열기구가 위로 떠오르는 과정과 지면으로 내려오는 과정 중에서 주어진 용어 중 3개를 이용하여 옳게 설명한 경우	6점
	열기구가 위로 떠오르는 과정과 지면으로 내려오는 과정 중에서 주어진 용어 중 2개를 이용하여 옳게 설명한 경우	4점
	설명은 하였지만 내용이 옳지 못한 경우	0점
기체의 온도와 부피 관계 실생활에 적용하기	실생활 예 3가지가 모두 옳을 경우	3점
	실생활 예 중 2가지가 옳을 경우	2점
	실생활 예 중 1가지가 옳을 경우	1점

교사는 성취기준을 반영해 수행평가 문항을 제작하고, 채점 기준을 이용해 학생 답안을 채점합니다. 이는 문항이 길고 짧음, 답안이 길고 짧음과는 무관합니다. 위와 같은 채점 기준이 적용된다면, 열기구가 위로 떠오르는 과정과 지면으로 내려오는 과정에서 '주어진 용어 5개를 모두 이용해 옳게 설명한 경우' 부분 만점(10점)을 받을 수 있는 것이지요. 조건을 일부 빠뜨리거나 틀린 설명이 있을 때는 기준에 따라 점수

가 감점됩니다.

단순히 정답을 아는 것과 답안을 '채점 기준에 맞게' 쓰는 것은 전혀 다른 능력입니다. 따라서 서술형 대비를 위해서는 교과서 문장을 자기 언어로 바꾸어 쓰는 연습뿐 아니라, 채점 기준에서 요구하는 핵심 단어를 빠짐없이 적는 습관이 필요합니다. 이를 위해서는 학기 초에 학교에서 발송되는 평가계획을 반드시 확인해야 합니다. 평가계획서에 평가기준이 포함되어 있기 때문이지요. 수행평가를 앞두고 있다면 더욱이 눈여겨봐야 합니다. 평가기준에서 요구하는 조건을 잘 보고, 교과서를 읽으며 복습하고, 교과서를 덮고는 예상 문제를 만들고 작성까지 해보기를 권합니다.

떠먹여주는 공부가 아닌 자기주도 공부는 바로 이런 자세의 차이로 완성됩니다. 그리고 문제에서 요구한 조건에 맞지 않고 틀렸다면 단순히 틀린 문제를 다시 풀고 답만 적는 것이 아니라, 왜 틀렸는지를 개념어와 연결해 정리해야 합니다. 이 과정을 반복하면 오답이 단순한 실수로 끝나지 않고 약점을 보완하는 기회가 됩니다.

결국, 문제 풀이와 서·논술형 대비는 '교과서-노트-단권화'로 이어진 학습의 종착점과도 같습니다. 개념어를 정확히 쓰고, 교과서 문장과 탐구 실험을 연결하여 서술하는 연습을 꾸준히 한다면, 실제 시험을 볼 때 당황하지 않고 차분하게 답안을 작성할 수 있습니다.

틀린 문제

→ 어떤 개념어를 놓쳤는가?

→ 교과서 문장으로 다시 확인하기

→ 자기 언어로 다시 정리하기

교육부는 공정성 회복과 학생 부담 완화를 위해 과제형 수행평가를 전면 개선한다고 발표했습니다. 이러한 수행평가 개선이 어떤 영향을 주게 될까요? 2025학년도 2학기부터 중, 고등학교의 모든 수행평가는 해당 수업 시간 내에만 진행하고, 집에서 과제를 만들거나 외부에서 발표 준비(PPT 등)를 하는 방식이 금지되는 것입니다. 즉시 평가하는 방식이 더 늘어남에 따라 미리 준비하는 공부가 더욱더 중요해짐을 시사합니다. 지금까지 이야기한 교과서 읽기, 노트 정리, 단권화 정리를 통해 과학 시간에 실시되는 글쓰기 수행평가도 함께 대비할 수 있습니다.

구분	기존 방식	변경 방식
평가 진행	과제 제출, 암기식 발표	수업 시간 내 바로 평가
평가 방식	PPT, 보고서 중심	토론, 말하기, 글쓰기 등 실시간 평가
준비 과정	집에서 준비, 외부 도움 가능	학생 개별 역량 바로 반영
시험 유형	자료 제출, 암기 발표	즉석 말하기, 글쓰기, 토론

영역별로 알맞은 과학 공부법

• • • • • •

초등학교와 중학교 과학은 단원별로 영역이 뚜렷하게 구분되기 때문에 아이들 입장에서는 매 단원마다 새로운 영역을 배우게 되는 셈입니다. 운동과 에너지(물리)에 익숙해질 만하면 물질(화학)을 배우고 새로운 개념들을 만나게 되는 것이지요. 한 학기에 모든 영역을 고루 배우기 때문에 영역별 공부 편식이 심하거나 특정 영역의 과학 개념이나 응용 문제 풀이를 어려워하는 아이들은 시험에서 널뛰기 점수를 받을 수밖에 없습니다.

초등 3학년부터 중 3학년까지의 과학은 운동과 에너지(물리), 물질(화학), 생명(생명과학), 지구와 우주(지구과학), 과학과 사회 다섯 가지 영역으로 구성되어 있습니다. 중학교 과학은 고등학교 통합과학과 달리 단원별로 영역이 뚜렷하게 구분되기 때문에 각 세부 영역별로 공부 방법을 다르게 하면 공부의 효율을 높일 수 있습니다. 또한 중학교에서 운동과 에너지(물리), 물질(화학), 생명(생명과학), 지구와 우주(지구과학), 과학과 사회를 영역별로 확실히 공부해두어야 각 영역을 융합한 통합과학을 배울 때 쉽게 이해할 수 있고, 적용할 수 있습니다.

| 운동과 에너지(물리)

힘, 운동, 에너지, 파동, 전기·자기 등 눈에 잘 보이지 않는 개념을 수식과 함께 다룹니다. 단순히 공식만 암기하는 것이 아니라 '상황에 따라 식을 세우고 계산하는 과정'을 반복하고 많은 문제를 풀어봐야 실력이 쌓입니다. 따라서 공식이 어떤 상황에 쓰이는지를 이해하는 것을 시작으로 수식과 개념을 연결하는 훈련이 핵심입니다. 예를 들어 속력, 가속도, 힘, 전압, 전류 같은 개념은 정의를 이해하고 실제 문제에 적용하면서 익혀야 합니다. 그래프(시간-속력, 시간-이동 거리, 전류-전압 등)를 해석하는 훈련도 반드시 필요합니다.

핵심 정리

- 개념어와 공식의 관계를 그래프로 나타내고 해석하기
- 단순 계산 → 실제 상황에 적용하는 문제로 확장하기

공부 팁

- 등속 운동하는 물체의 시간-이동 거리, 시간-속력 그래프를 그려보기
- 등속 운동하는 물체의 시간-이동 거리 그래프의 기울기가 의미(속력)하는 것 해석하기

- 등속 운동하는 물체와 자유 낙하하는 물체의 시간-속력 그래프의 차이점 이해하기, 면적(이동 거리)이 의미하는 것 해석하기
- 과학에서의 일의 의미와 일과 에너지의 관계를 수식으로 나타낸 것을 문제에 적용해보기

| 물질(화학)

물질의 구조와 성질, 변화를 다루며 핵심은 눈에 보이지 않는 입자 세계입니다. 따라서 이 영역을 공부할 때는 눈에 보이지 않는 미시 세계를 그림과 모형을 함께 활용하여 연결하며 이해하는 공부가 중요합니다. 원자, 분자, 화학 반응은 교과서 문장만 읽으면 추상적이기 때문에 이해가 쉽지 않다는 아이들도 많습니다. 그렇기에 교과서에 예시로 나온 실험과 모형을 통해 보이지 않는 과정을 상상하며 스스로 설명하는 힘을 길러야 합니다. 화학 반응식은 단순 암기가 아니라 반응의 의미를 해석하는 데 초점을 맞춰야 합니다. 단순 암기로 몇 개 반응식만 외웠다가 시험 문제에 다른 화학 반응식이 나온 경우 당황하여 풀지 못하는 아이들도 많이 봤습니다. 반드시 화학 반응식의 원리를 이해하고 어떤 것이 나와도 풀 수 있을 만큼 충분히 연습해야 하며, 교과서에 나오는 화학 반응식은 기본으로 모두 알고 있어야 합니다.

핵심 정리

- 물질을 현상 → 입자 모형으로 바꿔서 생각하기
- 화학 반응식을 '원자 재배열'로 이해하기
- 화학 실험 결과(앙금 생성, 색 변화, 기체 발생)를 개념과 연결하기

공부 팁

- 화학 반응식을 나타낼 때 화학 반응 전후에 원자의 수가 변하지 않도록 개수를 맞추기
- 교과서에 나온 반응식은 모두 쓰고 외우기
- 화학 반응으로 나타낼 때 화학식 내 첨자를 바꾸면 물질 자체가 바뀌는 것이므로 주의하기
- 주기율표 반드시 암기하기

| 생명(생명과학)

세포, 생명 활동, 생태계 등 일상 경험과 연결할 수 있는 내용이 많습니다. 하지만 개념이 방대하고 용어가 많아 단순 암기로는 한계가 있습니다. 따라서 '그림과 과정 →원리→적용'의 3단계로 정리해야 합니다.

직접 손으로 세포 구조, 광합성 과정, 소화와 순환 등을 그려본 후 교과서와 교사의 설명을 덧붙이고 마지막에 말로 설명하는 공부 방식이 좋습니다. 이때 단순히 개념어를 나열하는 공부보다 과정 전체를 정리하고 흐름을 따라가는 것이 효과적입니다. 예를 들어 소화계에 대해 공부할 때 각 소화기관에서 일어나는 소화 과정을 각각 따로 암기하는 것이 아니라 한 장으로 압축해 정리한 그림과 글을 전체적으로 조망하며 공부할 필요가 있습니다. 한 장에 정리한 자료로 공부하면 머리에도 오래 남고 이후 소화, 순환, 호흡, 배설계의 유기적인 연결을 통한 세포 호흡 과정까지 매끄럽게 이해할 수 있습니다.

핵심 정리

- 그림을 그려가며 교과서 대단원의 내용을 단계별 흐름으로 설명하기

• 전체적인 내용을 '그림과 과정 → 원리 → 적용' 단계로 한 장 정리하기

공부 팁

• 다른 영역에 비해 쉽다고 방심하지 말고 이해를 바탕으로 한 암기 필수

• 자신만의 언어로 반드시 요약하기

| 지구와 우주(지구과학)

대기, 해양, 지각, 우주와 천체까지 폭넓은 현상을 다루는 영역입니다. 현상의 이름을 외우는 단순한 공부로는 성적을 올리기 어렵습니다. 날씨 변화, 별의 운동, 지진파 해석처럼 실제 그래프, 지도, 위성사진 등을 해석해 답을 쓰는 문제가 많으므로 자료 해석 능력과 현상과 개념을 연결하는 능력이 핵심입니다.

시공간적 규모가 크기 때문에 현상 간 인과관계를 파악하는 것 또한 중요합니다. 공부할 때 단순 현상 나열이 아니라, "왜 이런 변화가 일어나는가?"를 추론하는 연습이 필요합니다. 날씨, 기후, 지각 변동, 우주의 운동 등은 복잡한 데이터를 그래프나 지도와 함께 분석해야 이해가 깊어집니다.

핵심 정리

• 현상(날씨, 지진, 별자리) ↔ 개념어(기압, 파동, 자전) 연결하기

• 교과서 속 그래프·지도·관측 자료 읽는 연습하기

• 일상 경험을 과학 개념으로 다시 설명하기

공부 팁

• 현상 간 인과관계 파악해서 나만의 언어로 정리해두기

・교과서 기상 자료나 지진파 그래프를 보고 스스로 문제 만들기

・교과서에 나오는 사진과 그림이 어떤 현상인지 정확한 개념어로 설명하기

고등학교 입학을 앞두고 있는 아이들에게

● ● ● ● ● ●

6년이라는 초등 교육과정을 마치고 어엿한 중학생이 된 아이의 시간은 어쩐지 초등학교 때보다 2배 이상 빠르게 가는 기분입니다. 처음 교복을 입고 설레던 모습이 언제였나 싶게 어느덧 중학교 졸업을 앞두고 아이도, 부모도 많은 걱정과 두려움이 앞설 것이라고 짐작됩니다. 내신 5등급제와 고교학점제만으로도 복잡한데, 과학은 한술 더 떠 고등 2~3학년 시기에 들어야 하는 선택과목 교과 수와 난도가 매우 높다는 소식들이 들려오니 "중학교 과학을 복습해야 할까요?" "통합과학을 예습해야 할까요?" "물리학, 화학 선택과목 선행하는 게 좋을까요?"라는 우려 가득한 질문들을 심심찮게 받습니다.

지나온 중학교 3년보다 더 빠르게 고등학교의 시간이 흘러갈 거예요. 그래서 지금의 걱정과 두려움에 벗어나 안정감을 가지고 고등학교에 입학할 수 있도록, 그리고 통합과학 1등급을 위해 중 3학년 겨울방학에 꼭 해야 할 명확한 과학 공부의 기준을 말하고자 합니다.

겨울방학에서 1~2주 정도는 중학교 과학을 점검하는 시간으로 삼으세요. 처음에는 새로운 내용으로 앞서 나가려고 하기보다 고등학교 통합과학을 버틸 최소한의 기초 체력을 점검하는 것이 가장 효율적입니다. 그다음 통합과학을 예습하세요. 통합과학은 학기당 4학점으로 고등학교 내신에서 차지하는 비중이 국어, 영어, 수학과 동일합니다. 따라서 중 3학년 겨울방학 동안 통합과학을 예습해야 하는데, 중학교

과학의 완성도를 점검한 후 부족한 부분을 빠르게 보완하는 공부가 필요합니다.

| 중학교 과학의 완성도 점검:
고1 3월 모의고사 활용하기

가야 할 고등학교도 정해졌고, 이제는 '예비 고1'이라는 타이틀이 더욱 어울리는 중 3학년 끝에서 이 책을 읽고 있다면 가장 먼저 EBSi 사이트에서 고등 1학년 3월 모의고사를 다운로드해 총 3~4회 풀어보기를 권합니다. 1학년 3월 모의고사의 출제 범위는 중학교 과학 전 범위이기 때문에 중학교 과학을 '배웠는지'가 아니라 '정확히 활용할 수 있는지'를 확인하기에 가장 적절한 자료입니다. 문제를 풀어보고 틀린 부분을 정리하는 과정만으로도 아이의 중학교 과학을 점검하고 통합과학의 선수 학습을 확인할 수 있는 좋은 기회가 될 것입니다.

문제를 풀고 난 후에는 틀린 부분에 해당하는 단원을 모아보세요. 특정 영역이나 단원에서 많이 틀렸을 경우 그 부분만 빠르게 중학교 과정을 다시 공부하면 됩니다. 전체적으로 틀린 부분이 많다면 짧은 방학 동안 조바심이 생길 수 있습니다. 그럴 경우 통합과학과 연계율이 높은 중학교 과학 단원 위주로 공부하세요.

모의고사 200% 활용법

1. 시간 엄수: 실제 시험처럼 시간을 재고 풀어보며 실전 감각을 익힙니다.

2. 오답 분류: 단순 암기 부족인지, 개념 이해 부족인지 분류해 복습의 우선순위를 정합니다.

3. 연계 단원 집중: 통합과학의 첫 단원인 <물질의 규칙성>과 연계된 중학교 화학 부분에서 오답이 나왔다면 그 단원부터 최우선으로 복습하세요.

영역	중 1학년	중 2학년	중 3학년
운동과 에너지(물리)	힘의 작용	전기와 자기	운동과 에너지
물질(화학)		물질의 구성 물질의 특성	화학반응의 규칙성
생명(생명과학)	생물의 구성과 다양성		생식과 유전
지구와 우주(지구과학)		지권의 변화 별과 우주	날씨와 기후변화 수권과 해수의 순환

중학교 과학에 대한 점검을 마쳤다면 통합과학 개념서를 선택해서 스스로 읽고 모르는 부분 위주로 인강을 활용하기를 추천합니다. 고등학교 1학년 1학기에 배우는 통합과학1에 해당하는 인강 목록만 30강에 육박합니다. 한 강좌당 1시간이라고만 해도 30시간에 해당하는 강의입니다. 모든 강의를 들으면서 공부하는 것보다는 스스로 개념을 읽고 이해하려고 애쓴 후 모르는 부분, 이해하기 어려웠던 부분 위주로 들으면 시간을 더 단축할 수 있습니다. 물론 순 공부 시간도 확보할 수 있고요.

고등 1학년 내신 성적부터 대학 입시에 반영되기 때문에 어떤 시험도 긴장을 놓칠 수가 없지만 고등학교에서의 첫 시험이라는 부담감이 더해져 1학기 중간고사는 압박감이 클 것입니다. 이럴 때일수록 어설프고 무리한 선행보다 한 번을 보더라도 제대로 보는 공부를 하기를 당부합니다. 당장 시간이 없다고 느껴질 수 있지만, 중 3학년 겨울방학 동안 차분히 중학교 과학을 점검하고 고등학교 통합과학을 예습한 경험은 고등 1학년 내내 아이의 과학 공부를 지탱하는 기준점이 됩니다.

중학교, 공부의 역치를 올려야 할 타이밍이다

중학교 교실을 가만히 들여다보면 진짜 공부, 자기주도 학습을 하는 학생은 한 교실 33명 중 10%도 되지 않습니다. 아이들이 중학교에 와서 갑자기 달라진 게 아닙니다. 초등 시절부터 부모와 함께 쌓아온 습관, 공부, 책 읽기, 운동같이 매일 무언가를 실천하고 성취해냈던 경험이 바탕이 되어 있지 않은 경우가 대부분입니다.

초등학교는 공부의 그릇을 넓히는 시기입니다. 이때 그릇을 크게 빚어놓아야 중학교 이후에 깊이를 채울 수 있습니다. 그런데 그릇을 넓히지 않은 채 입구와 크기가 좁은 그릇을 만들면 중학교에 올라와 아무리 많은 것을 욱여넣어도 잘 담기지 않습니다.

이런 아이들이 중학교 교실에 앉으면 무기력하고 쉽게 포기하는 모습을 많이 보입니다. 조금만 어려워도 "너무 힘들어요" "선생님 그만하면 안돼요?" 하며 책상에 엎드리거나 초점 없는 눈으로 그저 시간을 때우는 모습도 자주 드러냅니다. 그런데 이는 능력이 부족한 게 아니라 공부 역치가 낮은 탓입니다. 역치란, 어떤 자극에 반응을 시작하는 최소한의 기준을 뜻합니다. 공부의 역치는 꾸준히 하면 점점 높아질 수 있습니다.

물론 처음에는 고통스럽고 답답할 겁니다. 하지만 아직 공부가 익숙하지 않아서 힘든 것이지, 못해서 힘든 것이 아닙니다. 이 힘든 고비를 넘어야 내공이 쌓입니다. 그리고 이 고비는 어린 시절에 마주할수록 넘기 수월합니다. 공부는 훈련입니다. 그 과정을 넘어설 때, 아이는 비로소 자기 힘으로 공부할 수 있는 아이로 성장합니다.

중학교 공부는 단순히 성적만을 쫓는 과정이 아니라, 공부 근육을 기르는 훈련의 과정입니다. 읽고, 정리하고, 쓰고, 질문하는 과정을 반복하며 근육을 단단히 만들어야만 고등학교에서도, 수능에서도 흔들리지 않는 힘을 발휘할 수 있습니다. 오늘의 작은 반복이 내일의 공부 근육을 만듭니다. 힘들수록 "지금 내가 성장하는 중"이라는 사실을 기억해야 합니다.

오늘을 치열하게 살아가는 중학생과 학부모들에게, 제가 전해드린 과학 공부법이 아이의 공부 근육을 단단히 키우는 길이 되기를 바랍니다.

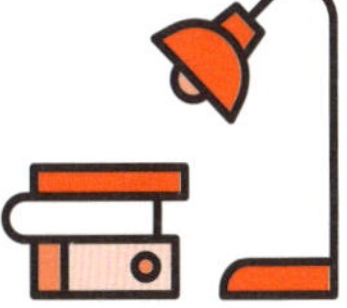

신정아

20년이 넘는 시간 동안 중학교에서 사회를 가르치고 있습니다. 책 읽는 즐거움이 효과적인 학습으로, 사고의 확장과 자아의 발견으로 이어지기를 바라는 마음에서 유튜브 운영, 저술과 강의 활동을 함께 하고 있습니다. 2015 개정 교육과정 중학교 사회 교과서와 금융감독원의 '중학교 생활금융' 교재를 집필했습니다. 이 밖에도 《우리 아이 책 읽기 수업》《3분 도시 인문학 수업》등을 썼습니다.

책읽는신쌤

엄예정

15년이 넘는 시간 동안 중학교에서 과학을 가르치고 있습니다. '올바른 공부법은 결국 통한다'는 신념으로, 올바른 공부와 노하우를 전하는 데 힘쓰고 있습니다. 수만 명의 학부모와 학생이 인정한 과학 교육 베스트셀러 《통합과학 한 권으로 끝》을 집필했습니다. 이 밖에도 《노는 만큼 배우는 아이들》《이렇게 하는 거야 동전 지폐》《이렇게 하는 거야 시계 달력》등을 썼습니다.

엄예정의 올공 과학

윤주형

10년 동안 고등학교에서 수학을 가르치다 중학교로 옮겨온 지 8년이 넘었습니다. 수학이 어려운 것은 '재능의 문제'가 아니라 공부법과 이해의 순서에 있다는 점을 깨닫고, 다년간의 경험을 바탕으로 아이들의 수학적 사고력 향상을 돕는 책 쓰기와 강의 활동을 이어오고 있습니다. 《초3~초5, 수학 격차 만드는 결정적 시기》《구파이와 수학분필》《구파이와 검은 사제들의 비밀》(출간 예정) 등을 집필했습니다.

까망펜의 수학고고

정주안

13년이 넘는 시간 동안 중학교에서 영어를 가르치고 있습니다. 많은 시간을 투자하고도 영어 실력이 오르지 않는 아이들에게 영어 공부가 무거운 짐이 아닌 '설레는 탐구'가 되길 바라는 마음으로, 다양한 전문가 양성 과정에 매진하고 있습니다. 변화하는 교육 환경에 발맞춰 아이들에게 더 나은 길을 보여주기 위한 노력은 지금도 현재 진행형입니다. 《초등 공부력 상담소》를 집필했습니다.

우.단.공

황선정

15년 동안 중학교와 고등학교에서 국어를 가르쳤습니다. 현재는 학교 밖에서 아이들과 책을 읽고 국어 공부를 하면서 아이와 부모가 함께 책을 읽을 수 있도록 가정 독서를 지원하고 있습니다. 아이들의 삶이 더욱 풍성해지기를 바라며, 아이들이 잘 배우는 사람으로 성장하도록 돕습니다.

수오재 : 나를 지키는 집

중등 문해력 한 권

1판 1쇄 인쇄 2026년 1월 20일
1판 1쇄 발행 2026년 1월 30일

지은이 신정아, 엄예정, 윤주형, 정주안, 황선정
발행인 김태웅
책임편집 정상미
디자인 곰곰사무소
마케팅 총괄 김철영
마케팅 서재욱, 오승수
온라인 마케팅 김은진
인터넷 관리 김상규
제 작 현대순
총 무 윤선미, 안서현, 박혜림
관 리 김훈희, 이국희, 김승훈, 최국호

발행처 (주)동양북스
등 록 제2014-000055호
주 소 서울시 마포구 동교로22길 14 (04030)
구입 문의 전화 (02)337-1737 팩스 (02)334-6624
내용 문의 전화 (02)337-1739 이메일 dymg98@naver.com
인스타그램 @shelter_dybook

ISBN 979-11-7210-171-8 03370